北洋政壇見聞錄

薛觀瀾　原著
蔡登山　主編

導讀　袁世凱女婿薛觀瀾及其著作

蔡登山

薛觀瀾（1897-1964），原名學海，字匯東，觀瀾是他的筆名。江蘇無錫人。其祖父薛福成先後師事曾國藩、李鴻章，歷任寧紹台道、湖南按察使，出使英、法、意、比欽差大臣等職，是近代著名思想家、外交家和早期維新派的代表人物之一。父親薛南溟是清光緒朝舉人，曾入李鴻章幕下。此後棄官轉事實業，一八八一年開始辦繭行，一八九六年與人合夥創辦繅絲廠，後又組建永泰絲業集團，成為近代著名實業家。薛觀瀾早年就讀於北京清華學堂，一九一四年至一九一八年留學美國，畢業於威斯康辛大學經濟系。他喜愛體育運動，曾任該校田徑隊隊長，還是短跑健將。回國後，在北京匯文大學任體育教練。後曾任北洋政府監務署檢事、駐英使館三等秘書、直隸省省公署顧問、外交部特派直隸交涉員等職。

薛觀瀾在京期間結識了袁世凱的次女袁仲楨，一九一九年十一日二日兩人結為秦晉之好，在無錫成婚時，因袁世凱已死，乃尤其子袁克定主婚。關於薛觀瀾和袁世凱的次女袁仲楨的結褵，有段小插曲。當時黎元洪總統欲將長女黎紹芬（周恩來天津南開中學的同學）許配給薛觀瀾，薛觀瀾說：「黎大小姐為父母最得寵者，我見黎大小姐革履西裝，口如懸河，漸漬於泰西之風甚矣。與予性格不合，婚事不諧。」而袁世凱生前曾經做主，準備將女兒袁仲楨許配給兩江總督端方的侄子。然而袁世凱死後，這位性格剛強的「公主」逃婚，自願嫁給了她挑中的「白馬王子」薛觀瀾。因為薛觀瀾和袁仲禎在校讀書時便結識，兩人最初便是很好的朋友，以至後來雙雙排除「萬難」執著牽手。當日薛府張燈結綵，而新房設在無錫西溪下的花園洋房內。這是一座具有巴洛克風格的花園洋房，建成於一九一七年，在無錫也是屈指可數的。當時年僅十二歲的京劇名伶孟小冬，亦獻藝婚禮，無疑為婚禮錦上添花。據《錫報》載：「十一月三日晚，屋頂花園小京班及已輟演之髦兒戲班，同至西溪下薛宅合演堂會，孟小冬演《武家坡》、《捉放曹》二齣，最是精彩。小京班童伶王福英之武戲，亦甚出色」。堂戲演至凌晨一時尚未終場，為此薛南溟電話通知耀明電燈廠（薛南溟為該廠創辦人之一），要其再延長二小時用電，待戲畢再熄燈。

一九二五年春徐樹錚受命為「考察歐美日本各國政治專使」，率考察團十五人，先後考察法國、英國、瑞士、意大利、德國、蘇聯、波蘭、捷克斯洛伐克、比利時、荷蘭、美國、日本等十二國。到倫敦時，薛觀瀾時任駐英使署的秘書，徐樹錚知道英國的「皇家學院」是國際聞名的，經過一番得力的宣傳，「皇家學院」始知徐樹錚是中國國學專家，果然請他公開演講兩小時，徐樹錚以〈中國音樂的沿革〉為題，叫薛觀瀾代他趕速翻譯成英文。翌日《泰晤士報》載稱，徐專使作為中國軍人有此文學成就，不勝欽佩云云。徐樹錚甚得意，遂聘薛觀瀾為秘書，待遇甚優。接著又訪問蘇聯，當時徐樹錚之隨員只有褚其祥、朱佛定與薛觀瀾三人。薛觀瀾在回憶文章說：「我當時面對史氏（史達林），印象特深，此公眉有煞氣，雙目狡獪，八字鬚如亂柴。惟他右眉之上有紅痣一粒，此殆註貴之徵，與我國黎元洪一般。」而徐樹錚與俄外長齊翟林在外交官舍為了共黨問題，通宵舌戰，均由薛先生躬任翻譯，雙方各逞辭鋒，循至面紅耳赤。

一九二五年十二月十一日，徐樹錚考察結束回到上海，十九日即動身赴京。復命後，於二十九日晚乘專車離開北京南下，途經京津間廊坊車站，被馮玉祥部下張之江劫持，當時薛觀瀾亦隨侍在側，他記下最後一幕：「行約百米，瞥見徐專使在前，由官兵數人推挽而行，月明如晝，寒氣逼人，步點甚疾，塵土飛揚，徐失一履，踥其足，回顧觀瀾者三四次。於是徐公在前，我跋其後，相距不遠，又疾行一里，前面橫一小丘，附近皆係田隴，此即預定之殺人場也。在此呼吸存亡之際，有一軍官，突如其來，問我姓甚？我說姓薛，又問：『是薛學海薛秘書麼？』我曰：『然。』軍官勃然大怒，推開挾我之二卒，以鞮踢其小腹，二卒僕地，軍官乃親自扶持觀瀾，折回原來地點，行逾百武，即聞槍聲兩響，乃徐氏被害於小丘之磡。時為民國十四年十二月三十日上午一點半鐘，吾聞槍聲，潛然淚下，深感一代儒將，已隨此數響而長逝矣！」

薛觀瀾國學底子很好，他說是得力於母教。他的外祖父是桐城吳汝綸（摯甫），當他幼年時外祖父住在他家，教他作文。而母親嗜京劇，教過他一齣《鎖五龍》。母親又准許老僕揹了他到惠泉山廟內觀劇，這是光緒三十年左右的事。那時他的家鄉無錫縣還沒有戲園設備，看戲不必花錢，懂戲的人可說絕無僅有。他家絲廠都設在上海，因此他常隨父親赴滬小住，天天去看「新舞台」的新戲，如《杜十娘怒沉百寶箱》、《新茶花》、《黑籍冤魂》、《查潘鬥勝》之類，實係變相的文明戲。

宣統初年，他到北京，大過戲癮。開始學習譚派鬚生戲，連唱帶做一齊學，先由郭春元說戲，郭是楊瑞亭的開蒙老師，此時北京戲園林立，名角如雲，這是譚鑫培的全盛時期。在那幾年中（清末至民初）薛觀瀾所愛看的對象，第一是譚鑫培，第二是崔靈芝，第三是李鑫甫。而考取出洋後，毋須再上課，每日看戲吃館子（致美齋），是他一生最愉快的日子。

留美歸國後，薛觀瀾說他學戲的機會比任何人都好。因為「自從民國七年余叔岩重振舊業起，至民國十七年余叔岩突然輟演為止，我和余叔岩契深款洽，幾乎形影不離，只有這段時間，余叔岩天天吊嗓，由李佩卿操琴，這是學戲的好機會。且在民國十一年以前，都是他自動地揀戲教我，如《宮門帶》、《馬鞍山》、《焚棉山》之類，這些戲，余叔岩在台上都沒有唱過。」薛觀瀾喜歡京劇，是知名票友，著名的劇評人，他和余叔岩亦師亦友，余叔岩曾向他請教學習中州音韻，他和孫養農等都是研究余叔岩的專家級人物。

但那時他為了稻粱謀，不能安心學戲，至今追悔莫及。民國十四年，徐樹錚被刺殺，而他死裡逃生，悻悻回到家鄉，心灰意懶，更談不到學戲的興趣了。

薛觀瀾說：「回到無錫之後，我父為我提一別號，就是『觀瀾』二字。他老人家的意思，是教我袖手旁觀，不要再被捲入政治旋渦之中。我字匯東，這兩個字就隱在『觀瀾』二字裡面。所以我今用我的別號為筆名，乃是紀念我嚴明的父親，他老人家教訓我，言道：『今日政界黑幕重重，我不希望你做官，我更不願意你登台唱戲，尤其你在外交界，現當簡任職，串戲更不相宜。』我當然遵命。」儘管如此，他仍未放棄京劇，他特延請孫老元（佐臣）操琴，又邀名票魏馥孫共同整理譚派各劇的詞句，其時他還記得七十餘齣，其中有的全部唱念係採余叔岩的詞句，有的僅屬大路玩藝，與余叔岩無關。他仍舊天天吊嗓子，可見他對京劇的癡迷程度。

薛觀瀾和梅蘭芳是同輩人，他僅小梅蘭芳三歲。薛觀瀾說宣統年間，在北京「文明園」第一次看到梅蘭芳，那時梅才十六歲，但已有五年舞台經驗，他竟在開鑼第三齣為奎派鬚生德建堂配演《硃砂痣》，他飾吳大哥的妻子，青衣打扮，是日粉紅色的小戲單上竟沒有梅蘭芳的名字。但是，他一出臺，好像電燈一亮，臺下寂靜無聲，全園觀眾的靈魂被他迷住了。此因春雲出岫的梅蘭芳，的確美而艷，又端麗大方，一顰一笑，宛然巾幗。膚色白嫩，齒如編貝，手如柔荑，他雖患高度近視，然其雙瞳爆出，反若增添它的嫵媚，梅蘭芳是以「色」瘋魔了全國！所以譚鑫培生前說過：「男的唱不過梅蘭芳，女的唱不過劉喜奎，叫我怎樣混！」

寫梅蘭芳的書籍在坊間不少，但大多數的作者都沒見過梅蘭芳本人，甚至也沒見過他演的戲，只是根據書面的資料去鋪成他一生的傳奇。而薛觀瀾則不同，他和梅蘭芳、孟小冬、余叔岩等名伶都熟悉，他又是一個著名的劇評家，他寫出的《我親見的梅蘭芳》自然與眾不同，他甚至是最早寫到梅、孟之戀的人，因為當時在大陸這是犯忌的，沒人敢寫。作者當時已移居香港自可秉筆直書，直言無諱。

又如他寫梅蘭芳和余叔岩後來有了心結，更非行家所能知悉究竟的。薛觀瀾說有一天，梅蘭芳和余叔岩合演《武家坡》，這是難得一見的好戲，二人爭奇鬥勝，各不相讓，到了「誥封」一場，當余叔岩唸完「哦：他見不得我！有朝一日，我身登大寶，他與我牽馬墜鐙還嫌他老呢。」

以下旦角應該接唸「薛郎：你要醒來說話。」誰知道梅蘭芳突然之間把這句忘了，在台上僵了一些時間，余叔岩雖為掩蓋過去，他乃接唸：「句句實言：自古龍行有寶。」事後梅蘭芳大不願意，他認為余叔岩故意不提醒他，使他少唸兩句。其實余叔岩並非故意，他在台上向抱一絲不苟的作風，與其師譚鑫培完全不同。當是時，余叔岩已有脫離梅所主持的「喜群社」的計畫，常常臨時回戲，使梅更不滿意。後來捧余的團體與捧梅的團體形成對立的狀態，捧余的決不去看梅蘭芳，這齣《武家坡》確是導火線之一。

類似的事還有不少，由於作者熟悉梨園掌故，許多事更是親見親聞，因此此書有許多道人所未道之事，其珍貴處就在此。例如他提到他所親眼目擊的上海幾位大亨，他們都是戲迷，而且喜歡登臺亮相，結果當然鬧了不少笑話。如王曉籟飾《空城計》劇中的司馬懿，居然揮軍殺進西城。張嘯林常唱《盜御馬》的竇爾墩，竟將詞句抄在大扇子上當臺照唸。杜月笙在無錫榮家堂會唱《劈三關》，屢次忘詞，只得不了了之。但他們是道地的戲迷，戲癮極大，亦肯很用心的學戲。

又作者是著名的劇評家，所觀京崑等劇包羅萬象，而且獨具慧眼。書中對所看過的戲，都有中肯之評論。薛觀瀾的曾祖父薛湘為道光朝進士，歷任湖南安福、新寧知縣、廣西潯州知府，著有《說文段氏翼》、《未雨齋詩文集》等書。稱得上是晚清嘉道年間音韻學專家。因此薛觀瀾在京劇與崑曲的研究中，特別注重音韻。他乃專治沈苑賓（乘麐）所著的《韻學驪珠》一書，認為該書補弊救偏，能集大成，尤其反切最準，清濁最明。薛觀瀾說：「欲考皮黃崑曲之音韻，殆莫善於是書矣。京劇固奠枕於中州韻，然能變化無窮，有典有柯，鮮以腔害字，亦不以字害腔，比較崑曲與其他地方戲劇，自更易引人入勝。申而論之，四聲五音乃皮黃之體，鍊氣運嗓乃皮黃之用。體用兼賅，方成名角。歷代名伶如程長庚、余三勝、譚鑫培、余叔岩之儔，其畢生精力大都耗費於字音之中，精益求精，日慎一日，遂成大器，名留千古。次如梅蘭芳、程硯秋之輩，則皆心有餘而認識不足，故其唱唸夫能登峯造極。餘子更不足道矣。是音韻者，乃京劇廢興絕續之樞紐，而演員成敗利鈍之契機。」洵為知言。

薛觀瀾說他所寫的事蹟，什九是曾身歷其境的，他說蓋聞作者之條件有三，曰：「信、達、雅。」讀者諸君之於拙著，只能取一個「信」字而已。《我親見的梅蘭芳》為作者晚年的一本精彩的著作，圍繞梅蘭芳，談論當時的伶人往事和精彩的戲碼，是京劇史上的重要史料。書稿完成後不久，作者便病逝於香江，著作未及出版，歷經半世紀後，重新出版，除告慰作者外，又為京劇研究增添重要的資料。

薛觀瀾一九四九年南下香港，直至一九六四年病逝。晚年在香港《天文臺》報紙闢有「觀瀾隨筆」專欄，而在香港《春秋》雜誌亦寫有諸多回憶文章。因其身為袁世凱的女婿，對當時北洋軍閥的重要將領，如段祺瑞、張作霖、馮玉祥、楊宇霆等人都有深入接觸，而他和徐樹錚更是朝夕相處甚久，知之甚詳，因此多篇記載徐樹錚之事，尤其是徐樹錚廊房遇害，更是他親身所見，他前後寫有兩篇長文分別發表在《天文臺》及《春秋》雜誌，雖詳略有別，而皆作者身歷其境，可補正史之不足。

薛觀瀾在序言中云：「自留美歸國，奔走四方，於茲三十六年，駸駸日老，逐逐仍勞，所感所見，可歌可泣，興之所至，率筆及之。」雖是如此，但他對於這些憶往的文章，特別強調是「事存真相，不加渲染」，因此具有相當高的史料價值，當為治史者所重視。薛觀瀾又云：「體裁廣泛，隨筆所之，要以風俗掌故為經，戲劇奕棋體育音韻為緯，凡此國粹攸關，非小道也。」這是就其內容而言，它包括政治歷史以及戲劇圍棋等等，今為讀者閱讀之方便，特分為《北洋政壇見聞錄》及《薛觀瀾談京劇》二書，此在其生前均未曾出版過，有幾篇文章還是他去世後以「遺著」而發表者。

目次

原序

先祖叔耘公（編者按：薛福成）所著《庸庵文編》，允推清代經世文獻，內有筆記一種，風格峻整，對於世道人心，頗多匡扶，所錄肅順柏葰諸人事蹟，可補正史之不足，此善為充斡者也。

觀瀾才識鯫淺，拘墟而遊，雖不能至，心嚮往之，欻自留美歸國，奔走四方，於茲三十六年，駸駸日老，逐逐仍勞，所感所見，可歌可泣，興之所至，率筆及之，要皆作者身歷其境，非海市蜃樓可比。惟歲月漫漶，記憶不清，屬稿倥傯，未暇抽思，容有紕繆，閱者諒焉。噫嘻！浮雲四馳，忽睨故國。悵悵惘惘，不知所之。今欲加王心於六籍，借筆削以警戒。愚未之逮也，而有志焉。

拙著筆記，凡例有三：其一，事存真相，不加渲染；其二，似此「身邊文學」，不尚修詞，抑亦心緒繁訰，無法殷勤屯筆；其三，體裁廣泛，隨筆所之，要以風俗掌故為經，戲劇奕棋體育音韻為緯，凡此國粹攸關，非小道也。掉鞅於藝術之場，游刃於文翰之林。愚未之逮也，而有志焉。

清朝歷代帝王立太子經過

按專制時代，宗社大計，莫如建儲（即立太子），清朝典章，對此並無明文規定，是否須立嫡立長，皇帝賦有全權，擇其鍾意者而立之，顧有不成文法也。自雍正後，即將立儲密旨妥置匣內，藏於乾清宮正大光明殿匾額之後，該匾高度逾五十英尺，無從偷攀，密音藏在匾內，無被竊之虞。唯此法有利有弊，利在手續簡單，儘可隨時更換；弊在皇子之間，猜疑愈甚，暗鬥益烈。茲將清季歷代建儲經過，簡述於後，但因缺乏參考書籍，疏漏之處，自屬難免。

（一）清太宗崩，福臨即位（即順治帝），年甫六歲。叔父睿親王多爾兗攝政，統兵入關，定鼎燕京，皆王一人之力。左右勸進者甚多，皇太后知其心事，毅然下嫁以安其心，尊為皇父攝政王。王死後，仍以圖謀不軌之罪，追奪封典。

（二）順治十八年正月，帝忽不豫，崩於養心殿，太子玄曄忽遽即位（即康熙帝），民間所傳順治出家之說，殊不可信。

（三）康熙為清代君主中最英明者，然以年幼登基，清室幾乎顛覆，從知國有長君，社稷之福。康熙生子甚多，在位又久，諸子爭立，傾軋不休，且康熙垂老時，不能拿穩主意，既立太子，又以罪廢。當時皇十四子永禵最得父寵，彼以大將軍名義出征在外，顯將繼承大統，疇知康熙彌留之時，總理事務王大臣捧出御旨，乃以皇四子胤禛為太子（雍正帝）。此屬千古疑案，難加肯定，雍正即位之後，殘殺諸弟，自衛周密，對於立嗣之事，引為炯戒。

（四）雍正對於立儲，另創一格，由其親書密旨，著大學士鄂爾泰與張廷玉親看宮中總管太監謹收，並藏於乾清宮正大光明殿匾額之後，誰為太子，只有雍正一人知之。至十三年八月。雍正病篤，從匾後取下密旨，命鄂張二人啟鐍匣，捧密旨，宣佈皇四子寶親王弘曆為太子（即乾隆帝），少頃太子自內出，傳旨命鄂張二人輔政，此種建儲新穎辦法，實為吾國歷史上第一次。

（五）乾隆即位後，對於立儲大計，認為此法甚妙，故於元年即下旨：「朕今惟有循用皇考成式，親書密旨，著總管太監謹收，藏於乾清宮正大光明殿匾額之後。」至乾隆六十年九月，帝御勤政殿，當眾宣佈，皇十五子嘉親王顒琰早已立為太子（即嘉慶帝），明年禪位，稱太上皇。嘉慶元年五月，舉行授受大典，上皇御殿，親授帝寶，帝跪受，受賀畢，帝侍上皇，御皇極殿，舉行千叟宴，但乾隆不甘寂寞，仍御乾清門聽政，習以為常。至嘉慶四年五月，上皇始駕崩。

（六）嘉慶二十五年七月秋獮木蘭，帝忽不豫，召御前大臣賽沖阿、軍機大臣托津等，公啟鐍匣，宣示御書諭旨，係於嘉慶四年四月初十日立皇次子智王綿寧為太子（即道光帝）。帝崩，遺詔命太子即位，手續可謂周到。

（七）道光三十年正月，帝將崩，召宗人府宗令載銓、御前大臣載垣、端華、僧格林沁，軍機大臣穆彰阿等，公啟正大光明殿鐍匣，宣示御書皇四子奕詝立為皇太子（即咸豐帝）。帝崩於圓明園，封皇五子奕譞為醇郡王（是為光緒之父，宣統之祖父），又封皇六子奕訢為恭親王。何以弟封親王而兄封郡王，足見清室建儲與封贈，悉憑帝意行之，並無規則。皇子之中，奕訢最賢，王公大臣以為儲君之選，舍彼莫屬。會帝秋獮木蘭，命諸皇子行獵打圍，皇四子先得師訓，一無所獲而歸，帝嘉其仁慈，遂舍奕訢而立奕詝為太子，故諸子皆封郡王，奕訢獨封親王，此為清室不幸之朕兆。因為奕訢如得立為太子，可無西太后專政半世紀之事，至少戊戌政變與義和團之禍，可以避免。

（八）咸豐十年，英法聯軍自津攻京，帝奔熱河，奕訢代政，重用漢人以平內亂。十一年七月帝疾篤，召宗令載垣、右宗正端華、御前大臣景春、肅順等，承寫硃諭，立皇長子載淳為太子（即同治帝）。帝崩於熱河山莊，同治即位，年甫六歲，東西兩太后垂簾聽政，奕訢為議政王。

（九）同治十二年大婚，東太后選崇綺女；西太后選鳳秀女。帝以崇女端莊，冊為皇后，西太后大怒，斥帝不孝。帝遂微服冶遊，染疾不治。同治十三年臘月，帝崩於養心殿東暖閣，兩宮御西暖閣，召親王奕訢、奕譞、御前大臣奕劻、內務府大臣榮祿、軍機大臣寶鋆、李鴻藻、沈桂芬、弘德殿行走徐桐、翁同龢、南書房行走潘祖蔭、孫眙經、徐郙等，奉懿旨立醇親王奕譞之長子載湉，繼文宗入承大統為嗣皇帝（即光緒帝），並奉旨生子即承大行皇帝。醇王世襲罔替。光緒元年，同治皇后崩，實受西太后虐待，吞金而歿（按西太后胞妹為醇王福晉，是故光緒得立，全因西后私心，照例應立溥字輩）。

（十）光緒四歲即位，其一生掙扎失敗之事蹟，不在本篇範圍以內，要自戊戌政變後，幽居瀛臺，抑鬱之情，不言而喻。卅四年入春後，帝常在病中，容顏枯槁，是年十月十日值太后萬壽節，病狀愈重，叩賀大典亦不能到。十月二十日陷於昏迷狀態中，帝囑皇后稟告太后，請其從速選一嗣子，繼承皇位。太后即召王公大臣會議，軍機處奕劻、世續、鹿傳霖、張之洞、袁世凱、那桐俱到，太后不待質詢即云：「我的主意已定，以前我因榮祿一生，忠誠效國，將他女兒配給醇王載灃，本存一個願望，將來生子，便使繼承大統，現在醇王兒子溥儀已經三歲了，就立他為嗣皇帝，醇王晉封監國攝政王。」此乃清亡之張本，西太后應負全責。當奕劻將此消息啟奏光緒，帝蹙眉曰：「立個年長的。豈不更好？」接著又說：「但不必疑惑，太后主意不錯。」蓋帝意欲立恭親王溥偉也。光緒卅四年十月廿一日下午七時帝崩，翌日下午五時太后逝世。由於晚間著涼，痢疾復發，帝崩之後，太后猶扶病御殿，宣佈溥儀為帝，忙著料理喪事。第二日早晨，猶召軍機大臣，並與醇王夫婦談話，下午暈去，遂至不起。據說最後一句話：「以後不可使婦人當國，違背家法。」噫嘻！人之將死，其言也善！

西太后與光緒二人之賓天，距離不足廿四小時，此事奇突，使人懷疑。據直隸提學使傅增湘撰文云：「伊於十月中旬晉京請訓，覲見光緒，帝無病容。」梁啟超著《戊戌政變記》亦云：「皇上日日辦事，早朝晏罷，聖躬之無病，眾所共見。」然則光緒久病之說，諒係后黨宣傳用作。一說袁世凱既知太后末日將臨，畏帝報復，先施鴆毒。此說亦未能證實。此屬清宮奇案，值得一般史學家之研究。

又：西后三次垂簾，獨攬大權，垂五十年。同治光緒二帝，形同傀儡，對於立儲大計，自無置喙餘地。后乃盡棄祖宗成法，三次建儲，全憑私心，倉猝行事，尤以立大阿哥之舉，直視國事為兒戲。蓋自戊戌政變後，光緒被囚瀛臺，后即開始醞釀廢立之舉，初議立慶親王奕劻之子載振，又議立貝勒載濂第三子，可稱荒謬絕倫。旋於光緒廿五年冬，西太后召王公大臣曰：「帝不孝，我撫養至今，反要害我，我已選定端郡王載漪之子溥儁為新皇帝，定於明年元旦即位。」帝師孫家鼐與江督劉坤一等反對此旨，皆無效。惟榮祿最得西后寵信，榮祿嘗與袁世凱有約，誓不危害光緒，故勸西后慎重將事，以防外國政府之干涉。榮祿又提折衷辦法，暫立溥儁為大阿哥，此乃皇太子別名，西后無奈從之，命崇綺、徐桐為其師傅，備廢立，繼同治。此時大阿哥已十五歲，好聲色犬馬，肥胖傖荒，性習下流，但知欺侮光緒，庚子以後，降為末秩，潦倒不堪，西太后欲立此人為新皇帝，謂為亡國妖孽，信不誣也！

袁世凱小站練兵秘聞

光緒甲午，清廷戰敗，痛定思痛，翌年遂派浙江溫處道袁世凱往小站督練新軍，此事實為後來辛亥革命成功之契機，亦予袁氏本人一生騰踔之機會。良以舊軍腐敗，不堪一戰，而新建之軍盡落於袁手故也。

夫練兵之事，為國家大計。滿清政府設有「督辦軍務處」，宿將重臣更僕難數，時袁以四品微秩，年僅三十六歲，何以得到此項差使？其中內幕，曲折異常，本篇犄述其梗概，隱寓乎褒貶，亦有祕辛軼事為以前典籍所未載者。蓋先母舅桐城吳北江先生嘗為袁公家庭教師，民元任教育部次長。故觀瀾所言，實有所本；觀瀾所評，全憑良知！

韓王妻以郡主三人

袁世凱為淮軍首領袁甲三之姪孫，袁父保慶嘗主兩淮鹽政，故袁喜武藝，自幼即與淮軍發生密切關係，深荷另一淮軍將領李鴻章之器重。袁氏在河南故鄉以諸生赴鄉試，不獲雋，瞿鴻禨時任河南學政，袁以是銜之（然於民三，袁氏亦辟瞿為參政）。光諸八年，袁氏隨吳長慶至韓，充任營務處幫辦。至光緒十年吳被調回國，袁乃接統在韓慶軍，並為韓王練兵。是年朝鮮有甲申之亂，袁率中韓聯軍大挫日軍於王宮，日人表示無挑釁之意，直隸總督李鴻章遂與伊藤博文訂約於天津，雙方議定撤兵，袁世凱改充駐韓商務委員。一年之中，袁將日俄兩國勢力幾全驅出朝鮮。故李王待袁極厚，妻以郡主三人，李王且不知袁之嫡室尚居項城洹上故鄉也。袁公在韓所娶二夫人，生克權、克齊等四子、女二。長適張人駿之子庾樓。三夫人生克文、克良，女二。長適楊琪山。四夫人生克端，女二。長適觀瀾，排行第二，次適蔭昌之子，排行第七，即遜帝溥儀所嘗倩人提親者也。袁公於所生子女中，男最疼愛克文，女最疼愛我妻子昭。

李鴻章褫去黃馬褂

當是時，英俄爭取阿富汗，韓王知日本親英，故有聯俄之意。日人大懼，請中國加強控制三韓以防俄，英亦表示同意。中國便於國際矛盾局勢下，在韓推行積極政策，內政外交全受中國控制，直至甲午為止，袁世凱為執行國策之人，幾達十年之久。迨光緒廿年（甲午）五月，東學黨，在韓作亂，袁亟乞援於李合肥（鴻章），李氏乃奏派直隸提督葉志超，僅率三營東援，屯牙山。袁大失望，葉甚庸懦，笞兵千里，而諸將排日置酒高會，李王亦失所望，清廷遂以兒戲自趨潰亡。未幾，日本遽發重兵至韓，並不認韓國為我藩屬。袁亟歸國請兵，人微言輕，不得要領。

惟光緒帝一力主戰，傳諭軍機大臣翁（同龢）李（鴻藻）曰：「上次甲申之變，吾國已居上風而後辦理失當，此番務要整飭，不可怠忽。」七月對日宣戰，日攻平壤，吾軍敗績，海軍復大敗於黃海，不能再戰。翁李二公皆謂李合肥有心貽誤。大學士張之萬雖出而為李力爭，仍定嚴譴。於是李鴻章拔去三眼花翎，褫去黃馬褂。丙申李合肥從日本回北京，光緒帝召見於養心殿，先問槍傷，旋責以身為大臣，兩億賠款從何籌去？上云：「失臺灣，喪民心，傷國體。」詞甚峻厲，李引咎唯唯，上命先退，猶有體恤老臣之意也。

返國搬兵痛遭申斥

如右所言，直至甲午袁始回國，在韓前後十二年，袁乃位低而責重，且無用武之地。迭請回國，皆不獲准，何以故？蓋當時朝中分為兩派：李鴻章屬於「太后派」，對日主和；翁同龢屬於「帝派」，對日主戰。京闕名流如張謇、文廷式等亦皆主戰，李受重大壓力，故以善身為靜，以寡言為慎。至其處置外交事項，只得採取消極辦法，多一事不如少一事。李合肥雖賞識袁世凱，然亦恐其回國後，更為主戰者張目。故袁蹭蹬在外，形同官場中之孤兒，亦是政界中之爆炸物。洎乎日發重兵至韓，袁乃歸國搬兵，抵天津謁見李相國（鴻章），即遭嚴詞申斥，令其速返平壤。當時謠傳李以鞋底打袁嘴巴，洵屬無稽讕言。瀾按：李文忠以足蹴袁則係事實，後反力予擢拔，蓋壯其志而怨其擅離職守也。袁那次至津，因李合肥在盛怒之下，不得入都門，身無聊賴，爰命其弟世勳（字敏孫）晉京，謁見翁相國（同龢）。求作一扎與高陽（李相國鴻藻），俾袁得入國門。翁李固引袁為同志，樂於照辦，遂見六月廿一日宮門抄：「令袁世凱來京，備詢韓事。」李合肥惶恐之餘，遂派袁為運糧處幫辦。運糧總辦為周馥，與袁相契甚深，從此合肥對袁，不再留難矣。

惟袁匆忙歸國，志在搬兵迎敵，此時袁乃糾集淮軍舊部，得吳國柱等五營之眾。袁氏所資助赴京應試之徐世昌，此時早已考進翰苑，徐本河南塾師，富於機智，遂為袁之得力助手。歲在甲午七月十九日，翁同龢與李鴻藻會銜保袁，帶此數營開至黃海道。袁徐二人遂赴遼陽摩天嶺，袁雖氣激當關，心雄轉軸，然中日戰事已接近尾聲矣。

練兵七千需款百萬

迨戰事結束，清廷張皇失措，袁愈坎壈失志，僅獲外放浙江溫處道。袁自不願到任，於是運動翁相國，承其推轂，袁始得到「督辦軍務處」之差委，蛟龍漸漸轉水矣。瀾按：醇王奕譞為軍務處督辦，慶王奕劻與兵部尚書榮祿為軍務處會辦，恭王奕訢，禮王世鐸與李鴻藻、翁同龢、剛毅等為軍機大臣，全國事權集茲八人之身，而榮翁二人尤炙手可熱，蓋榮簾眷最隆，翁則簡在帝心。

最初，袁與翁相國較為接近，袁乃傾向維新，力主改革。某次見翁，袁曾慷慨自誓，願以強國為己志。同時並以瓜分圖示翁，袁且謂英法日俄皆不可靠。翁之日記稱袁「老誠有為」。又云「慰庭直爽可取，此人可任。」翁公對袁，可謂讚不絕口。此時袁公招友僦居嵩雲草堂，日夕譯撰兵書十二卷，因益受知於翁李，而李鴻藻尤激賞袁公，謂公「家世將才，嫻熟兵略，如令特練一軍，必能正我王度，而矯中國綠營之弊」。亟言於朝，兵部尚書榮祿右其議，李乃囑公擬練洋操各種辦法，公即手繕數千言，以師法德國為主，榮李二人皆為所動。袁故獻議特練新軍七千人，每年需款一百萬元，時則翁同龢為戶部尚書，正為對日賠款之事傷腦筋，翁聞此數目咋舌云：「太奢了。」袁知無望，只能另想辦法，李鴻藻雖大力支援，然不能過問兵餉之事。

拉攏榮祿用心良苦

袁知官場中所著重者為人事，並非計劃。又知翁李雖握軍機大權，然非太后之親信。袁欲達到目的，必須拉攏榮仲華（祿）方能水到渠成。適有袁之妹倩張香谷與旗人豫昶友善，豫乃榮祿之親信，袁由豫昶之介，得以計劃獻於榮祿，榮為旗人中最佼佼者。其人短小精悍，眉目清秀，雖有旗人輕佻之風，而胸襟豁達，爽朗可喜。然工策畫，富權謀，袁猶畏憚之。拳亂之頃，榮祿在保定，日人以彼不能守，不能死，又不能匿蹕，故焚其邸第。實則袁在小站練兵，受榮祿節制，日人恨甚，以是借題發揮耳。

先是榮祿與翁同龢交好，醉中榮祿漏言，協揆沈桂芬失寵，伊實進言於太后。翁告恭王，未幾榮遭左遷，廿載閒散，其怨深矣。迨戊戌政變前，翁相國休致還鄉，榮祿厚賕之，翁卻之，又伻來，乃受之。榮祿之手腕大率如此，癸卯三月，翁日記云：「仲華長逝，吾故人也，榮居一品五十年，晚好士，能薦達，不及曾侯者，士之咎耳。」

奉旨練兵袁獲大用

瀾按：歷來清廷所選練兵大員，俱屬文人，此固妥善之法，足資楷模。李合肥任直隸總督時，幕府之中有胡燏棻者，翰苑出身，佐李運糧。光緒十九年合肥奏派胡燏棻，會同洋員漢納根，在天津招募洋隊。因該洋員擬辦各節，事多窒礙，旋即中止。另由胡練定武軍十營，參酌西法，駐於距津七十里之新農鎮，又名小站，此即舊日淮軍統領周盛波屯田廿載之處，故小站久為淮軍駐屯之基地，適胡升京兆尹，被派督造津蘆鐵路。胡燏棻又與袁友善，遂薦袁以自代，此時袁已否極泰來。蓋無往而不利矣。

如上所述，袁既獻策於榮祿，深荷榮祿之贊同。榮祿素有辦事敏捷之稱，於是甲午十月，「督辦軍務處」三巨頭醇慶二邸與榮祿，會同軍機大臣，奏請變通軍制，派員督練，摺稱：「查有軍務處差委浙江溫處道袁世凱，樸實勇敢，曉暢戎機，前駐朝鮮，甚有聲望，所擬改練洋隊，招聘洋員，暨新建營制餉章均妥。相應請旨飭派督練新建陸軍，假以事權，俾專責任，先就定武十營，步隊三千，砲隊一千，馬隊二百五十，工程隊五百為基本。再加募步馬各隊，足七千人之數，每月約支正餉銀七萬餘兩，至應用洋員，由臣等咨會德駐使，選商聘訂，果能著有成效，尚擬逐漸擴充。」

奏摺既上，當日奉旨允准，從此奏摺，可覘清廷對袁倚畀之殷，袁之所請，全荷俞允。事後恭王問李合肥曰：「吾聞此次兵釁（指甲午之役），悉由袁世凱鼓盪而成，此言信否？」李搖首曰：「日人積慮已久，且事已過去，請王不必追究，橫豎皆鴻章之過耳。」夫大力主戰者是光緒皇及其師傅。評者曰：主戰者無罪，敗戰者亦無罪，惟獨備戰者有罪。此乃公允之論。例如：海軍經費四百萬兩，移作建造頤和園之用，誰尸其咎？然恭王既發此問，合肥若非存心袒護，則袁世凱之名可能不見於史乘，遑論小站練兵乎！

由本文上節所記各點觀之，可知袁公膺督練新軍之差委，事前煞費周章，得來頗不容易。袁當時不但先獲李鴻章之呵護，翁同龢之吹噓，李鴻藻之推薦，繼以胡燏棻之讓位。而最扼要者，端賴榮祿之力玉成其事。所以袁對榮祿，最為感激，袁與榮祿之深厚關係，在小站練兵之始，即告奠立。

武衛全軍大捧榮祿

甲午年十月下旬，袁氏領旨出都，逕往小站接事，初以姜桂題、宋慶充左右軍翼長。袁擬自募新兵萬人為中軍，開始即已超出預算，不得不以借債度日，姜桂題為淮軍舊部，驍勇善戰，以失旅順革職，今始開復。袁聘德教官教軍操，兩閱月後，軍容大盛。上諭稱袁「練軍著效」，升授直隸按察使。居無何，袁因建軍過速，避讒無路，而李鴻藻反對尤烈。適有小站兵士擅殺營門外賣菜傭，官紳嘖有煩言，袁被胡侍御景桂參奏一本，上命兵部尚書榮祿查辦此案。榮祿抵津，則見小站新建軍整肅精壯，壁壘一新，遠勝直隸總督王文韶派迎之淮練各軍。榮祿默誌於心，迨見小站兵士直接領餉，一掃舊軍尅餉冒領之秕政，榮祿乃喟然歎息曰：「此人乃今日之韓信，必須保全以策後效。」即代乞恩，姑從寬議，厥後袁升山東巡撫，胡景桂侍御適轉任山東臬臺，袁胡二人不提參奏之往事，悉泯猜嫌，前賢風度，今不可見。

旗人莫不好奉承，是故榮祿亦有明朝馬士英之風。戊戌政變前，榮祿調直隸總督，兼北洋大臣。當時宋慶、聶士成、董福祥、馬玉崑、姜桂題等五虎將，皆受新建陸軍督練大臣袁世凱之節制。袁知榮祿好排場、重虛套，爰以五大軍合編為武衛全軍，且仿春秋晉國之軍事編制，榮祿將中軍，稱總統。宋慶將左軍，袁世凱將右軍，聶士成將前軍，董福祥將後軍，馬玉崑、姜桂題為總統軍左右參乘。又諸軍各選四將送總統調遣。比至，令此十六人各穿一二品補服，乘馬在輿前引導。朱英綠縢，軍容甚盛。榮祿穿黃馬褂，頭戴寶石頂，帽拖雙眼翎，顧盼自豪，樂乃無藝。然榮祿精明過人，對袁仍存猜忌之心。迨戊戌政變攤牌之前，袁遽奉命入京，備上咨詢，坐是京津道上，滿佈密探，皆榮祿所派遣，防袁綦嚴。而袁之軍旅，皆在析津，故當時袁實無法答應維新黨人之要求。袁雖斥責譚嗣同之舉措為「鹵莽滅裂」。然譚固愛國志士，事急則不擇手段耳。

北洋三傑脫穎而出

光緒廿七年，袁繼李合肥（鴻章）為直隸總督，擴軍計劃，益趨積極，為免親貴之疑忌，袁特奏設「新建陸軍練兵處」，慶王奕劻為督辦。袁與鐵良、徐世昌三人為會辦。又以劉永慶為軍政司正使，姚錫光副之；段祺瑞為軍令司正使，馮國璋副之；王士珍為軍學司正使，良弼副之；翌年馮國璋調充軍學司正使，袁又計劃新軍三十六鎮，先成立北洋四鎮，籌餉處設在天津，以張鎮芳主其事。瀾按：北洋三傑之中，王（士珍）性談泊，段（祺瑞）性固執。馮（國璋）性圓滑。至彼時為止，馮之職位，原向優於段，而一旦位出其下，屈為段之副手，從此段之於馮，具有優越感。入民國後，馮為元首，段任總理。段仍不肯低頭，僅以傀儡視馮，而段馮二人之明爭暗鬥，實為北洋派直皖兩系分化的集中之表現。

又按：三傑之中，王士珍天賦最高，考得最好，先做統制，又做協統。至袁氏任大總統後，代袁發號施令者，是王士珍而非段琪瑞。王且謙以自牧，處處讓段，故段馮二人對王均無惡感。至於段馮之間，無法和解，彼此積不相能，至死方休。嗟乎！既生瑜、何生亮，段馮二傑當有同感。談到段祺瑞。拙著〈袁世凱與北洋三傑〉一篇中曾稱「段氏繼為國務卿，請袁裁撤大元帥統率辦事處」，行文甚簡。迨本年三月十二日余閱本港《華僑日報》所載〈北樓隨筆〉，則謂「徐世昌後段祺瑞並無繼為國務卿之事」。惟據觀瀾所知，徐世昌辭職後，曾以外交總長陸徵祥為過渡，至民國五年四月二十二日，正式任命段祺瑞為國務卿，旋即改稱國務總理。由是觀之。該隨筆作者王君誤矣。

袁與鐵良鬥爭最烈

旗人之中，以鐵良反袁最烈。此人魁梧奇偉，忠於清室。光緒丁未，渠乃說服清廷，先以鳳山為「新建陸軍練兵處」會辦，繼則索性裁撤此一機構，並改兵部為陸軍部。以鐵良為陸軍部尚書，練兵十三載之袁項城遂為所制，只得交出大部兵權，隨即御任直隸總督，內調軍機大臣兼外務部尚書。其時馮國璋調任副都統閒職，段祺瑞亦外放江北提督。厥後兩宮賓天，袁雖放逐，但北洋軍界仍奉袁為宗主。旗人如奕劻、溥倫、那桐、端方、蔭昌等輩，皆與項城相契甚深，而為袁奔走者如徐世昌、唐紹儀、趙秉鈞、梁士詒、楊士琦等，皆據要津，身為閣僚。故於宣統二年春，袁居河南彰德，仍能運用其潛勢力，使鐵良解尚書職，左遷江寧將軍，而繼任陸軍部尚書者，即袁之親家蔭午樓（昌）。不久馮國璋入掌禁衛軍，袁之潛勢力更大矣。

袁既賦閒在家，不無心懷怨望，故其所著《圭堂詩集》有云：「室小堪容膝，簷高老樹齊。開窗平北斗，翻覺太行低。」即有取而代之之意。此乃十九世紀人物之理想，與今不能同日而語。然在北京歷任總統中，袁待清室最為優厚，袁之能力，亦最角立傑出。一言以蔽之曰：袁固十九世紀人物之典型也。茲予公正施評於袁項城，以供一般學者之考證，蓋學者對於歷史人物，應有準確之估計，不宜為道聽塗說所熒惑，下列各節，對袁有褒有貶，皆風事實為根據。

項城愧對中山先生

（一）袁之政治手腕，實得李文忠公（鴻章）之薰陶，其能羈縻人才，則係步武曾文正公之軌躅。瀾按：李合肥與袁項城雖皆主張新政，著重建設，然其政治路線，皆與西太后較為接近，袁夙以李合肥為奧援，故李袁有通家之好，又有葭莩之親，而袁對於李之幕府人才，如周馥、胡燏棻、吳汝綸、盛宣懷、于式枚、李經羲等，皆曾——籠絡之。李合肥之遺摺云：「環顧宇內，人才無出袁世凱之右者。」此摺係由兵部左侍郎于式枚執筆，其詞散見於各種典籍。蓋自兩宮西狩，合肥屢請回鑾，車駕至鄭州，李公薨，后帝登行宮後樓，北向而泣，越日抵開封，李之遺摺至，力保世凱繼任直隸總督，蓋當時中國除袁新建陸軍之外，無一完整之師矣。故李公薦袁自代，盛稱其才，乃合理成章之事，亦公忠體國之舉。有入懷疑此語係出觀瀾之杜撰，不亦左乎！

（二）夫袁氏之變更國體，非其時，非其道，誤已禍國，情無可原，余已屢著於篇矣。閒嘗以為吾國元首之中，度量之宏，見事之明，無出國父中山先生之右者。按照中山先生之偉大眼光，變更國體，雖是壞事，但在中國，不足為奇，孫先生有言曰：「法國革命後，國體五更，累積八十餘年而共和之局成。法無自治基礎，正與吾國相同。」蓋法國三易帝制，三定共和，擾攘百餘載，至今猶為無成之局。孫先生當時從北京返滬，曾對報界宣言如下：「我望袁為十年總統，我相信袁有肩膀，頭腦清楚，思想也新，不過手腕舊些，然治今日民國，非有新思想舊經驗不可，袁正是這樣的人。」孫先生之言，係出於至誠，故孫袁不能合作，項城責有攸歸，彰彰明甚。

革命軍興力主和議

（三）庚子之役，宋慶、聶士成、董福祥、馬玉崑等諸軍全潰，只剩袁世凱之新建陸軍，未損毫髮，且仍不斷擴充，前後成立六鎮，為國干城。至袁被放逐後，六鎮統帥易人，內部紀律鬆弛，即被革命份子所滲透，武漢起義，乃發難於新軍工兵營，排長熊炳坤先放一槍，大呼「集合！革命！」俄而全營響應，攻楚望臺火藥庫，遂成燎原之勢。事前無計議，事後無領袖，此誠賈生所謂「一夫作難而七廟隳」。然若袁世凱未被放逐，則北方新軍不致搖動，辛亥革命難以成功。迨武昌陷落，袁乃起復，爰命蔭昌一戰下漢口，馮國璋陳師津浦線，段祺瑞屯兵清江浦。張勳破金陵，回鎮徐州，倪嗣沖佔蚌埠，成犄角之勢。若以武力周旋到底，則鉦鼓一動，勝負之數，無待蓍蔡矣。第因外務大臣胡維德等合奏「人心已去」。湖廣總督段祺瑞率全國將領四十二人，籲請清室「早日退位」。袁世凱遂命唐紹怡（即唐紹儀，避宣統諱，改儀為怡）為議和代表。佐以楊士琦及甫出獄之汪兆銘，時則馮國璋克漢陽，封男爵，因主用兵，被袁降為察哈爾都統。至陽曆是年年底，中山先生歸國，陰曆歲闌，清室退位。據上以觀，提倡革命而卒推翻清室者為孫中山；力主和議而逼清室退位者為袁項城。若論革命軍之實力，誠如諸葛武侯（後出師表〉所云：「陳勝吳廣起於大澤，率罷戍之卒耳，卒以亡秦。」古往今來，大凡革命之成功，俱非先有對等力量而後發動者也。民心向背，實為成敗之樞機。

腐敗未除責有攸歸

（四）袁於壯年熟讀兵書，因此見賞於李鴻藻。然袁對於泰西軍事，僅知皮毛，伊特倩人翻譯德國兵書多種，並囑其子克定熟讀德文，然後赴德研習軍事。克定發跡甚早，官至農工商部右丞（正三品），因熟諳官場禮節，有能員之稱。克定後遭不幸，在德國墜馬傷腦，智力銳退，與前判若兩人。袁所提拔之蔭昌、段祺瑞、姚錫光等皆曾留學德國。蔭昌且曾投入德營當哨官，升上尉。夫袁在小站，誠能勤於練兵，「用人維賢」。至於編制切合實際，士兵直接領餉等等，尤為清廷所賞識。故雖猜忌者眾，袁仍不倒，此在晚清，可稱奇蹟。瀾按：袁最重視北洋第三鎮，早年事必躬親，第三鎮即後吳佩孚第三師之前身，段祺瑞久任統制，後易曹錕，二人皆袁所寵信磐桓者。曹之基礎固若金湯，故袁歿後，段祺瑞對曹錕無如之何。至於新軍紀律方面，雖較淮軍為遠勝，然非無可疵議者，按上述「小站士兵擅殺菜傭」一案，繩以泰西軍法，罪不及主帥。惟袁因此幾遭罷斥，足見清廷紀綱尚嚴，袁決不能諉卸其責任。再在小站，員兵只知有袁宮保。將帥如曹錕、姜桂題等，見袁輒行跪拜禮，袁將去職，各鎮統制竟以去就要挾政府，此乃舊時代的腐敗現象，袁項城不能辭其責。

結仇民黨失策最大

（五）如右所述，袁在小站，事必躬親，臥榻即置於簽押房中，其全副精力用在建軍工作上，假想敵是日本，練兵之法則學德國。關於軍隊編制調遣，將領選拔補充，一概不假他人之手。是以年甫五旬，鬚髮盡白，晚年心力交瘁，英氣漸銷，種種措施，未臻妥善。例如：軍事機構，層床疊架，紊亂不堪。袁又重武輕文，以都督位於巡按使之上，以陸軍總長段祺瑞代趙秉鈞為國務總理，遂使武人氣燄高張，動輒以下犯上。如張作霖之逼走段芝貴，陳樹藩之驅逐陸建章，此皆袁之過失，不能防患於未然，致有後日督軍團之目無法紀，嗟乎袁公！五十之年，壯情久歇，是角弓之詩所以為刺也。

清末民初，北方之封建色彩甚濃，而進化之江南人士，亦罕有革命思想者，此因吾國累積五千年之專制政體，民眾迄無自治之基礎，其思想拴塞久矣。查民十七以前，竭力詆毀袁世凱者，只佔極少數，此因北京政府一切步袁之後塵，黎、馮、徐、曹、段、張六人皆袁親信之僚屬。嗣後則社會人士對袁存有歧見者愈來愈多，此因二次革命，袁與民黨結成血海冤仇，是誠袁氏一生之重大失策。世人每謂段祺瑞「三定共和」，功在國家，實則袁世凱感會風雲，奮其才智，累百段祺瑞，何敢望項城！清末民初，人才無出袁右者。陸贄曰：「人之才行，自昔罕全，苟有所長，必有所短。」夫袁之心事，吾能言之，在彼誤聽宵小之言，貿然變更國體，非為虛榮，更非為子孫計，實與革命份子積不相能，而視議會政治，不啻芒刺在背耳！吾知袁之所短，亦知袁之所長，推而論之，信如白水，知我罪我，不遑計矣！

袁氏功過差堪相抵

式觀西洋歷史，有足鏡鑒者：克朗威爾悍然弒君，自為元首，英國史家猶為掩飾而盛稱其偉業。美國南北戰爭，南方李將軍日暮途窮，獻刀投降，全國民眾仍加尊敬而贊揚其豐功。拿破崙窮兵黷武，變更國體，使歐洲人口減少三分一，惟在法人心目中，至今仍為民族英堆。蓋泰西各國莫不珍視其國內傑出之人物，能為本國復仇，或剷除惡勢力，從而爭到歷史上之光榮者，則民眾悲哀之，只念其功績，而忘其過失，是固忠恕之道也。今論袁世凱，孝悌之人，志能之士，其協造民國是大功，建立新軍是小功，帝制自為是大過，重武輕文是小過。據斯以觀，功過差能相抵。袁為十九世紀人物之典型，思想陳舊，作風從權，吾人不能以今日眼光衡量之，彼一時也，此一時也。跡其為才，長於軍事，夫朝鮮為我東北之屏藩，甲午以前若無袁世凱，則朝鮮之入日本版圖，其勢必提早十年。庚子拳亂，若無袁世凱，則北方全部瀕於總崩潰，中國更無可用之兵。辛亥起義，毫無準備，當時若無袁世凱，則雙方火拼到底，不知鹿死誰手。吾望今日賢良樂胥之士，必先認清已往之史實，本篇雖係急就之章，所錄悉屬真相，然此類著述，議制論道，不能無病者也，明哲諸君幸亮察焉！

我所知道段祺瑞的一生

晚清之際，袁世凱在小站練兵，段祺瑞受其指揮，累遷統制。袁氏且付以訓練幹部之責任。民國肇興，袁之屬下，堪稱干城之選者，有王士珍、段祺瑞、馮國璋三人，世稱王龍段虎馮狗。何故王氏之猶龍？因其運籌帷幄，袁氏輒以軍事諮詢之，不啻事實上之參謀總長；段乃風骨魁奇，司理軍政，久任陸軍總長，民二且晉國務總理；馮國璋善於機械變詐，且好貨，袁固識人，對馮不甚信任，乘其攻取漢陽、正在春風得意之際，袁乃將馮召回，以段代之，段即領銜通電，主張共和政體，而旋乾轉坤之功，悉由段氏發動，馮反寂寥無聞，足徵袁氏對段倚　之殷。其故安在？蓋段氏之繼室為張氏夫人，與袁氏有葭莩之親，其父追隨袁甲三，打捻匪而陣亡，僅遺一孤，袁世凱收為義女，視同己出，張女即在洹上袁家長大遺嫁，袁家呼為大小姐，吾等尊稱段大姊，其與內人如同手足一般，故袁實以婿禮待段，焉有不加信任之理。

反對帝制、原因有三

然至袁氏稱帝，段祺瑞雖未公然反對，但在暗中阻撓，不遺餘力，其故有三，如下所述：

一、段祺瑞與馮國璋皆以袁之繼承人自命，帝制果成，彼等將永無繼位之望，且黎元洪封親王，龍濟光封郡王，段氏僅獲公爵，不無絕望。當時陸榮廷即因恥居龍王之下而生異心者也。

二、段與袁克定不協，深恐克定繼位，於己不利，此乃段氏反對帝制之主要理由，段在公府乘人力車，克定幼弟三五成群，紛紛以雪球擲之，指其為歪鼻子，跡近當面侮辱。段訴於袁，袁雖盛怒，顧未鄭重處罰，段有遺恨焉。

三、段雖名為陸軍總長，軍權實在袁手，段固怏怏不得志，而其副手徐樹錚野心勃勃，最為袁氏所嫉視。袁設模範團以訓練將校，凡各鎮將校，悉由總統親授之，段氏無用人之權，自不滿意，乃向袁氏請自營長以下，概由軍部直接委薦，袁遽召段，正色而言曰：「芝泉！你氣色不好，休養一時罷。」段退出，即請長假，移住山西，嗣後袁段之間，隔閡愈深矣。迄袁醞釀帝制時，段僅尸位素餐而已。

段夫人性剛毅，有義氣，無笑容，為洪憲之事，段與夫人數次反目，夫人戟手詈段而罵曰：「沒有良心。」段有季常之癖，不敢抗論。愚適在座，段乃奇窘，低聲曰：「我對老總統愛莫能助呀。」實則段於洪憲之事，可告無罪於國人也。

夫人罵段、老糊塗了

民七年我挈內子（按：薛夫人為袁世凱之愛女）赴府學胡同（即段宅）會親，我行大禮，段氏答禮時膝未及地，張氏夫人見狀大怒，當場令其屈膝，又強段氏叫我二妹夫。此後我見段氏，尊稱大姊夫，段氏不當夫人之面，叫我匯東，老氣橫秋，若當夫人之面，段乃侷促不安，此情此景，大可噱也。

段夫人常說：「你大姊夫沒有禮貌，老糊塗了！」實則芝老文質彬彬，禮數甚周，夫人則見娘家人，倍覺親熱耳。段夫人曰：「這所房子是爸爸（指袁項城）賞賜我們的，你們住此，千萬不要客氣。」竊按府學胡同段邸，規模宏壯，惟內部陳設，簡陋不堪，段之寢室，乃以白布作幔，此係皖人儉樸之風，有足劭者。

與吳清源、對奕趣聞

段既執政，棋道駸隆（指圍棋），段好弈，知更之鳥也，今日之事我為政。當時國手皆北面，或授二子，或讓黑棋，而諸國手不敢贏段，但亦不甘多輸。其軼事甚多，最為棋界所樂道。世人譏其棋品不修，實則芝老弈時，態度甚佳，向無厲色，見棋即笑逐顏開，我與之老對弈，無慮五六十局。一日，段氏欲悔一子，我情急，口不暇擇，「老段」二字脫口而出，段亦一笑置之，無慍色。故吾以為段氏有雅量，英氣逼人，時彼方為太上總理，督辦參戰事宜。又一日，我與參謀總長蔣雁行弈於執政府門房，圍觀者眾，俄見段執政危坐桌畔，已觀局多時矣。見蔣總長抱頭思索狀，段氏為之大樂。謎此以見段無大架狼犺之習，猶有書生自得其樂之風也。

然段氏好勝，敗則愴怳失意，不肯罷休，其個性如此。民十四，段聞吳清源以舞勺之年，無敵於中國，心竊疑之，爰命入府對弈，且謂棋果不差，可以公費遣送東瀛深造，此固清源之宿願也。清源義父楊子安以為吳不應失此公費赴日本之大好機會，又知段氏好勝，特囑清源小心應付，務讓段勝一子半子，對於出洋事，勝固無望，大敗亦無望，清源以為然。弈時段持白棋，吳神童持黑棋，惟神童下子迅速，不加思索，但不知看風使，結果黑勝。

楊君當場以目示清源，赴厠所數之曰：「孺子不可教也，出洋之議，視同綺夢幻想可耳，再奕要仔細，負五子可矣。」清源俯首唯唯，自悔失手。再弈，清源果大斂其鋒，敗勢已成，無何，段氏以為穩勝，居然得隴望蜀，忽硬投拆三，清源急，渾忘其使命，努力應付，遂不終局而又大勝。蓋此局拆三，不可輕投，黑棋若任其蹂躪，必死一塊，童子無知，難如留侯之能忍，終使段氏一敗再敗，公費赴日之說，遂同泥牛之入海。皆是為觀，無論政治與奕棋，段氏之最大弱點，端在好高騖遠，莫能知己知彼耳。

不貪財貨、輕視武將

至於段氏平日待人接物之姿態，完全摹仿袁項城，兩目炯炯有光，言語少而中肯。就我所見，段對文人，尚有禮貌，即對棋友如汪耘豐、顧水如等，亦覺和靄可親，惟對武將，不假詞色。田中玉任山東督軍時，晉謁段式，陳述軍事，合肥不耐曰：「少說廢話，你還懂得什麼戰略嗎？」雜以安徽罵人土語，田中玉亦安之若素。當年張勳節制定武軍，曹錕統率第三師，見袁皆行跪拜禮。由此觀之，藐視武將而武將自卑，實為北洋軍閥之傳統習慣。嗣後北洋軍閥相繼失敗，草蛇灰線，即伏於此。

昔日袁世凱不好貨，生前以盤樂遊逸為戒，身後則無積蓄，當其卸任山東巡撫時，嘗以應得羨餘二百萬金，移贈後任楊士驤，楊氏遂成鉅富。厥後段祺瑞步袁之軌躅，雅有清譽，操守無可疵議，此其唯一長處。是故袁段二人之功過，係另一問題，惟其不貪財、不好貨，然後能做一番事業，感不絕於我心焉。

段不好貨，遂視勳章如糞土，智利政府嘗以大勳位授之，極昭隆重，上嵌金鋼鑽數粒，光彩奪目。時適段氏已下野，寓居天津，予捧勳章與紫綬，賫呈於段，段置之，不稍留意，惟邀予對奕，予勝第一局，段不肯罷手。褚玉璞適來電話，因碭山戰捷，催予列席會議，予欲告辭，段不允，並謂：「蘊山（指褚玉璞）還有什麼了不起的事。」我說：「褚督辦與我作對，我為難得很。」段云：「又錚與褚大不同了，你如何能與蘊山共事呢？」此雖極小掌故，可占段氏之為人，善奕而有好勝之心，不好貨，不慕虛榮，輕武將，藐視張宗昌褚玉璞之輩，對於徐樹錚，印象仍佳，關於酬應世事，可謂漫不經心者也。

不修邊幅、耿介拔俗

茲述段氏處世之術，可資噓噱。一日，棋局告終，段讌外賓，改服西式方角大禮服，履不適足，大感困苦，段氏蓋穿慣雙梁鞋，於是整裝超過一小時，項際金鈕猶無法扣上。段夫人囑我幫忙，我亦無能為力，謂芝老曰：「一國元首之服裝，非可掉以輕心者也，晚宴外賓，應穿燕尾服，佩本國勳章，小禮服而佩勳帶，已非正式，至於方角大禮服，歐美各國惟於喪禮中用之，日人已誤而吾國效之，現茲硬領差半寸，如何扣得上，公須另製一套燕尾服，今晚則穿藍袍馬褂可矣。」

段夫人期期以為不可，她說：「洋鬼子要登報的，你大姊夫怕極了。」我說：「藍袍馬褂，亦禮服也，御此以宴外國元首，且無不可。」意段斟憪，時則賓客絡繹而來，紛集樓下，段遂勉從予言，喃喃自語曰：「如此服裝，西人自誇文明，可以休矣。」無何，段之藍袍太短，褂袖過長，望之不似人君。蓋段向不修邊幅，亦耿介拔俗之徵也。

如右所述，段氏怕穿西裝，亦不喜戎裝，因有足疾，不宜穿革履，民十四孫中山先生病歿故都，開會追悼之日，段氏已穿就西式禮服，洗濯其足，而足益腫，因此不能納履中，段氏徬徨無策，遂不果行。此固重大失禮，騰笑國際，難怪國民黨員大不愜意也。亦見段氏之固執成性。而段左右無諍臣、無益友，直視國事如兒戲耳。

參戰改選、有功有過

溯自袁項城去世，段祺瑞乃一躍而為北洋軍閥之首領，只爭實權，不圖虛名。總統黎元洪為參戰問題，信其同鄉金永炎之言，遽免段祺瑞國務總理之職。段赴天津，因府院之爭，而引起督軍團獨立，因督軍團獨立，而釀成張勳之復辟。段乃因緣際會，僅恃李長泰一師之眾，起義討逆，辮軍奔沮，厥功懋焉。

黎元洪既去職，馮國璋代之，段任總揆，權傾一切，府院之間，相持益烈。惟馮倡導和平，主張反戰，徒託空言，卒與段同時下野，抑鬱以終。段則實權在握，發號施令於府學胡同，內以徐師爺（樹錚）為心膂，外以靳師爺（雲鵬）為總理。按徐樹錚與靳雲鵬皆段門生，故段儼居太上內閣之地位，是其一生威權最高，惟值吾等與段氏對奕之際，常爭懸殊於秒忽之間，其時若靳徐兩人請謁，雖懷軍國大計而來，亦無暇過問無法上達矣。當是時，段祺瑞乃代表中國之正統，其與北洋軍人密電有云：「私冀發揮我北洋同袍之實力，統一國家，奠寧宇宙，庶幾人民得以安堵，法治乃得實施。」又云：「我北洋軍人分裂，即中國分裂之先聲，我北洋實力消亡，即中國消亡之朕兆。……伏願諸君子時以北方實力即國家實力為念，團結堅結。」段志可窺其端倪矣。

茲將段氏當權之政綱，提要鈎玄，列舉於後：一、主張武力。以統一全國，奠定大局；二、進行參戰借款，以編練軍旅，加入協約國，與德奧宣戰；三、與日本簽訂《中日共同防敵協定》，以期阻撓俄共十月革命。故反共為安福系一貫政策。厥後徐樹錚主張討赤，段無違言也；四、利用臨時參議院，制定國會組織法，進而操縱新國會之選舉，故新國會中，安福系佔絕對多數，乃擁北洋老人徐世昌出任總統，安福系欲舉曹錕為副總統，世昌陰持異議，遂不果行。

自愚觀之，參戰之舉，段有功於國家，然因民六改選國會之舉，演成南北相持之局，法統之爭，不知伊於胡底，段固不得辭其咎矣。

日暮途窮、二次柄政

當是時，皖系秉政，驕蹇益甚，不能防患未然，事皆弄巧成拙。於是，吳佩孚由衡陽撤兵北上，曹錕在保定組織八省聯盟，至張作霖入京，徐世昌見奉直聯合勢成，乃下令免去徐樹錚西北籌邊使兼邊防軍總司令職，段大怒，由團河入京，力主討伐曹吳，徐總統被迫下令，曹錕革職留任，吳佩孚免職，於是直皖開戰，結果皖系崩潰，由失民心而主帥不得其人也。

段雖下野，雄心猶在，民國十年，舊國會議員在穗召集非常國會，推孫中山為大總統，孫與張作霖段祺瑞締結三角同盟，協同聲勢，以抗曹吳，是為段氏東山打起之朕兆。因循至民十三，直系驕縱愈甚，貪穢時聞，迨直奉戰起，馮玉祥倒戈，曹囚而吳遁，各方擁段出任執政，此屬北洋軍閥日暮途窮之候，段乃匆忙進京，思慮未周，徐樹錚適在國外，鞭長莫及，凡段施政綱領，徐氏不表同意者甚多，茲特撮要述之，以示段氏二次失敗之根由：

一、徐氏主張召集國民會議，並以許世英為執政府秘書長；二、徐氏反對以盧永祥督蘇，先是張作霖意圖東南，不敢貿然下手，乃以盧永祥督蘇餌段，而由張宗昌任護衛之責，段固樂從也，徐樹錚聞之，認為閩浙巡閱使孫傳芳非易與者，請段毋為奉方火中取栗；三、段所主張，以津浦線劃歸奉軍，京漢線劃歸國民軍，徐反對最烈，伊認馮玉祥軍必須退出京畿，揵鰭掉尾，不可不防；四、徐見馮玉祥公然勾結共產黨與革命軍，痛心已極，故其主張先整內而後圖外。第一步聯絡吳佩孚、張作霖、孫傳芳三人，以完成奉直皖三系大團結。第二步一致討馮。第三步則協力同心以擔革命軍。惟段夙畏奉張之跋扈，且因直皖之役，張助曹吳，故其心中不無袒護同鄉馮玉祥。

綜而言之，徐之建議皆以現實為前提，不念舊惡，不務姑息，惜段未予全部採納耳。噫嘻！禍起蕭牆，信亦危矣，臥薪待火，其老段之謂乎。

鼻雖不正、兩目有神

段任執政，度日如年，介於兩大之間，動輒得咎。馮玉祥恨其反共，張作霖怨其袒馮。而馮居心，更不可問，名為保護，暗行劫持，迨其謀殺徐樹錚於廊房，段猶戀棧不去，若無其事，加緒含容，冀可彌縫；而馮豺狼野心，潛包禍謀，竟以軍隊圍困執政府，段僅以身免，此其畢生威望之最低潮，良可慨也。

段既下野，隱居天津租界，以奕棋自娛，觀瀾為座上客。迨日人侵華之前夕，蔣委員長以弟子禮迎段抵滬，扶段而行，執禮甚恭，餽遺甚豐，世人以蔣段二公之手度為不可及也。段寓傑斯菲爾路，優遊歲月，得終其天年，靡蹈非彝，豈非一大快歟。

竊按北洋軍閥中，兩眼主凶而喪其元者，如褚玉璞、吳佩孚、徐樹錚、馮玉祥、張作霖、陸建章、楊宇霆、張紹曾、張宗昌、齊燮元、孫傳芳等，比比皆是也。推而論之，就予所見，褚目鷹瞵，吳目鶚眙，徐樹錚豬眼，馮玉祥蠭目，張作霖之眼露白光，陸建章之眼含血絲，楊宇霆與張紹曾之眼厥神暴露，張宗昌鸛視，齊燮元與孫傳芳之眼其梢喎邪，張學良狼顧。學良若無牢獄之災，必喪其元矣。

蓋聞目光關繫一生，武將尤忌失神，至因沙眼而模糊，或因近視而迷，雖無善狀，非凶相也。曩昔袁世凱、徐世昌、黎元洪、段祺瑞，馮國璋、曹錕、張作相之儔，兩目清朗，並無凶光，皆獲善終。靳雲鵬與蔣雁行之眼，雖皆斜視而含糊，顧無凶光，得終其天年。上述諸人，惟袁世凱兩目最有威稜，垂照四方，故能讋服其眾，據斯以譚，君平之術，亦信而有徵，豈徒語哉。

茲述段合肥之威容：鼻雖不正，兩目有神，英銳飄逸，儀表非凡，態度則溫文爾雅，處世則耿介拔俗，亦當時出群卓越之倫也。惜因鼻梁不正，卒不能安居元首之位，綜其一生，成功在目，失敗在鼻，彰彰明甚。茲述段合肥之個性與其為人：段乃出生於人文薈萃之區，故能淹貫舊籍，四書五經，爛熟胸中，言談之頃，每有引用成語之癖，斯與馮玉祥之滿口新名詞，大異其趣矣。

段偶有著述，亦文字清通，不離古法，但因不常寫作，難免生硬之處。按徐樹錚〈神道碑〉即為段所親撰者，並未假手於人。惟段對於歐美局勢，漫不經心，此屬北方首領之通病，誤事大矣。又段會客時，不喜詼諧，氣氛過於嚴肅，說話甚少，使人不感親切，夙昔袁項城雖亦如此，然袁興奮之時，語調極其輕鬆，使人聆之，如飲佳醪，段氏不能及也。

段氏一生、計有六最

段氏雖嗜奕如命，然於日本佈石定規之奕法，以及新穎戰術，概無認識，因自視甚高，常被他人矇蔽，奕棋如此，政治軍事亦如此。段喜雀戰，顧籌注不大，非如當日軍閥一擲千金者，段之賭品良佳，勝負不形於色。我與打牌時，每反對「自摸平胡」，段輒俯從客意，斯其雅量遠勝張宗昌與潘復之流矣。

按段生平，不貪財，不好貨，自奉甚儉，此其最大長處，故能拾而復奮，在段得勢之時，其依段以取功名者，不可勝數。惟於徐樹錚、曹汝霖、曾毓雋、許世英、王揖唐等，信任磐桓，始終勿衰。蓋段性堅強，苟獲信任，則非他人所得離間也。當時政治軍事，徐樹錚首當其衝；財政交通，則曹汝霖擘劃最多；組織黨派之事，委諸王揖唐；應付國會之事，委諸許世英。是皆智周政術心練治體者也。

段與袁世凱關係密切，段雖反對帝制，然其一舉一動，完全模仿袁氏，甚至平日在家所戴方頂黑色小帽，似女尼所用者，亦效袁項城也。袁歿之後，輒以袁之繼承人自居，厥後屯沴屢起，金革亟動，胥由此一念為祟也。失敗後，仍以北方領袖自居，猶見其雄心虎虎焉。迨執政後，乃英氣全消，若死水然，縱容其子宏業，尤為當世所詬病，予與段氏憧憧往來，論私竊喜其俊朗，論公則我存惋惜之心焉。

段氏晚年最惡吳佩孚，據段氏語我：「吳僅測量科畢業，不諳軍事，袁項城派吳至韓為間諜，是其發跡之始。」然論北洋軍人，在軍事上成就，吳可首屈一指，後雖失敗，非戰之罪也。要之，段氏生平，最景仰者袁項城，最信任者徐樹錚，痛恨者吳佩孚，深畏者張氏夫人。最得意者，馬廠起義也。最落魄者，逃出執政府之時也。

段子宏業係元配夫人所生，段姪宏綱尤為段氏所鍾愛，實握執政府大權，段之繼室張氏夫人，育女三人，長適袁項城五弟世廉之孫家朗，次女適張道宏，三女適奚倫，奚張皆筆者在清華同學也。段有幼姬一人，夫以投老之年，與少艾為偶，決非長壽之徵，今如袁世凱、段祺瑞、馮國璋、孫寶琦等，可為殷鑒矣。

綜段一生，器量淵宏，甚有威重，久當權軸，剛愎自用；然而硜硜之操，恢恢之志，用能三定共和，磊磊在青史，其節概犖具於是矣。

袁世凱段祺瑞之間的微妙關係

民國肇建初期，當時所謂北洋派之基礎，係建立於袁世凱小站練兵時期，當時袁氏以全副精神用在建軍工作上。關於軍隊之編制與調遣，將領之選拔與補充，袁皆親攬其事，並不假手於人。嗣後由於北洋軍發展太速，袁氏自不能事必躬親，遂將北洋三傑（王士珍、段祺瑞、馮國璋）之權力逐步提高，因此三傑地位亦得平衡之發展，分工合作，各得其所。

由鼎足三分到大權獨攬

自從民國成立，袁氏之精力分散在政治經濟各項事宜，更不能專心致力於軍事方面。時則王士珍因同情清室，退隱家園。馮國璋因主張用武，外放南京。在中央主持軍事者只有段祺瑞，鼎足三分之勢，一變而為大權獨攬之局。陸軍總長一席長期由段擔任，段且兼任總統府軍事處處長之要職。關於軍隊之編制與調遣，將領之選拔與補充，幾乎全由段氏主持之。而且北洋軍之新生力量大都是段氏所培養成功，段之關係乃逐步代替了袁之關係。

徐樹錚（字又錚）是段祺瑞的得意門生，段性剛愎自用，事事委之於徐。徐雖才學出眾，不無鋒芒太露。「擁段繼袁」，是徐一生之襟抱，故其所作所為，徒欲提高段氏之地位而鞏固段之權力，得在北洋系中造成一個集團，以作繼承「袁政權」之張本。惟袁氏本人對軍事看得很重，深知「尾大不掉」，不可不防。況袁氏乃猜忌心極重之人，豈能容其左右有「功高震主」之趨勢。故袁氏於民國二三年之間，忽然重用蔡鍔、蔣方震、王士珍之輩，即為對付段祺瑞者。袁欲徹底消滅段祺瑞之軍事權力，是以建立「模範團」與「海陸軍大元帥統率辦事處」。惟因癸丑之役，段曾組織「戰時內閣」，其政治地位乃扶搖直上，僅次於袁。以前段之於袁，可謂百依百順，嗣因隨著職權之提高，對袁漸有不聽調度之表示。觀瀾特舉出兩例，用以證明段氏對袁之經常不聽調度，在用人問題上，段更不肯事事服從袁世凱，雙方裂痕，自然愈來愈深。

老段意氣用事兩個例子

茲先述第一例：按袁氏忽加重用之蔣方震（百里），乃二十世紀初期東亞第一軍事人才，彼於甲午中日之戰，刺激至深，自誓終身致力於國防建設。一九〇五年蔣氏以第一名畢業於日本士官學校，彼與蔡鍔、張孝準有「中國三傑」之稱。旋經陳漢第太史將之介紹於「盛京將軍」趙爾巽，趙乃延蔣訓練新軍，不料竟引起舊軍統領張作霖之不滿，張作霖不惜找蔣拼命，蔣不得已，乃出國赴德實習軍事，任德國第七軍連長，受知於德軍統帥興登堡。無何，蔣氏因得日本士官同學張紹曾、藍天蔚之助，仍回東三省督練新軍。不久武昌起義，蔣乃策動新軍，響應獨立。詎料張作霖不分晝夜，率部趕回省城，嚇走蔣百里。厥後袁項城當國，蔡鍔得志，蔡遂薦其同門蔣百里於袁，代段祺瑞為保定軍官學校校長。蔣僅任職半年，段祺瑞乃多方予以掣肘，請款既不理，辭職又不准。蔣乃憤而自戕。袁氏睹此情況，對蔣多表同情，改派蔣為「總統府軍事處」總參議，月薪仍為大洋一千元。惟段祺瑞係軍事處處長，渠竟拒發委狀，直至段氏解除此一兼職後，蔣百里才能到總統府辦公。

第二例：馮玉祥本性穎悟，幼未讀書，清末投入袁氏之新建陸軍為士兵，遂步升為第六鎮管帶。後又轉入第二十鎮，參加灤州起義。失敗後，袁惡其好犯上，親批「遞解回籍」。段因與馮玉祥有同鄉之誼（皆為安徽人），任其留在保定，且赴保定軍校上課。馮乃因禍得福，不久再任營長，不到三年，即升為混成旅長。此又段祺瑞不服從命令之另一例也。

袁段兩氏用人之道各異

作者屢言，袁氏以「半子」之誼待段祺瑞，段則始終以「恩人」視袁。此因段之夫人張氏為袁之義女，情同己出，夫人不苟言笑，段氏且有季常之癖。惟從民二戰勝革命軍之後，北洋軍有更大發展，分布地區日廣，袁段之間，始起齟齬。袁以為段祺瑞恃功而驕，段亦不能容忍袁世凱之遇事掣肘。二人關係遂起微妙的變化，雙方感情瀕於破裂之邊緣。尤因段氏有嗜好，平日惰於治事，一日不能離開徐樹錚，袁氏乃大不贊成，對徐樹錚尤厭惡日甚。蓋袁氏用人之道，與段相反，袁乃為事擇人，意欲人人供其驅策，例如：

辛亥對付清室：袁氏用胡維德、趙秉鈞、梁士詒三人。

對南方議和：袁用粵人唐紹儀與汪兆銘。

欲聯絡黎元洪：袁用張國淦、夏壽康。

癸丑之役：袁重二段（段祺瑞與段芝貴）。

對日本廿一條之交涉：袁以全權付與曹汝霖（曹當時僅為外交次長，居然下榻於總統府內純一齋中）。

欲變更國體：則利用楊度。

欲操縱政黨：則利用黎元洪、湯化龍。

為了模範團建軍：袁重用陳光遠。

在海睦軍大元帥統率辦事處：則信任王士珍（當時總統府內，文有夏壽田、張一麐；武有蔭昌、唐在禮；張鎮芳司度支；陸建章掌特工）。

對英交涉：袁乃委託蔡廷幹，結納朱爾典。

為要疏通美總統威爾遜：袁竟用一不見經傳之顧維鈞。

總之，在袁氏帡幪之下，決無一個權傾一時之突出人物。

段不聽調度袁駕馭取有術

夫段氏之不可一日離開徐樹錚，信其然矣。自蒙觀之，袁之於段，賴畀最殷，袁氏亦幾乎不可一日離開段祺瑞，舉例言之：

一、袁氏在小站欲養成軍官，獨委段祺瑞為軍校長。

二、袁欲以北洋第三鎮為精銳部隊，即以段氏任統制，且使久於其位。

三、袁氏至武勝關督師之時，段氏率將領四十七人通電勸清室退位。

四、民國二年袁命段組織「戰時內閣」與革命軍周旋。段且負有箝制議會之責任。

五、又命段至鄂省勸黎元洪入都，段即代黎為湖北都督。

六、撤銷帝制後，更命段與南方議和，段氏乃繼任國務總理，辦理善後事宜。

七、段為接受袁氏遺囑之一人。袁死後，段又為袁治喪，對袁推崇備至。

從上觀之，每逢緊急關頭，段即出面為袁排難解紛，其對袁之重要性，實無人能及之。惟段氏雖剛強成性，有時不聽調度，然袁氏手腕靈活，對段始終駕馭有方，壓制得住。段固始終不能脫離袁之羈絆。觀瀾特再舉出一例，以證吾說：

民國五年四月初，袁氏已幡然覺悟，帝制實大拂民情。一日，袁在「春藕齋」辦公，轉面謂夏壽田曰：「午貽（壽田字）！請段總長立刻就來。」夏為內史，又是前清榜眼。觀瀾曾以師事之，彼亦善弈，且好絲竹。當日夏氏奉袁命，躊躇有頃，進言於袁曰：「可不是段總長還在病假之中麼？」袁拂然曰：「他每天除下棋外，還要打十六圈麻將，你瞧我才是真生病呢！」夏氏唯唯，出謂「內史監」阮忠樞曰：「我若不多此一問，段芝泉不會來的。」由此可見夏氏為人之機警，其同鄉蔡鍔、楊度二人，前後皆能搬進總統府居住，實皆出夏氏一人之擺佈。袁氏所親信者唯一夏壽田，夏氏更受袁克定之敬禮。但當時在報端上並不見其名姓，於此可見真正的內幕新聞之難得！

袁世凱對段施用心理戰

有頃，段入見袁氏，行三鞠躬。袁命坐，備茶。（如曹錕、雷振春等見袁皆無座位，曹錕當時以長江上游總司令而無座位，所以後來一定要爬到大總統寶座上去。蓋在辦公室備茶，乃客氣得了不得之舉，以關係之密切，竟忽然如此客氣，實表示「敬而遠之」，段（祺瑞）馮（國璋）的心病都是起因於此。）段既坐定，袁氏開始對段慰藉曰：「你們三位辦得很好（此指徐世昌、黎元洪、段祺瑞三人，與西南護國軍議和事件），很費心啦。……芝泉！你的氣色還是不見好！」段氏則說話很少，只說：「多謝大總統賞賜的人參，吃了便覺好多了。」袁忽長歎一聲說：「唶！到今天才看出來，只有我倆老交情是最可寶貴的。」提到「老交情」三字，段當場幾欲下淚。袁對段的心理作戰，是無疑地得勝了。此語袁實暗示黎元洪之態度當時是貌合神離；徐世昌雖任國務卿，但對南對北都不起作用。惟有段祺瑞還有收拾時局之能力耳。

袁氏遂欲立刻發表以段氏繼任國務卿。段氏再三推卻，心裡不願做傀儡，最後乃請求袁氏變更政事堂制度，改為責任內閣制。同時又請裁撤大元帥統率辦事處。袁聞後，瞪眼說：「芝泉！你能每天到部辦公麼？」至此，段氏乃無言退出。歸後仍忸怩不肯擔任國務卿。此時徐世昌「老相國」已回河南輝縣，只得照例以外交總長陸徵祥代理國務卿。直至民五年四月廿二日，始正式任命段氏為國務卿以代徐，仍兼陸軍總長。時人稱為「段相」，此與徐世昌的「老相國」有別。五月八日袁氏下令，廢除政事堂，恢復國務院。

秘書長人選鬧出不愉快

段氏即欲任命徐樹錚為國務院秘書長，又怕袁不願意，爰倩參謀總長王士珍代為說項，王乃含糊答應，亦不敢向袁提出，此事久無下文。段又委託教育總長張國淦代為陳情。段不敢當面請求，足見其畏袁之一斑。

某日張國淦向袁氏剛提一句：「總理想自己物色一個院秘書長。」袁氏露不悅之色，頻問：「是誰？」張被迫說出：「想用徐又錚以資熟手。」袁更不悅云：「真正太不像話，軍人當總理，軍人又當秘書長。……」但袁氏此時自知處境危殆，不願添出糾紛，便又沉住氣來指示張國淦，袁云：「你去向芝泉說，徐又錚是軍事人才，就叫他再任陸軍次長罷。」翌日袁氏即下令，任命總統府機要局局長王式通為國務院秘書長。段氏只能派徐樹錚為秘書處幫辦。好在徐氏一生對於職位大小，不甚介意。王式通即王蔭泰之父，是桐城派碩學通儒，頭戴假髮，門牙漆黑，不修邊幅。袁段所爭是意氣，袁豈不知王式通是好好先生，對事毫無成見，實權仍歸徐樹錚。徐王兩人且結成兒女親家，王女為徐長媳。我將此事長而言之，用以證明袁對段控制有方，不失威信。而段亦能飲水思源，對袁不為已甚。

袁公子克定最憎徐樹錚

段氏出任國務卿後，梁啟超發電致賀，意存挑撥，其電文曰：「今日之有公，猶辛亥之有項城。清室不讓，雖項城不能解辛亥之危。項城不退，雖公不能挽今日之局。」揆諸實際，袁段不協是真，惟段氏決不曾倒袁反袁。此因北洋系中擁袁者仍多。何況袁段不協之焦點，乃集中在徐樹錚一人身上，彼此鬧意氣，多為徐氏而起，猶憶民國四年春，袁欲調動徐樹錚，使其離開陸軍部。段氏聞說，竟沉不住氣，大聲說：「很好！請大總統先免我職，隨後要怎樣辦就怎樣辦。」此段氏二十年來首次當面頂撞袁項城，結果段氏赴北京西郊之西山養疴，袁段關係，幾乎鬧得無法彌補，外間更是揣測紛紜，謠言滿天飛，嗣後段氏以通電闢謠，自認與袁「情逾骨肉」。遂使離間者無所施其技。

瀾按：袁雖不喜徐樹錚，卻有一番憐才之意（詳見後文），深惡徐樹錚者其實是袁克定（袁世凱之長公子），克定常說：「中日關係如此緊張，然而陸軍不能作戰，部務無人負責。」同時，段馮之輩所深畏者便是袁克定。克定又曾說：「北洋派的新生力量，徐樹錚正在有計劃地使它全入段祺瑞的掌握中。項城然其言，故設模範團以資抵制。段馮之輩，對於袁大爺（指克定）往往莫測高深，深恐將來不能自保。實則袁大爺係一純粹學者，不善交際，使人易滋誤會，有時攢眉論事，並非含蓄惡意。又因克定不良於行，動作似乎簡慢，矧彼僕從似雲，諂媚者眾，常被門客抬舉太過，使其異想天開，身為貴公子者，可不鑒之哉！」

袁段的性格有同有不同

茲將袁段二人之個性，就觀瀾所身親目擊所得之印象，分別述其梗概。關於二人共通之點約如下述：

一、二人之志皆在掌握北洋軍，欲以軍事勢力擴張為政治資本。

二、袁以政治手腕謀南北統一，段之手腕不夠，故主張武力統一。要之，二人對於革命軍皆無信心。

三、二人對於議會政治，尤深惡痛絕之。

四、二人對於國家經濟皆無善策，只知借款度日。

五、二人態度肅穆，令人起敬。惟段氏威儀勝過黎（元洪）徐（世昌）而遜於袁。段喜用四書成語，有學究氣息。袁則要言不繁，言必中肯。若問中文根柢，袁則遠勝於段。

關於袁段二人性格上不同之點，約如下述：

一、袁素主張總統制，以美國為藍本。段則一生迷信責任內閣制，以法國為榜樣，故薄總統而不為。

二、段對清室不甚買帳。袁在任內則將清室優待費如數撥給，每年四百萬元，清室藉此得維持十數年。

三、袁最不喜派別之爭，用人較為廣泛。段則多用同鄉，有派別觀念，北洋系遂無團結可能。

四、袁之腦筋較段為新，袁喜西法，重用留學生，平時尚能注意人才，每逢接見賓客，輒先查究其履歷。段則一切馬虎，並無人才觀念。

五、段親日，故袁譏段（祺瑞）徐（樹錚）為「東洋刀」。袁乃骨子反日，日人恨袁切骨，然袁有國際好友兩人，一為英使朱爾典爵士；一為日使林權助男爵。二人事袁如「長兄」，足徵袁之手段靈敏。

六、袁段二氏俱無奢侈之風，袁一生不打牌、不吸烟、不好飲酒、不愛京劇。惟喜食填鴨與黃河鯉。滿清大員端方嗜鹿肉，袁即曾戒其好殺。段則嗜好太多，此其一生吃虧之處。我與段氏對弈時，左手坐參謀次長蔣雁行，右手坐陸軍次長徐樹錚，二人非為觀戰，皆待機請示公事者。我持黑棋，拆二拆三，段氏要投進以決雌雄。白方拆三拆四，我若投進，段必喃喃有詞曰：「這裡你還想投子麼？」足見段之根性自大。一次我在北京府學胡同段邸門房下棋，戰至半局，忽見老段側坐桌邊，作壁上觀，怡然自得，做到「太上總理」而無官僚架子。

七、從服裝上可以看出人之個性，袁永穿軍裝，肩章三顆星，渾似中山裝，可見其英姿颯爽。我從未見他穿過西裝，除家祭外亦向不穿中裝。他不喜藍袍馬褂，卻喜青年穿西裝。段則反是，最恨西裝，尤不喜硬領與皮鞋，穿燕尾服時要人家幫忙，其笨可知。段亦不喜軍裝，居常穿中裝，亦甚隨便，此其儉樸之風然也，我們對弈時，段尚用護袖的「套子」，以保清潔。

八、段之言行仿袁，段之衣飾仿袁，甚至頭戴「尼姑小帽」亦仿袁也。孫中山先生當年在北京開弔之日，段因足腫，皮鞋穿不上去，遂未成行，失禮甚矣。此示段之修養，尚有極大缺點，袁則較之高明多矣。

觀瀾按：辛亥革命發生後，清廷起用馮國璋為第一軍總統官，段祺瑞為第二軍總統官。民元一月廿六日段氏率全國將領四十七名通電贊成共和。第二軍總參謀官徐樹錚、總參議官靳雲鵬暨參議官吳光新、曾毓雋等皆名列其中。此時徐樹錚早已掌握第二軍實權，任段副手矣。元年二月四日段氏又率王占元何豐林李純等向清廷王公大臣發出第二次通電，詞更激烈，內有「謹率全軍將士入京，與王公剖陳利害」等語。此係出於徐樹錚之手筆。清室親貴，閱電失色。袁世凱及王公大臣立即覆電贊成共和。至元年二月十二日清廷下詔遜位，由唐紹儀組閣，段任陸軍總長，徐任次長。惟徐氏暗中權力之大，段對徐信任之專，其中隱秘，有非局外人所能想像者，予當另行記之。

針對段祺瑞的三個計劃

民二仲夏段祺瑞代趙秉鈞為國務總理，此即參加第一次歐戰之戰時內閣，負有為「五國銀行團借款」簽字之責任。當時北京眾議院要求段總理出席國會，答覆關於借款問題之質詢案。不料屆時段氏竟率武裝兵士到院，儼如身臨前敵。議員們見此情景，誰也不願多事，僅就手續問題質詢數語，段氏答：「木已成舟，毋庸再議。」言畢揚長而去。（瀾按：北洋軍人中段的脾氣最大，熊希齡任國務總理時，因主張裁兵被段氏破口大罵，靳雲鵬組閣時，因將閣員名單先給張作霖看過，被段召至府學胡同，痛罵一頓。但在下棋打牌時，他的脾氣卻再好沒有。）

民二年冬，段氏奉袁世凱之命到漢口勸促黎元洪北上。黎氏離湖北後，段並代黎為湖北都督。同時袁又派周自齊代段氏之陸軍總長之職。若照官場慣例，總長不在，應以陸軍次長徐樹錚代行，而袁偏要另派周自齊代理部務，此示袁氏對徐樹錚印象不佳。從此袁段之間，遂起裂痕，不久，袁命段芝貴督鄂，段祺瑞仍回陸軍總長。袁段之間既起裂痕，袁恐尾大不掉，遂籌思「整肅」之辦法，此時袁氏訂有三個計劃，名為改造北洋軍，實皆針對段祺瑞而發：第一個計劃係派蔣方震（百里）代段氏為保定軍官學校校長。蔣固鼎鼎大名，因此保定第一期學生唐生智、陳銘樞、張翼鵬等大感興奮。惟蔣才大而胆小，段乃多方予以掣肘，結果使得蔣百里在保定軍校無功而退。第二個計劃係由蔡鍔主持新的建軍工作。此事從表面看來，甚為突兀。因蔡鍔係新人物，與袁氏向無淵源。惟蔡在雲南都督任內，自請解除兵權，為天下倡，袁已心儀其人，旋經楊度之推薦，加以夏壽田之吹噓，變方既有默契，蔡即晉京供職。袁知其為長於練兵之軍事人才，又見其有刻苦耐勞之精神。不禁慨嘆而言曰：「小站舊人現在暮氣沉沉，華甫（馮國璋）要睡到下午申刻；芝泉（段祺瑞）則經常不上衙門，叫我怎麼辦！」

蔡松坡月支薪金五千元

按：邵陽蔡松坡可稱一代完人而無愧。當年我最服膺其三事：一、以身作則，反對軍閥之地盤思想；二、主張定都北京，是有軍事上遠見；三、提倡「軍國民主義」，是有政治上遠見。

蔡鍔對袁項城，自始至終，甚表好感，且示惋惜之心。而袁氏亦最賞識蔡松坡，命其遷入總統府居住，並與雲台（袁之長子）「拜把」。蔡居南海純一齋，此為前大內傳戲之所，風景如畫。不久授蔡鍔為昭威將軍，兼任經界局督辦，此即全國土地局也。蔡松坡曾著經界三書，傳誦一時。蔡又兼任參政院參政與海陸軍統率辦事處辦事員，月薪共約大洋五千元。當年蔡任雲南都督，按月只支一百六十元，尤其此一「統率辦事員」，大過各省都督，另外兩個辦事員是王士珍與薩鎮冰。蔡鍔能以少年新進，得此高位，洵屬異數！蓋袁擬以蔡松坡代段氏為陸軍總長，並以夏壽田代徐樹靜為陸軍次長。此事醞釀久之，卒未實現。由於蔡是南方人。又是梁啟超之得意門生，以蔡擔任建軍工作，小站舊人如徐世昌、田文烈等皆不贊成。徐世昌曾云：「關於北洋軍之改造，茲事體大，只宜行之以漸，而不能操之過急。」

民三年十月模範團成立

以上兩個計劃，既皆成為畫餅，袁氏遂行第三個計劃，此即成立模範團之舉。按在北洋三傑之中，袁最放心者是王士珍，袁既決心要排斥段祺瑞，最好的辦法是借重王士珍。民國三年春，袁派克定乘專車到正定府迎接王聘老（士珍）進京，授為「陸海軍大元帥統率辦事處」坐辦，職權無可再高，處長即是大總統。袁氏在辦公室中置一紫檀木製之長桌，據說此桌是清高宗在南書房中所用者，雕鐫甚精。袁氏之左手方坐王士珍，等於總參謀長；右手方坐夏壽田，等於總秘書長。辦公室外有一側室，係唐在禮、袁乃寬二人辦公處，唐在禮係統率辦事處總務廳廳長，袁乃寬為總務處處長，皆紅員也。

自從統率辦事處於民三年五月九日成立以來，「總統府軍事處」即行裁撤，陸軍部實成為一個名存實亡之機關，段氏更經常不到部，一切由徐樹錚代拆代行，徐輒事事推諉，有時語穽心兵，亦使袁總統啼笑皆非。

在廢省廢督遇阻力時，袁克定建議在統率辦事處領導下，成立一個模範團。該團成立於民三年十月，團部設在北海，袁總統自任團長，以陳光遠為團副。袁無論怎忙，每星期定要騎馬來觀操一次，召集軍官訓話一次。第一期畢業，凡成立拱衛軍四旅，炮兵騎兵各二團，機關槍一營，成績奇佳。第二期改任袁克定為團長，陸錦為團副。此期結束，只成立拱衛軍二旅。（瀾按：袁段之間磨擦最甚者，即為模範團之事。）

段提出辭呈赴西山養疴

一日，袁氏召段總長過府查問一件公事時，段答以「要到部查明」。袁遂大不高興。且高聲說：「怎麼還要查明，你的呈文不是已經送來在這裡了嗎？」段氏當場受窘，下不了臺。事實上，段對於那件呈文，根本未曾過目，是次長徐樹錚代他簽名送來，此時陸軍部曾發生茶役偷置炸彈案，《順天時報》指為政治陰謀。段更表示消極，實則此案涉及欠薪，與政治無關。此時正值日本提出二十一條，陸軍部上一呈文，卻請求增加職員薪金，袁氏立即親筆批示「稍有人心，當不出此」八個大字。段見而憤甚，終於不得不提出辭呈，並赴西山養疴。袁仍一再給予假期，並發表明令賜段氏人參四兩，醫藥費五千元，「遇有要政，仍須入府商議」。閱三月後，才明令解除段之陸軍總長職，正式派王士珍繼任。

召見徐樹錚袁說要借重

此時袁對段越是客氣，外間謠言愈多，是年八月初段氏遂發表闢謠通電曰：「……以大總統知祺瑞之深，信祺瑞之堅，遇祺瑞之厚，殆無可加！是以感恩知己，數十年如一日，分雖部下，情逾骨肉。……」段在西山佯病之時，肅政使夏壽康彈劾徐樹錚訂購外國軍火浮報四十萬元，但提不出証據，此事遂寢。惟仍明令免徐之職，以田中玉繼任陸次。徐離職後，即以全力辦志成中學，提倡國文，此事觀瀾最表欽佩。

正當袁段關係最惡劣之秋，徐樹錚忽接總統府電話，著至府內「流水音」一行，此處乃袁克文下榻之所，袁總統穿軍裝，即在「流水音」草坪之上假山石旁召見徐樹錚，此乃稀有之舉。袁開頭即說：「又錚！你辦事認真，我十分明瞭，我們私誼上還是不錯的，是不是？」徐樹錚當然乘此機會表示忠忱。袁又說：「但是很多時候，你幹事只為段總長著想，這是不對的，以後你要眼光放大些，不久我還要借重你呢。」以上是徐樹錚先生告觀瀾者。徐並云：「項城有其偉大性，我對他毫無難過。」此語可信。

袁取銷帝制段祺瑞重出

民國四年底，段徐兩人皆已離職，袁忽實踐其諾言，派徐樹錚為將軍府事務廳廳長。於是袁段之間，前嫌稍釋。民五年元月，袁在豐澤園組「征滇臨軍務處」，請段出山，段以病辭。無何，西南方面形勢緊急，三月廿一日袁發密函，分致徐世昌、段祺瑞、黎元洪三人，請其參加公府緊急會議。屆時三人皆出席，袁氏先表示決定取銷帝制，三人皆允合作。翌日明令撤銷帝制，袁請徐世昌再任國務卿，主持對南議和問題。以段祺瑞為總參謀長。三人聯名電勸西南護國軍停戰議和。至四月二十二日任命段氏為國務卿以代徐世昌，段氏並兼陸軍總長，仍以徐樹錚為次長。五月八日恢復國務院，段稱國務總理，於是黎徐段實權仍在袁氏之掌握中。

瀾按：西南形勢吃緊之時，袁亦自知已鑄成大錯，當時政事，文憑徐菊人（世昌），武仗王聘卿（士珍），然徐王二老一生謹慎，在茲危疑震撼之秋，不起作用。凡事由袁親自處理，食宿皆在辦公室，與家人亦少見面。

袁氏本有糖尿病，由於操勞過度，所受刺激過深，得病不能起床。然而病在牀上，仍要核閱來電，主持會議，病勢焉得不加重。又：袁在得病之前，每天服鹿茸一杯，用以提神，費大國醫（子彬）喻此為「怒馬入泥淖」，可謂至理名言。

段對袁氏身後推崇備至

平心而論，袁非存心誤國，亦非為後嗣著想，彼固反對革命主義，尤其痛恨議會政治，而不自知其思想陳舊，實與二十世紀之潮流背道而馳者也！臨危之時，袁氏將老友徐世昌由河南輝縣接到北京，與段祺瑞、王士珍、張鎮芳同為接受遺囑之人。袁氏易簀時，黎元洪並未到場，懼段氏有攘奪最高位之措施也。徐世昌最具老成典型，當時根據袁之遺囑（按金匱石室之提名，黎列第一、徐列第二、段列第三），主張以副總統繼任總統，卻先委婉地徵求段氏之同意，然後予以發表。段聞徐言，毫無表情，瞪目視徐良久，段始簡單地哼出「很好」二字。

居有間，段偕國務院秘書長張國淦驅車至北京東廠胡同黎宅，張先入見黎元洪，報告數語，段入後，向黎三鞠躬，黎亦欠身答禮。但黎段二人未交一語，如演啞劇，過一刻鐘，段即告辭，其對黎態度冷酷如此。好戲還在後頭呢。然段氏對袁世凱身後則推崇備至，其最大原因受夫人所詰責，問心有愧。再則袁段間之矛盾，已隨袁之去世而化為烏有。段以袁之繼承者自居，必須極力推袁崇，方能鼓勵北洋軍閥對於一己之效忠。但袁生前北洋派還是一個統一之團體，而在段氏當權時期，北洋派則公開分裂為直皖兩系，時局愈見混亂不堪矣。

時勢造英雄——黎元洪外史

查吾國近代歷史，英雄造時勢者，孫中山也；時勢造英雄者，黎黃陂也。武昌起義，黎元洪僅任新軍協統，與旅長階級相同，當時因兵荒馬亂，高級官吏皆已遠颺，起義人員將黎氏從樓梯下小室拖出，擁為第一任湖北都督，此事可謂為辛亥革命脆弱性與妥協性之象徵。黎氏本人對此幕滑稽劇並不諱言，他說：「按清代法律，革命行動可招滅族之禍，豈可掉以輕心。我當時強被拖出，不得不已耳！」黎氏所云，未為失言，當予幼年居鄉時，尚視革命為越軌行動，蓋當特蘇錫一帶，並無滿人蹤跡，種族思想，又從何而起？

袁項城最信任黎黃陂

民國肇建後，黎元洪荷天之休，威望日隆，虎御三傑（黎部三武為孫武、蔣翊武、張振武等），鷹揚三鎮（指武漢），黎氏和光大度，鄂人仰若天尊，袁項城心竊忌之，遂效宋太祖杯酒釋兵權之故事，召黎進京，畀以參謀總長之職，以測其反應，黎氏本無大志，樂居長安，無怨言，無慍色，項城心許之。

當北京政府成立之時，革命同盟會與唐紹儀、譚延闓等結合，組成國民黨，是為在野黨，擁袁而企圖分袁之權力，故以責任內閣與地方自治二端為揭櫫，同時黎元洪、章炳麟、程德全等，則與君主立憲派之張謇、湯化龍等結合，組成共和黨，是為政府黨，擁袁並贊成中央集權之制度，此屬當時臨時參議院中之並立兩大黨。國民黨以宋教仁為魁首，被稱為急進與革命，共和黨以黎元洪為最尊，被稱為漸進與開明。但宋教仁有組織能力而黎元洪無之，故不久章炳麟（太炎）退出共和黨。湯化龍則與梁啟超、王家襄、王揖唐（賡）等協議將共和、民主、統一等三黨合併為進步黨，仍遙戴黎氏為理事長，以與國民黨相抗衡。惟袁項城對議會制度，則始終格格不相入。

黎既助袁，袁亦竭力籠絡之，結為秦晉之好，餽以重金，於是元洪杍杍然亦富人矣。民國二年袁氏就任正式大總統，黎任副總統，民國三年以參政院代行立法院，參政七十人，俱有特殊資格者，如趙爾巽、熊希齡之流，黎元洪任參政院議長，其重要性不亞於內閣總理，黎獲袁氏之信任，由此可見。

黎氏欲以長女許配我

如上所述，黎元洪為參政院議長，參政院為衡繫疲難之立法機構，舉凡總統選舉法修正案，與國民代表選舉法種種，皆為該院所製成。至袁項城醞釀帝制時，國體投票，亦以該院為代表，推戴之書，亦係由黎元洪領銜。袁氏稱帝之頃於民四年雙十節受賀，黎元洪夫人極早即以后禮尊奉項城夫人，此為當時人盡皆知之事實。然至撤銷帝制時，袁曾商請黎氏出管將軍府，黎不就，且宣言：「除約法上之副總統外，無論何職，皆不承認。」如此措詞，若非矯揉過甚，亦略帶投機性質矣。

溯自民二以至民七年，觀瀾負笈美國，曾於一年之中讀得兩年學分，故五年之間，予嘗兩度返國省親，遨遊京津，黎元洪與項城袁家、無錫唐家皆有葭莩親，故予極早得識黎黃陂，雖無深切淵源，黎氏伉儷邀予居於其邸，供應甚奢，西式餐具皆純金製，由是予知黎氏之清廉，稍遜於袁世凱與段祺瑞矣。予在黎邸之居室，適與饒漢祥比鄰，饒氏（為黎元洪之文胆）瘦骨嶙峋，文名藉甚，為黎撰稿，駢四儷六，傳誦一時。觀瀾深致景仰之意。據饒氏告我，始知黃陂所以如此厚款於我，有以長女許配於我之意，黎大小姐為父母最得寵者，我見黎大小姐革履西裝，口如懸河，漸漬於泰西之風甚矣。與予性格不合，婚事不諧，遂有下文。

結親不成黃陂發悶氣

民國十年春，黎元洪再任大總統，予與財政部次長趙椿年同謁黎氏於總統府，不待坐下，黎氏申斥觀瀾曰：「匯東（筆者字）！我本要找你，怎麼袁二小姐把她婆婆氣死了，你要負責！」

此時予丁母憂，袁二小姐即予妻也，當時予極尷尬，謂黎曰：「我偕內人從北京奔喪回籍，那有此事，家母赴日就醫，卒告不治，且拙荊賢淑，最得其姑歡心者。」黃陂搖首，示不信。

財政次長趙椿年，武進人，係前清故吏，周旋得體，當時肅立謂黃陂曰：「請大總統明鑒，椿年與匯東尊人有同年之雅，椿年力保匯東，必無此事。」黃陂色霽，遂談正事，態度復和靄可親矣。

既出總統府，趙謂觀瀾曰：「此事必有讒言先入總統之耳矣，世兄不必介懷。」

予廢然曰：「如此椎魯，如此孟浪，以此等頭腦簡單之人，掌理一國之政，亦可哀矣！」蓋黃陂有鄂人脾氣，開口滔滔不絕，亦不假思索，其人質直爽快，本性不壞也。當時觀瀾亦有荒唐無比之事，即呼黃陂為「宋老」也。因黃陂字宋卿，觀瀾自幼留學異邦，對於本國人情世故，尚須從新學習，聽到別人稱王芝祥為鐵老，稱王人文為采老，予覺新穎悅耳，深堪效法，無論如何，予見黃陂，應尊稱大總統，不該稱呼「宋老」，即不在位時亦然。嗣後黎氏之長女適袁，予對黎氏改以姻伯稱之，似稍得體矣。嗟乎！人生五十而知四十九年之非，寧不信然。

新約法舊約法纏不清

按民初我國南北統一之始終分裂，皆以法統問題為厲階，此一問題牽涉約法與國會二柄，實予野心家以縱橫捭闔之機會。爰自民二至民十三（共十二年），一紀之中，六易總統，護法毀法，時局飄忽，令人目眩心悸！但黎元洪之地位，幾與法統問題成為不能分離之局勢，誠如日人緒方竹虎所謂「出出入入復出出」。斯與袁氏稱帝、曹錕賄選，同為世人所詬病者也。茲擬粗述法統問題之梗概，以示當權軸者，膠執成見，隱便身圖之一斑。

按民國二年北洋政府之正式國會成立，袁世凱於是年雙十節就任正式大總統，黎元洪為副總統，法定任期為五年，袁死黎繼，黎辭馮（國璋）繼，應至七年雙十節滿期，此為鐵一般事實，然至民二與民三之交，袁氏已與國民黨決裂，乃解散國會，廢棄約法，頒佈新約法，實為法統糾紛之開端，袁項城固不得辭其咎，蓋舊式軍閥決無贊成民主者，然侈談民主者，又豈無私圖而真有為公之念乎？

黎元洪既為舊約法所產生之副總統，竟就任新約法所產生參政院議長之職，寖成推動帝制之中堅，則帝制失敗後，黎之地位自失其根據，然當時南北各方之宣言，僉謂大總統既已缺位，應由黎副總統繼任，此非有愛於黎也，實因大選之事，勢必引起極大紛爭，故以法律遷就事實耳。黎既繼任大總統，恢復舊國會，各方擁護舊約法，於是權歸國務院，段祺瑞任國務總理，黎氏則如芒刺在背，未及一年，府院之間，大起衝突，考其遠因，則由內務總長孫洪伊與國務院秘書長徐樹錚失和，而黎氏始終袒護孫洪伊，徐樹錚反感特深，因徐孫不和，形成黎段失歡。研其近因，則為黎氏反對參戰（指第一次大戰），老段則力主參戰，為之怒不可遏，徐樹錚乃入總統府，謁黃陂，色勃眥溢，以掌強拉黎手，迫其蓋章，黎憤甚，遽下令，免段職，段赴津，因此引起督軍團徐州會議，張勳以解散國會為入京調停之條件，黎氏不加思索，立即點首，甘為毀法之罪人，不亦傎乎。

至張勳復辟事起，黎知大勢已去，遁入東交民巷，一面發電馬廠，重任段祺瑞為國務總理；一面電請馮國璋代行大總統職權。黎既下野，痛定思痛，終於通電全國，表示此後不再與聞政事，推馮國璋繼任大總統，此屬不智之舉，非惟循覆車而重軌，亦復加濶眉以半額者矣。竊按黎元洪之作風，與今李宗仁無甚區別，惟論人格，寧取黎黃陂，譬如李宗仁之輕率作風，騰笑國際，黃陂無是也。

孫傳芳主張黃陂復位

民六黎元洪下野，段祺瑞重握政權，當時南方態度，忌段愈甚，參戰之舉，亦不同意，段雖勘定亂事，南方則仍函電交馳，反唇相譏。而對黎氏之措置失宜，則噤口不言，足見黎對各方，聯絡有術，而各方對黎，率有諒解之情緒也。

自黎元洪下令解散舊國會後，馮國璋與段祺瑞上臺，仍予執行，其理由為中華民國已為張勳復辟所顛覆，故仿辛亥革命先例，召集臨時參議院，另訂國會選舉法後，再行召集新國會，此一理由為梁啟超所主張，但憑心理之偏倚，不顧事實之曲直，蓋舊國會中，進步黨僅得少數席，自以改選為有利。

民國七年，新國會成立，是為安福國會，至是年雙十節，馮國璋任期已滿，徐世昌當選大總統。迨民十直系戰勝奉軍之後，孫傳芳一紙通電，居然以恢復法統為號召，孫乃「不見經傳」之長江上游司令，竟主張黎黃陂復位，召集民六舊國會，實則黎氏本人便是解散國會之經手人，黎與舊國會，其勢原不能並存也。且於六年黎曾宣告離職，推馮繼位，而馮代黎，任期屆滿，如此則黎氏果依據何法，得以重登總統寶座乎！蓋當時曹錕慘澹經營，欲為總統，顧於水到渠成之前，不得不假國會為橋樑，而以利用黎黃陂為緩衝耳。於是，每一次護法運動，輒為黎黃陂造成登臺之機會，吾人觀其合，知其離，實則黃陂為叢驅雀而已矣。

按民國十年秋，舊國會復活，開會於北京，當時吳佩孚採取「恢復法統」之口號，實有一石二鳥之妙用：一方可逼徐世昌下野，因徐為新國會所選出者；一方可使孫中山之地位，失卻根據，因孫夙以恢復舊國會為號召者。此時粵督陳炯明暗與直系勾結，陳炯明與吳佩孚皆為前清秀才，二人氣味相投，中山先生果為陳炯明所逼而蒙難，危乎殆哉！

迨曹錕與吳佩孚部署已定，聲威震主，黎黃陂猶不知進退，戀棧不去，自力不能，欲罷不肯，國會議員從而附和之，終使直系逼不及待，始而進行「逼宮」之醜劇，參加者有軍警與所謂公民團，黎氏逃往天津，車停東站，當時直督王承斌為直系中佼佼者，有「張文遠威鎮逍遙津」之概，承斌率眾，登車索總統印，其勢洶洶，黃陂似「羊入虎圍」，焉能抗衡，惟金印實在總統如夫人黎本危手中，皮藏英租界邸第，黎黃陂素畏夫人，夫人不肯繳出，旋經王承斌再三脅迫，夫人無奈，允即移交，黃陂終獲脫險，受驚非淺矣。

嗣後曹錕賄選告成。於民國十二年雙十節就任大總統職，於是民國二年成立之國會，至十三年，尚由第一任議員行使職權，黎黃陂則於民二就任副總統，至十二年六月，猶自繼任大總統，無論議員與總統，皆變為終身之職，足見當權軸者，皆便私圖而已，並無所謂法治觀念者也。至於曹錕賄選，不足為奇，蓋歷屆選舉，或出威脅，或由朋劫，或逕行賄，或較間接，其揆一也。

各方公認為忠厚長者

按黎元洪體肥碩，魁梧奇偉，性澄爽，樸重端慤，兩目雖無威稜，卻逗人好感。眉際有痣，實為貴徵，掌似硃砂，宜其多金。然黎木僵少文，學欠涵養，故胸無城府，惟知鞏固其魁柄，大言炎炎，有時羌無實際，人或反唇相譏，彼亦不以為忤。黎之性格易於衝動，故鄂人孫發緒，僅以應對稱旨，倐從縣知事擢任省長，此非用人行政之正道也。莊子曰：美成在久。驟而見信於人者，其相信必不固，驟而得名於時者，其為名必過情。信其然歟！

然黎氏態度冲挹，面有愉色，不似袁項城之威重，亦無段合肥之嚴肅，使人易於接近，不感拘束。職此之由，議員對黎氏多具好感，黎雖失職，各方曲予原諒，認為忠厚長者，其心無他。蓋黎無驕蹇之態，並有些許自卑感，此其唯一長處，易曰：有大而能謙，必豫。其黎黃陂之謂乎。惜其部屬，幹才甚少，所親信者如金永炎、孫洪伊、饒漢祥等，器識皆不足以有為，黃陂又不自量力，一意徑行，其亡也忽焉。

黎氏不嗜烟酒，亦不好賭博，故生活極有規律，黎好京劇，尤嗜坤伶演出，位居總統之時，常至城南遊藝園看戲，力捧坤伶金少梅、碧雲霞、琴雪芳之輩。按北京城南遊藝園，等於上海大世界，為普羅大眾遊樂之場，黃陂確有民主作風，觀瀾無異辭。某次，黎踞包廂中，我與李準將軍在池座，見黎入座，輒立正為禮。予乃排日往捧福芝芳，福得嫁於梅蘭芳，予與內子出力甚多。揆諸實際，金少梅、碧雲霞、福芝芳等，皆無殊色，技亦平庸，予與黎元洪、李準諸老為何大捧特捧乎？蓋當時北京捧角之風甚熾，黃陂本是皮黃策源地，黎之好劇，天性使然也。李準將軍善於編劇，我夙研究音韻，惟我與李，容有大造於男女伶工者也。當世之人，謂黎黃陂有寡人之疾，然論民國元首，風流自賞者多矣，惟徐世昌一人，似有道學氣息耳。民國十一年國慶之期，總統府演劇助興，金少梅之戲碼，排於楊小樓之前，余叔岩之後，是夕金伶演《嬰寧一笑緣》，係李直繩所編，情節稀鬆，惟黎黃陂大加擊賞，犒賞五百金，入魔之深，可見一斑。

大做生意人稱黎菩薩

溯自民八年至十二年之間，我與黎黃陂接洽頻繁，皆屬瑣碎業務，我已不復記憶。當其時，黎黃陂以私人資格，與美人華克合辦中美實業公司於北京，華克為政界人物，實非經濟長才，黎元洪任董事長，蒙古王塔旺布里加拉為副董事長，董事名額則中美各半，計有馮麟閣、張勳、馮玉祥與各省首長數人，蒙古王公六七人，前直隸都督王芝祥為總裁，前四川總督王人文為副總裁，前山東巡按使高某為總稽核，予以熟諳洋文，獲任該公司總文書，時僅廿四歲。觀此浩蕩陣容，可知公司前途希望極微矣。

據黃陂語我，彼有提倡實業之志，復有聯絡各方之意，故無牟利企圖，但願保本而已。我曰：「經營企業，非同衙署，圖利之心不可無，壟斷之事不可為，吾公處至尊地位，須知人言可畏。」黃陂亦以為然。開辦伊始，業務駿隆，一面辦理進出口，出口以大豆猪鬃為大宗，進口以汽車電料為主。一面在西北屯田植林，可圈他、可養兵、可惠工、可勸農，因係蒙古王公私有土地，故可大展經綸。若非官僚資本，而由吾鄉企業家如榮宗敬、唐星海之輩經營之，則其業務與收入，豈復有度量哉？延至民十三，公司結束，美國人以黎黃陂損失最大，願以最新式汽車七輛作為賠償，黎氏在董事會，堅持不可，廉潔可風，愚故詳述此事，以揄揚之。

中美實業公司之外，黎氏尚辦震義銀行，與義大利商人合作，黎任董事長，張勳、楊壽枬任副董事長，張勳之幹部劉友常為總裁，該行開會之時，黎黃陂危坐一端，不發一言，不置可否，故有黎菩薩之稱。惟黎見解，亦有高明之處，中美實業公司擬在紐約設分公司，我以經理人選請示於黎，黎謂：「紐約甚遠，鞭長莫及，若無適當人選，此事不可造次。」我韙其言也。

黎氏經營事業，失敗居多，損失不貲，其中亦有輝煌成就者，如中興煤礦公司，黎氏晚年家用，恃此以為挹注。但於中共得勢後，中興公司亦遭厄運，三反之時，其負責人唐在章在滬跳樓而死。回憶民國十二年六月，黎黃陂退休之後，寓於天津，一日，予謁黃陂，見其神識茫然，舌滯口吃，實為血壓過高之徵，不久即攖重痾，至民十七年六月逝世。按黎氏之津寓，規模宏壯，牆刷粉紅色，內部陳設頗佳，黎逝之後，出賃於東興樓飯莊，景況已非昔比，不禁感悔係之！

黎元洪夫人生子重光，品性敦厚，克紹箕裘。如夫人黎本危，最得寵，黎之次女適袁項城第九子克玖，黎女有賢德，因患痼疾而大歸。

綜黎氏一生，得天獨厚，感會風雲，惜其不知進退，必至焦頭爛額而後罷手。然黎本性惇良，體正心直，終以神經衰退，齎志以歿，回首卿雲，長懷無已！

袁世凱黎元洪結合之史實

辛亥鼎革之後，袁世凱與黎元洪被舉為正副總統，彼二人分處南北，尚未謀面。是時元洪坐鎮武漢，對大局有舉足輕重之勢，為袁世凱與革命黨人所必爭，黎氏原為民黨所推出，但於癸丑二次革命以前，即已與袁氏公然結合，俾袁得遂其統一全國之志願。至於民黨在癸丑二次革命之失敗，袁黎之結合，實為主要原因之一，此在民國史上，確佔重要之一頁，值得大書特書者也。

一生怕聽瓜分與革命

茲先略述袁黎二人之個性，以作為本篇的開始。

袁世凱為將門之子，相貌堂堂，舉措之間，含有威風煞氣，平日常御軍服，而以武人自居。然袁氏頗通翰墨，著有《圭堂詩集》行世。筆者與項城（指袁世凱）有半子之誼（編者按：薛氏為袁世凱之婿），凡所論列，容有主觀成份，然筆者屬文，向來尊重讀者，決不作違心之論，亦不致人云亦云。大抵袁氏當年與民黨結成深仇，故時論卑之，視為奸猾之流，揆諸實際，袁氏腦筋守舊，性情機警，當其強仕之年，適值列強圖謀瓜分中國之秋，袁氏一生最怕聽「瓜分」二字，故未騰踔之時，主張變法，既握政柄之後，推行新政，謀自強也。然與民黨始終背道而馳，蓋袁氏一生又畏聞「革命」二字，尤其對於世界大勢，並無深刻之認識，此為前清大員之通病，賢如李鴻章、翁同龢、張之洞之輩，何嘗不如此。

袁氏系出舊家庭，畢生守禮甚嚴，秉性孝悌，私德無虧。袁本出嗣他房，事嗣母甚孝，其姊未嫁而婿得病死，姊遂終身不嫁，平日凜若冰霜，永無笑容，袁敬而憚之。既為總統，亦每日與姊請安，仍不敢坐。袁之拘謹如此，世人知之者甚少也。

先祖庸庵公（編者按：即薛福成）筆記中，某次述及袁氏有云：「袁慰亭（袁氏別號）觀察來訪，頗通時務，蓋世家子弟中之謹愿者也。」

袁氏自撰日記則謂：「不忠不孝之言，向不敢出諸口。」昔年孫慕韓氏嘗謂筆者曰「項城說話有分寸，舉止無失措，見者竦然起敬。曹仲珊（指曹錕）學其外表，徒自苦耳。」筆者乃附和之曰：「尚有段祺瑞與袁克定諸人，亦悉心揣摩項城之作風，克定學曾不送客，段氏學曾不開口。」慕老聞之，拈髯而笑。

袁氏的真正重大過失

民國以前，袁氏所經歷大事而招物議者，可舉出以下三項：一為駐朝鮮時，袁氏與日人戰於宮門而敗之；二為戊戌政變，袁以維新黨謀圍西太后於頤和園之計劃告知其統帥榮祿；三為辛亥與南方議和，遂將清室推翻，由自己掌握政權。

以上三事，世人見仁見智，議論不一，惟袁皆有極大苦衷。

袁氏真正之重大過失，端在受人矇蔽而帝制自為，此在國人視之，實無可恕罪。惟有不能已於言者：袁項城事必躬親，勞心怛怛，年未五旬，鬚髮盡白，至民四受辱於日人之後，憂憤縈懷、病態已深，其病實與光緒帝相同，心血已竭而外表不現；又似美總統羅斯福之在德黑蘭會議時，措置乖張，實為病魔所纏，劇可憐矣！

筆者更以為袁之另一重大過失，在於練兵，世人每稱袁之長處在於練兵，實則袁在軍界既非正途出身，所知當屬皮毛，練兵廿年，而軍實不充，紀律不嚴，徒養驕兵悍將，縱成武夫干政之惡習，袁固不能辭其咎也。雖然，袁於清季，處境大難，當時政權操清廷諸親貴之手，漢人處處吃虧，為督撫者，非恃親貴為奧援不可。夫以李合肥（鴻章）威望之隆，尚有「求生不能，求死不得」之苦境，是故人人只有權利思想，而無國家觀念，朋比結納，以達目的。如袁世凱與張之洞二人，能為人民稍謀福利者，已屬鐵中錚錚矣。

黎元洪厚重庸人多福

黎元洪為人厚重，無官僚習氣，每見形勢不利，輒效金人之三緘其口，故有「泥菩薩」之稱。國人多許為忠厚長者。

黎為副總統時，與段祺瑞不睦，所以處境困難，惟黎氏內有國會議員之擁護，外有南方政府之同情，故能成為不倒翁而兩躋極峯，可謂庸人多福。

筆者不妨再舉一例，可覘黎氏處世為人之態度：民國五年六月六日袁氏帝制失敗，病情沉重，臥春藕齋，氣息奄奄，已入彌留狀態。克定侍疾在榻旁，袁氏召徐世昌、段祺瑞、張鎮芳三人，以備託孤寄命。徐世昌以小站練兵起家，任營務處提調，由袁一手提携，十數年後竟拜相國。段祺瑞此時為國務總理（段因模範團事，與袁父子不睦，但袁臨終之前，與段已言歸於好）。張鎮芳曾任河南省將軍，事袁甚忠，與袁為至親，當時我等皆以張五舅呼之，凡小站軍需以及袁家，經濟，悉繫其手。

是日徐世昌到得最遲，險誤大事，袁氏見徐至，輕搖其首，其意若曰：「我已不中用了。」徐氏攢眉勉慰之曰：「總統靜養幾天，自然會好的，現有何事吩咐？」袁氏待欲提出繼任人選，已不能言語，良久即溘然長逝，在場諸人皆張皇失措。若按舊約法，袁總統死後，應由黎副總統繼任；若按新約法，則金匱石屋之祕密，無人得知。以當時情形忖度之，宜屬黎元洪、段祺瑞、徐世昌三人。袁克定則隨帝制失敗而告絕望矣。關於總統繼任人選，黎氏雖佔法理上優勢，然而段祺瑞為實力派首領，大大有望，因段氏乃北洋團體承繼人，眾意所屬，且全國戰亂未休，亟待收拾，是故黎段之間，選擇一人，當時實繫於徐相國之一言。

克定首先發言曰：「徐老伯身負重望，請主持至計。」徐略加思索曰：「依我看，推副總統繼任，較為妥當。」徐氏為人素極圓滑，此時又恐段祺瑞生氣，乃轉語曰：「這不過是我個人的意見，究竟怎樣，要問段總理的高見。」於是眾目矚段，而段不語，逾十分鐘，段始低聲發言曰：「此時團結北洋，最關重要，我推相國繼任。」徐固辭，仍推黎元洪。如徐可謂老成謀國者矣。無何，段猶躊躇不決，良久始再發言曰：「那麼我沒有意見，相國的意見，就算我的意見。」由此觀之，推黎繼任，甚為勉強，所以日後黎段之間，勢成水火，有由來也。

黎段演出了一幕啞劇

會談既竣，段祺瑞即以電話召來國務院秘書長張國淦，命其同車赴瀛臺見黎副總統。段氏坐在車上，一路沉默不語，張國淦因不知此事之經過，亦不敢出聲。既抵瀛臺，黎氏出迎，段氏等進入客廳後，黎元洪木雕泥塑般坐於主位，段張分坐兩端，主人不開口說話，客人亦不啟齒，呆坐若干時，段祺瑞忽起立向黎氏三鞠躬，黎亦茫然答禮，禮畢，二人仍還原坐，坐定之後，三人仍不開口，此幕啞劇約費半句鐘，段氏始起身，向黎元洪半鞠躬告退，黎起身送客如儀。

上述情景，確實滑稽可笑，但事有蹊蹺，雙方皆非故意，惟因此更加深黎段雙方之誤會，卻係事實。黎氏無應變之才，彰彰甚明，呆滯一至於此，如何能勝元首之任；段祺瑞則目無總統，根本看不起黎元洪，加之袁世凱之死，段氏不但內心難過，且認為袁氏死訊，在黎氏聽來不啻為喜訊，故段氏偏不肯說出「總統死了」這句話，繼任之事更無從說起。至於國務院中，是日已大起騷動，因北洋派全體主張推段氏繼任總統，不得已而求其次，則推徐世昌，以為緩衝，萬無拱手讓黎元洪繼任總統之理，幸段氏能恪守前言，不受蠱惑，勉強演此一幕啞劇。然其心中怏怏，殊無法自制。

綜上所述，袁黎二人之個性，適得其反。黎氏之智慧，遠不及袁氏，才識尤有未逮，誠如黎氏自云：「沉機默運，智深勇沉，元洪不如袁項城；明測事機，襟懷恬曠，不如孫中山；堅苦卓絕，一意孤行，不如黃善化。」然因利害關係，袁黎二人依然深相結納，所謂合則兩利，分則雙方皆有失敗之虞。

因為黎氏本為革命黨人所推出，且與舊勢力無甚淵源，無奈當時民黨之人，態度驕蹇，對黎氏始終不以同黨視之，遇事予以掣肘；同時袁氏又以種種手段籠絡之，黎氏遂不知不覺，入其掌握。此固民黨重大失策，亦為袁氏成功之關鍵。茲再將黎氏發跡之經過，以及袁氏籠絡之手段，提要鈎玄，闡述於後：

生拉活扯被逼任都督

辛亥武昌起義，成功之速，出乎任何人意料之外，實則事有必然者。蓋湖北雖稱富庶之省，械精餉足，然革命黨人早已滲透了鄂省各軍事機構，一旦發難，氣吞江河，內應外合，克奏膚功。按照革命黨預定計劃，武昌首義成功後，原決定推劉某為都督、蔣翊武為總司令、蔡濟民為參謀長。劉某字仲文，曾出納粟捐官之款五千元，以充發動革命之費用，又以寓所供作革命黨人集合機關，故眾推之，聊以酬庸。惟當時清廷在鄂省之大吏瑞澂與張彪相繼逃走之後，地方秩序亟待維持，各路民軍必須統一指揮，時則劉某適在獄中，鄂人歸心之黃與與宋教仁，遲遲未到，蔣翊武在逃，孫武受傷，諸義士雖以「協力同心」四字自勗，然事前無計謀，事後無領袖，事且成功，豈非天意。

蔡濟民等見事急，乃在武昌諮議局選舉都督，以第二十一混成協統黎元洪官階較高，廉介穩重，眾意屬之。是時黎元洪已逃往武昌城內之黃土坡，匿於參謀劉文吉家，蔡濟民等卒在劉家梯後小室搜得元洪，元洪穿灰呢袍，頻搖手曰：「你們不要抬舉我，我不是革命黨，夠資格的是孫文。」

蔡濟民等見黎氏態度堅決，乃掏出手槍云：「你若不答應，我們都自殺在你面前。」黎氏萬不得已，被擁至諮議局，黎看見議長為湯化龍，更無話可說，因湯亦非革命黨員也。黎氏勉強接受都督之印，仍不肯簽署文告，蔡又拔槍大呼曰：「都督不簽名，我們都自殺？」是為當時革命黨員對待元洪之一貫作風，從此黎氏居常三緘其口，至多說一「好」字，因此謚為「泥菩薩」。此實為黎氏消極抵抗之良法也。

袁世凱刻意拉攏黎氏

是時湖北省都督府打開藩庫，儲金甚多，又有兵工廠，積械甚富，故能充分接濟濱江諸省，有求者，即予之。又以黎氏秉性諄厚，不露鋒芒，遂大受各方推重，此時南方各省與山陝次第皆已起義反正，竟推黎氏為中央大都督兼陸海軍大元帥。不久，各省代表集於滬上，決以武昌為中央軍政府，以鄂督黎元洪主持大政。各省代表且赴武昌集會，通過臨時政府組織大綱。袁世凱當時聞訊，大為震驚，垂詢鄂籍之夏壽康、張國淦等，無有認識黎氏者，但袁氏心儀其人，知為風雲人物，特派蔡廷幹、劉承恩二人赴武昌，游說元洪，以期雙方携手合作。蔡為粵人，善交際，與黎一見如故，黎氏立允中止戰爭，並派代表議和，此為袁黎二人合作之先聲。

延至民國元年底，中山先生返國，黎氏之聲望稍降，參議院舉中山先生為臨時大總統，黎副之。翌年二月，清廷遜位，中山先生讓賢，參議院遂舉袁氏為臨時大總統，黎副之。袁用調虎離山之計，授黎為參謀總長，請入京，黎不允。但袁黎二人此時已有默契，黎竟通電主張定都北京，是為黎氏與國民黨分裂之信號。國民黨與袁因宋教仁被刺而雙方破臉，宋案則因責任內閣問題而起，故袁氏作殊死戰，黎復通電支持袁氏，有「長江下游誓死搘拄」之語。此予國民黨以莫大打擊，黎氏一面倒於袁氏之懷抱，除上述情況外，尚有許多因素促成，玆再列舉如下：

一、黎元洪與革命黨本無淵源，對於革命學說，亦毫無研究。黎氏初習海軍，從張之洞編練海軍，旋充張彪部下，曾三度赴日本考察軍事。湖北省革命機關甚多，如「共進會」、「日知會」、「文學會」等，黎氏皆未加入，平日奉公守法，為一純粹軍人。有服從思想而無參加政治之雄心。

二、南北和議告成，定都北京，凡民黨議員所採積極政策，黎氏皆不贊同。中山先生亦有退處為在野黨之表示，不為同志所接受。要之，孫黎二氏皆對袁十分重視，故袁與黎結納，黎之反應極佳。

三、袁氏親書「民國柱石」四字，製匾贈黎。迨國會正式選舉之後，袁又親書「中華民國副總統府」長匾，特派專員賫送武昌。黎氏大悅。袁之書法，與于右任院長同體，剛健婀娜，兼而有之。

四、按鄂軍都督府初成立時，先組謀略團，以蔡濟民等十人任之，黎都督形同傀儡，黨人對黎氏且不加尊重，視黎可欺以其方，軍人尤其跋扈難制，一言不合，拔槍示威，每使黎氏退即不能，忍亦不可。此時都督府內外紊亂已極，黨人滿腔熱血，一呼漢奸，兵刃隨之，使黎氏大為傷心。鄂籍革命黨人胡瑛出獄，跨進都督府，竟自委為外交部長。軍令部副部長蔣翊武與軍務部長孫武兩人，最桀驁難馴，更使黎痛心疾首。胡鄂公擔任府中衛戍事宜，附設偵緝組，權傾一時，亦不受黎氏駕馭。嗟乎！如此做法，奚怪元洪不與合作乎？

五、樸學大師章太炎，早年宣傳革命，文名滿天下，其言論向為國人所珍重。民元，章氏至武漢觀光，大為鄂人所歡迎，此時黎氏受民黨壓迫，只想還我初服，每向人言：「請中山先生來鄂，領導革命吧。」可是章太炎獨垂青於黎氏，主張袁黎合作，其言曰：「黎公體幹肥碩，言詞簡明，其所著西裝制服，以粗夏布為之，自大都督以至州縣科員，皆月支二十元，夫以項城之雄略，黃陂之果毅，左提右挈，中國宜無滅亡之道。」寥寥數語，有千鈞之力，黎氏聞之，大為感動，遂決意附袁。袁氏聞之亦喜，畀章氏以勳二位，禮聘至京，特授東三省籌邊使。章氏對袁曾大罵民黨，惟中山先生大度包容，希其回心轉意，未幾章果辭去籌邊使，仍與民黨交遊。至民國二年，民黨與袁大戰，章忽款襆入都，遂被袁氏羈押於龍泉寺，至黎繼任，始獲釋放。

在袁黎之間的饒漢祥

黎元洪之秘書長饒漢祥，乃湖北廣濟縣舉人，為黎氏夾袋中唯一人才。按清季文人皆有不修邊幅之結習，污糟躐塌，令人不敢親近，章太炎與柯劭忞皆終年不沐浴，饒漢祥則滿身虱子，又髒又臭。光緒末造，筆者在蘇州東吳大學肄業，章執教鞭於該校，大考出題為「胡林翼李秀成合論」。江蘇巡撫恩壽論為大逆不道，下令通緝之，章師逃滬得免。猶憶某日，章師與黃摩西先生同至蘇州觀前小吃，二人皆一文不名，接到帳單，不知所措，黃師先返籌款，留章為質，詎知黃師杳如黃鶴，一出店門，渾將使命忘卻，蓋黃畢生寢饋中西哲學，精神不無恍惚也。

饒漢祥之文采，遠不及章黃二師，然其際遇至隆，以都督府秘書長薦升湖北民政長，所撰長電，洋洋數千言，咬文嚼字，雕琢過甚，然為當時人士所傳誦，黎元洪之聲望，因之益著。當黎被選為副總統，漢祥代擬就職之電，有「元洪備位儲貳」之語。其任民政長之下車文告，有「漢祥法人也」之詞，時人戲撰一聯云：「黎元洪篡克定位；饒漢祥是巴黎人。」一時傳為美談。饒氏有烟霞癖，被黨人攻擊，遂負氣，回廣濟原籍，袁世凱聞訊，特派員持手函存問，饒氏固受寵若驚，黎氏對之乃愈加契重，召回畀以民政長，饒以是德袁，此後袁黎合作，漢祥出力最多，亦最起作常用。於是黎漸脫離革命陣線矣。

黎氏抵北京下榻於瀛臺

袁黎既告合作，黎元洪終於離鄂北上。當黎氏抵達北京之日，袁特派自己所乘坐之金漆朱輪雙馬車迎之，可謂極盡優禮。此時北京城內尚無汽車，除馬車為奢侈品外，有產階級多乘坐騾車代步，平民階級則只能乘坐木質大車，介乎其中者，為新興的人力車（俗呼東洋車，北方人則呼膠皮）。

黎元洪抵北京之日，袁派代表三人至東車站迎迓：一為無職無銜之袁大公子克定；二為公府大禮官黃開文；三為侍從武官長廕昌。黎氏乃下榻於瀛臺，即光緒帝被幽之所。黎之居室中，懸有楷書一幅，下款為：「臣全忠敬書」，此即光緒幽居之時所寫，不敢以皇帝自居，而假託全忠之名也。

袁克定雖為袁氏長子，但此時尚無職位，曾有若干人向袁氏進言，請予克定一項官職，袁皆不納。民二年十月，黎元洪尚在武昌時，即曾電袁請敘克定贊助共和之功，袁覆電云：

酬庸之典，以待有功，兒輩何人，乃蒙齒及，若援奚午舉子之例，並無謝元破秦之功，俟其閱歷稍深，或堪造就，為公奔走，待諸將來，幸勿復言，以重吾過。

覆電大意如此。袁氏對兒輩，約束素嚴，與克定見面時，只敘家，鮮及政事，旋設模範團，團務先亦委諸陳光遠，迨至醞釀帝制，克定日與楊度、夏壽田等集議，始一切反常，噬臍何及！

袁氏初見黎元洪，親切異常、知其無用，不足為患，但袁喜其厚重，亦真能推誠相與，蓋袁用人與交友，第一取其誠實；第二始重才具。茲舉二例，以伸吾說：

一、參謀次長唐在禮，才華甚絀，然為人可靠，緻密無失，袁故擢為統率辦事處總務廳長，寵任磐桓，權軼總長。

二、楊度拔萃其群，覬覦首輔，由於操守平常，始終未獲高職。熊希齡組人才內閣時，楊已內定為交通總長，乃首屈一指之優缺，但因交通系首領梁士詒進言於袁曰：「交長一席，應擇練覈而持重者任之。」袁遂擯棄楊度，易以周自齊，周屬交通系，篤實君子也，袁信任之。

民國三年六月，袁氏設參政院，以代行立法職權，實為中央政府之神經樞紐，袁選黎元洪為參政院院長，其推心置腹，可以想見。

袁黎結親家有一段佳話

袁又規定副總統月俸一萬元，每月公費二萬元，另支參政院長與參謀總長（由黎兼任）之薪津，為數可觀。按黎氏實際所得，尚不止此，其居瀛臺，一切供應，皆由袁氏負責，且黎有儉德，積聚三載，杅杅然亦富人矣。至民六張勳復辟，黎氏下野後，曾糾合蒙古王公與一班失意軍人，如張勳、孔庚、王芝祥、馮德麟、馮玉祥等，創辦銀行與各種企業，觀瀾亦曾投資，但皆經營無方，蝕得精光，幸黎氏先曾投資於中興煤鑛，得為桑榆之收，幸未全軍覆沒。

回溯民國三年，袁黎既甚相得，即有聯姻傳說，而袁氏不待婚禮之成，即先呼黎為親家，十分親熱，當時雙方皆想做男家，黎夫人看中袁六小姐，居間之人大感為難，最後黎家讓步，以黎次女許配袁之第九子，名克玖，時僅十歲。內務總長湯化龍為男家媒人，內務次長言敦源為女家媒人。直至十年之後，觀瀾始知黎夫人大有苦衷，蓋黎二小姐品貌皆優，惜有精神衰弱之症，遣嫁之後，不久即賦大歸，此乃家庭悲劇，為父母者不能辭其咎也。

先是，袁以第九子與第十一子生辰八字，徵求黎夫人同意，二子皆袁之五姨太所生，五姨太賢明，深得袁心，黎夫人於選婿之時，發問曰：

「這兩位公子，那個是大太太生的，那個是姨太太生的？」

黎氏答：「都是姨太太生的。」

黎夫人搖首曰：「不行，因為我的女兒是我生的。」

黎也忙說：「不行，袁家嫡出只有克定一人，夫人將就些罷。」

黎夫人堅持不可，黎又云：「李鴻章是姨太太生的，宣統皇帝也正與袁家提婚，袁七小姐亦是姨太太生的，我曾見過老九，下顎特長，主有後福，你答應了罷。」這才說服了黎夫人，完成文定手續。

袁氏不好貨全家多戲迷

此後袁氏每飯，常呼親家共食。一日大雪，袁御貂皮大氅，係浙江將軍朱瑞所進，價值萬金，黎氏見之，極口稱讚，袁即解裘贈之。（瀾按：袁不好貨，為其生平最大長處，袁氏常謂：「身外之物，不足戀惜。」）

段祺瑞任陸軍總長時，袁知段性疏慵，常不到部辦公，遂將府學胡同巨邸贈之，因其鄰近陸軍部，可以打通洞門，來往方便也。段知此邸係袁私款所購，堅不肯受，袁云：「這是我為女兒陪嫁的。」蓋段妻張氏，為袁之義女，自幼撫育於袁家，故袁視同己出也。執筆至此，予請附述總統府內之演劇事，以饗同好諸君子。

回溯清代內廷演劇，原以內侍扮演，至西太后專政，始召京中名角為內廷供奉，西后嗜劇成癖，賞賚甚豐，晚年一面觀劇，一面打盹，鑼鼓喧聒，仍能入眠。袁氏任總統後，仍沿清制，設昇平署，管理公府（即總統府）劇務，其家人儘多戲迷，內子對於譚鑫培腔調，比我更加熟悉，時則懷仁堂堂會，以譚叫天為中心，盛極一時，每逢令節，輒邀各國公團觀劇，分贈說明書，而擔任翻譯之事者為公府秘書顧維鈞。當時京中名角以入府獻藝為榮，凡場面上或檢場人，皆著繡團花大紅袍，整齊嚴肅，嘆為觀止。場面一席，隔以紗幔，嗣後梅蘭芳初度赴日，即採用此法。

黎壽堂會中忙煞余叔岩

此時黎元洪居於府內瀛臺，民三之秋，適值黎氏伉儷五旬雙慶之期，袁深注意，特囑袁乃寬籌備一切。乃寬即與昇平署長王錦章接洽，舉行盛大堂會，以表慶祝。於是，余叔岩自告奮勇，大賣其力。按叔岩自幼受盡磨折，此時嗓敗運厄，誓絕粉墨生涯，在袁克定處當差，差使並無固定，時或伺候克定之母于太夫人，是與婢僕共事；時或穿起制服，扈衛袁大爺，卻與要員同列。其同寅唐天喜、翟克明等，有被保升鎮守使或衛隊旅長者，叔岩怦然心動，每日上操甚勤，渴望平步登雲。據伊告我，此其平生揚眉得意之秋。如叔岩者，可謂官迷極矣！惟府中男女職工仍以「小小余三勝兒」呼之，叔岩殊不悅，但亦無可奈何。是時府中堂會絡繹不絕，每逢老譚有戲，必使叔岩充任配角，叔岩亦樂得借此機會偷學老譚，如《探母》、《失街亭》諸劇，譚余二人誠有相得益彰之勢。

至於叔岩為何投靠袁克定，老譚怎肯收余叔岩為徒，事頗曲折，予皆有另文記之，茲不贅述。總之，袁總統嘗呼叔岩為余三，余三之在公府中，趣事甚多，可資噱噱。叔岩又為王錦章之義子，穩握昇平署之實權，故在梨園中潛勢力甚大，當時老譚對余，且不能不加敷衍也。

一日袁克定點唱《寧武關》，譚在家中憤然作色曰：「這又是小雲的把戲，簡直要我拚老命。」小雲即指余叔岩，老譚知其志在偷學也，又畏其舉一反三。無何，黎元洪夫婦雙壽將至，戲碼一切由余叔岩全權處理，轟轟烈烈之一臺好戲，於焉開幕。嗣後李鑫甫、賈洪林、金秀山、路三寶等，相繼殂謝，譚已篤老，民六逝世。當年黎壽之盛況，永不可睹矣。

是時京中有「翊文社」，在天樂園出演，頭牌為楊瑞亭，二牌孟小茹，三牌梅蘭芳。梅雖名列第三，已兩度赴滬，大紅而歸。楊瑞亭為關外武生，亦梨園世家，曾與余叔岩拜把，故黎壽堂會係用「翊文社」班底，是日重要劇目，約如下述：

一、孟小茹、郝壽臣之《黃金臺》。孟係旦角改唱譚派鬚生，嗓音圓潤而嘴裡無力。今夫鬚生優劣，全看嘴裡工夫，嘴無力則無味可尋也。郝壽臣飾伊立，無出其右。

二、李鑫甫、瑞德寶、李連仲、王長林合演《殷家堡代落馬湖》。鑫甫私淑譚鑫培、黃月山二人文武皆精，且擅關劇，其《四進士》、《群英會》諸劇做工，不逮余叔岩，惟在馬連良、周信芳之上。當時我最心折其藝，老譚惡其戲路太雜，強抑之，故未走運。瑞德寶面帶俗氣，亦未走運。

三、賈洪林、路三寶、李敬山之《烏龍院》。按賈、路二人，瀟洒有致，皆上駟之才，惟路三寶姿色不佳，此時賈嗓已敗，係受花柳病之累，然其做工細膩，猶能風靡一時。

四、王蕙芳、梅蘭芳、謝寶雪、張文斌之《樊江關》。王梅二人競飾薛金蓮，惟蕙芳資格較老，且為袁克定所最賞識，蘭芳只能讓步，退飾樊梨花。按王梅二人本為表兄弟，蘭芳初度赴滬，大受歡迎，滬人尤喜刀馬諸劇，然此非梅本工，蕙芳適在滬埠，即以《樊江關》一劇授之，蘭芳歸而就教於路三寶，名益肸蠁。

五、龔雲甫之《目蓮救母》。龔之老旦，首屈一指，惜其京音太多，不為識者所重視。

六、楊瑞亭、李壽山、傅小山之《霸王莊》，楊以腿工馳名，究屬野狐參禪，花臉李壽山傖俗之至，武丑傅小山大有可取。

七、王瑤卿、金少山之《金猛關》（編者按：此劇從未見過，不知是否寫錯）。此時瑤卿嗓音已枯，不得不另闢蹊徑，因其粗通音訓，故能立於不敗之地，若夫精研音訓者，不能求諸於優孟之列，此時金少山忽陰忽晴，不成氣候，簡直四等角色，十年後始在滬竄紅，然論唱工，不逮其父遠甚，其父秀山之嗓，乃有金玉之音。

八、楊小樓、錢金福、范寶亭、遲月亭之《飛叉陣》。按小樓鼎盛時期，當在光宣之交，此際已趨下坡，殆受烟霞之累，但其開臉之戲，優於俊扮，如《鐵籠山》、《楚漢爭》等，好到極點。錢金福亦武功卓絕，臉譜尤佳，惜其嗓音糟透，非全才也。

九、譚鑫培、金秀山、黃潤甫、余叔岩、劉春喜、慈瑞全合演《失街亭》。配搭整齊之至，譚為鬚生一行不祧之祖，其徒余叔岩究遜一籌，盱衡譚余二人成功之要素，端在發音收韻之技巧，叔岩一生以三才韻自負，何謂三才韻？即每字音之頭腹尾也。今日內行外行習鬚生者，悉奉余氏為圭臬，吾是以謂本世紀中，吾國最偉大之藝術家，允推余叔岩與吳清源二人，然今中國，藝術式徵，余派真諦已不絕如縷，習者流為纖巧，無異以水濟水，誰能飲之哉！

反對帝制拒受親王封號

黎氏居京，甚為得意，既絕回鄂之意，始辭鄂督之職，饒漢祥代擬呈文如次：

> 元洪屢覲鈞顏，仰承禮遇，周逾於骨肉，禮渥於上賓。推心山雪皆融，握手則池冰為泮。馳惶靡措，誠服無涯。……

從此可知袁黎二人之相得，亦見漢祥酸腐之筆，誠無足取。直至民四冬季，帝制議起，袁黎二人之感情，始漸生磨擦，黎氏稱病，而不肯出席參政院，即為反對帝制之暗示，凜然其有節概，時論歙然貴之。

民國四年十二月十二日，袁既接受帝位，封黎元洪為武義親王，其詞曰：「帶礪山河，與同休戚，槃名茂典，王其只承。」當時得親王封號者，僅黎氏一人而已，黎以不出席，不開口為消極抵制，派人赴武昌買屋，以夫人養病為辭。

黎請回籍，袁不允，請辭職，又不許，袁命內史長阮忠樞與顧問舒清阿往賀授勳，尊稱「王爺」。黎云：「你們不要罵我。」袁又下令，勸黎受封，令曰：「王其只承，毋許固辭。」無何，黎夫人與饒漢祥均勸元洪接受親王之封，元洪索性不了了之。除黎之外，袁氏擬封溥儀、黃興為王，溥儀為「懿德親王」，已成定局，當時清室且有接受之意。

袁氏又下「故人勿稱臣」之令，計有舊侶黎元洪、奕劻、世續、載灃、那桐、錫良、周馥等七人；嵩山四友徐世昌、趙爾巽、李經羲、張謇等四人。耆碩王闓運、馬相伯二人；總共十三名。大抵舊侶最尊而不親，四友為道義之交，又稱「故人」。何以黎元洪尊而不親？因其消極抵制，袁不悅也。何以徐世昌不在最尊之列，因袁深知徐相國，所注重者只為俸給問題。惟嵩山四友有種種優待辨法：一、每人給年金二萬元；二、賞乘朝輿，賞穿特種朝服；三、臨朝時，四友得設矮几以坐，免稱臣跪拜。

按舊侶之中，惟黎為袁之部屬，其他或高於袁，或嘗並肩，然黎氏名列首位，可見黎之接近，非任何人所能比擬。其次奕劻是袁氏之老上司，昔為袁之靠山，感情素洽。世續為小朝廷之首相，夙為民國政府所重視。攝政王載灃名列奕劻、世續之後，貶抑之也。足見袁氏對於「回籍養疴之事」，舊恨未消。那桐與袁最為投契，袁五旬做壽，那相充戲提調，在臺前與譚鑫培請安者，即屬此君。錫良在前清督撫之中，最有清廉之譽。兩江總督周馥前在李合肥幕，袁受合肥重視，周與有力焉，周氏之女適袁之第八子克軫。

（瀾按：封爵之前，內史繕就名單，袁用硃筆按名加圈，五圈者為公爵，如龍濟光、馮國璋等六人；一圈者為男爵，如許世英、王揖唐等。重武輕文，不得其平者，此亦帝制失敗原因之一也。）

袁黎之間可謂有始終

迨帝制失敗，袁臨終時，元洪雖近在咫尺，袁亦未以後事相託，更未指定以黎氏繼位，是因帝制之事，二人已有隔閡，不利於黎，亦彰灼可見。

民五年六月六日上午巳時，袁氏以糖尿病逝世。據臨床醫生蕭龍友與首善醫院方院長云，此病甚為普遍，患者之中，胖子居多。據觀瀾所知，現世紀百分二十之人們，患此嚴重病症，迄今尚無特效藥。當年袁公得病之時，口渴胸悶，小便頻頻，身體日漸羸瘦，針藥罔效，遂一瞑不視，在場諸人不知所措，延至下午申刻，然後發出公報，遺命以黎繼位。略謂：「副總統忠厚仁明，必能奠定大局，以補本大總統之過，而慰全國人民之望。」此令係徐段二人代擬也。

至於袁飾終典禮，則極其隆重，六月七日入殮時，頭戴天平冠，身穿祭天禮服。其棺木係由河南彰德府運來，為太昊陵旁一株老柏所製，古色斑然。大祭時，黎派段祺瑞致祭，舉殯時派王揖唐致祭，又派蔣作賓赴彰德代表行祭，派河南巡按田文烈董理建墓事宜，名曰「袁林」，一切建築，係仿日本明治天皇之神宮，共費四百萬元。按彰德一帶，盜墓之風甚熾，袁林因無殉葬寶物，未為盜墓者所垂涎。

我所知道的袁大公子

在德墮馬．兩足皆跛

袁克定，字雲台，項城長子也。項城有子十七人，惟克定為嫡出，于氏夫人所生也。幼而岐嶷，其父鍾愛之，年未弱冠，即在京華為部曹。光緒三十二年，克定年甫二十有二，任農工商部參議，旋升右丞，丞參為部中小堂官，職位僅次於侍郎，高出現今之參事司長。克定賴其父蔭，升遷甚速，然克定有能名，見重於公卿，農工商部尚書溥頲極賞識之，慶親王奕劻亦器重之。克定蓋以簪纓世家，禮數周到，國文亦具根柢，其在部署，恪共官守，周旋中節，則京官之能事盡矣，此為克定神志最清之時期，親友莫不謂其前途似錦也。

無何，辛亥革命，袁世凱就任大總統，為統一軍權起見，既設海陸軍統率辦事處，又在團城創立模範團，將以克定主其事。模範團者，訓練將校之機構也，後之督軍鎮守使，在團受訓者綦眾。克定自知責任重大，乃循蔭昌之議，請赴德國考察軍事。蔭昌為袁親家，嘗與德皇同學，項城即因蔭昌獻議，不與德奧宣戰者也。

克定抵柏林，適值德皇威廉二世抱有席捲歐陸之雄心，故與中國有修好之意，由是克定在德，備受優禮。一日，克定與德太子威廉並轡郊外，乘馬受驚，絕塵而馳，克定踣地，被壓馬腹之下，右腿折斷，克定暈去，差幸德醫技術高明，生命得以挽救，出醫院時，兩足皆跛，回國見父，形容憔悴，項城見其吶吶不能出口，不禁聲淚俱咽。此為袁家最大不幸，嗣後克定因腦部受震，神不守舍，項城憐之，然不知不覺，移愛於其次子克文矣。

克文字豹岑，別署寒雲，為袁第三如夫人閔氏所生，閔氏夫人系出高麗王族，惟因大姨太無所出，故克文自幼即為大姨太所撫養，迹近溺愛，克文弱表齊，倜儻瑰瑋，讀書有宿慧，過目不忘，故善屬文，書法挺秀，詩詞並妙，知名當世，且工崑曲，兼擅皮黃，習小丑，師法羅壽山，亦玩世不恭之意云爾。夫克文穎悟絕倫，常斐然有述作之志，若能專攻一業，必有極大成就，惟其個性，見異思遷，時而紬繹骨甲，時而研究古錢，生平愛嗜，不一而足，然亦可謂博學洽聞者矣。

項城第五子克權，字規庵，號百衲，係韓籍第二如夫人所生，敏而好學，一如寒雲，詩文典雅，粲然成章，克權為端方之婿，亦子弟中之秀發者也。

袁對帝制・並不熱衷

光緒三十三年，克文嘗任度支部員外郎，實受度支部尚書載澤不次之提拔也。不久克文隨父歸彰德，項城素習制藝，頗通翰墨，既見克文文名藉甚，寵愛之心，油然而生，此亦父子之常情。至醞釀帝制時，烏烟瘴氣，乃有唐在禮、方地山之流，為克文吹噓甚力，益見寵任磐桓，其流極乃至門戶紛爭，昆仲之間，互相水火，此亦帝制流毒之一端也。克定則居儲君之位，不善自處，此其神志最感模糊之時期也。

竊按民二第二次革命，袁對國民黨員大開殺戒，結下血海之仇，民四貿然稱帝，再鑄成大錯，為公為私，皆屬失策，雖百儀秦，不能為作辯護也。當民國三四年間，國內統一，人民粗安，庫存六千萬元，正當淬勉自強之時，何苦以元首之尊，為孤注之擲，捨磐石之安，履春冰之危哉！茲以一念之差，而致邦國殄瘁，此何為者也！

敬祈讀者明鑒，觀瀾決無護短之意，帝制之事，為予生平所痛心疾首者，就予所知，第二次革命失敗後，京邑即有提倡帝制之消息，但據袁項城與家人所云，對此並不熱衷，渠指克定一病至此，何能繼承其業。又云：「革命黨人瀰漫全國，恨余切骨，余豈肯自投羅網，以貽滔天之禍於國家若子孫乎。」遲至四年七月上旬，袁乃密電蘇督馮國璋曰：「以余今日之地位，其為國家辦事之權能，即改為君王，亦未必有以加此，且自古君王之世，傳不數世，子孫往往受不測之禍，余何苦以此等危險之事，加之吾子孫也。……余已在英購有少許田園，設再有以此等事逼余者，則余惟有逕赴他邦。」

以上為袁項城獨特之文體，明快爽朗，不假潤飾，親撰無疑，予尚珍藏袁函二件，書法遒健，行文則驅邁淋漓之情，蒸然紙上。時人認為袁氏致馮之電，無非惺惺作態，觀瀾則謂此係袁氏由衷之言，至於在英購有少許田園一節，則並無其事，蓋袁對馮國璋，無須作態，家庭之事，誠非局外人所得而知者。

予則確知袁氏對於家天下之私心，非如一般人想像之甚者，何則，伊於長子長孫，不抱何等希望，君主之世，或及身而亡，或二世而亡，袁氏能無戒懼之心乎？袁若始終有帝制自為之心，則民國二年機會最佳，何竟遷延兩載有餘乎？但袁近代知識，不甚充分，好大喜功，敢作敢為，則雖親者莫能為諱也。夫袁心事，既如右言，因循至四年七八月間，形勢大變，如暴風疾雨之驟至，袁之意志搖動矣！其故安在哉？

推原其故・約有三端

如上所述，民國四年六七月之交，袁世凱因種種關係。雖有變更國體之企圖，尚無絕對同意之決心，最大原因為家庭問題，是故楊杏城、梁燕孫、朱桂莘、周子異、唐質天等，僅在幕後活動，未敢當面獻議。轉瞬至七八月間，袁之意志忽而搖動，於是更改國體之事，蓽路開山矣。推原其故，約有三端：

一、袁受古德諾與朱爾典二人之影響甚大，此其贊成帝制之最大原因。按古德諾博士係美國約翰霍潑金斯大學校長，夙為國際政治權威，古氏認為中國適合於君主制度，而不適合於共和制度，至於法美共和制度，亦非善美，馴致黨派紛爭，苞苴公行，此於中國國情，尤不適宜。

朱爾典爵士為英國駐華公使，在中國服務逾三十載，與袁交誼最篤，惟彼確有左右袁氏之能力，伊因外交關係，勸袁變更國體，以期適應環境，朱氏且認中國人民教育水準不夠，暫時不宜共和。殊不知國人教育水準雖有蹇缺，然於保全共和，志不可移矣。嗣後觀瀾赴英，就任使館秘書，因朱為先祖門生。以老伯稱之，見面輒講中國話，伊猶堅持其主張，又云：「袁總統完全失敗於日本人之手，日人狡獪技倆，予皆洞悉胸中，此後中國禍亂相尋，無寧歲矣。」

袁聞古德諾之言，對於共和政體，益無信仰，誠以古為共和國民而猶贊成帝制也。袁對朱爾典，向有好感，且與日人交涉，端賴英國幕後搘捂也。於是，帝制之議，急轉直下，籌安會與請願聯合會各種機構，應運而生，吾故曰：袁以一念之差，自取滅亡也。

二、第一次歐戰伊始，日人頓成天之驕子，在東亞可自由行動，對中國則予取予携，當其提出廿一條時，外交次長曹汝霖移宿公府，與袁比鄰，出而歎息曰：「極峯日理萬幾，夜不成眠，此豈攝生之道乎！」袁氏即受重大刺激，以謂變更體制後，則地位可以提高，外交較易著力，此屬袁氏謬見，蓋惟整飭軍旅，方能杜息強鄰之窺裔，徒改國體，於事奚補。

三、袁氏年已投老，英氣漸消，高高在上，易受矇蔽，其左右親信咸勸袁氏稱帝，無非自便身圖，誠所謂叔世之奸謀，而非為邦之勝略也。其時秘書廳與內史府，每以中西各報狂捧之詞，彙呈於袁，袁乃大受蠱惑，適逢其會，龍濟光張作霖等電袁，請早正大位，袁意遂決。然就觀瀾所目擊，後以反對帝制自詡者，率為當時衷心勸進者，而袁本人承認改制之前，確曾考慮數四，故彼一旦覺悟，受人之紿，即幡然改圖，撤銷帝制，庶不致一誤而再誤也。

二十一條．為催命符

延至民國四年十二月十二日，袁世凱正式承認帝位，翌日在居仁堂受賀，十九日政事堂「奏設」大典籌備處，廿一日封贈四十九人以爵位，爰以翌年元旦為登極之期，是為袁氏權威之最高峯，亦即袁氏聲望之最低潮。旋派周自齊為特使，赴日報聘，日人違約，拒絕招待。不久袁遂撤銷帝制，拖至六月六日，憂憤而卒。故曰「袁氏失敗於日本人之手。」朱爾典之言，信而有據也。

自愚觀之，縱無帝制之舉，袁亦不能久於人世，因彼事必躬親，繁憂總集，每日必進鹿茸一盌，強提精神，蓋端午橋與袁友善，特為養鹿以取其茸，費子彬先生斷為「體實而暴，一遇拂鬱，氣機窒塞，遂如怒馬陷入泥淖，一蹶不振。」旨哉言乎。非名醫不能道此。

按日人所提廿一條要求，實為袁氏催命之符，由於內心焦急，累月不能成眠，又不肯服安眠藥，於是食量銳減，元氣大損，為有精神失常之狀態，遂作傾向帝制之決定，此所謂禍不單行也，傷哉！當其應付廿一條時，袁謂外長孫寶琦曰：「日人乘歐戰之際，以亡韓視我，我死，目不瞑也，自今日始，全國上下必須臥薪嘗膽而後可。」又謂家人曰：「余嘗以手握臂，率計月小三分，旬日之間，革帶常應移孔，以此推算，豈能支久。」家人見其眼眶臼陷，為之愴然！

當是時，袁復詔示其子規庵與巽庵曰：「袁氏至余，已四世為公卿，可以觀德矣，然為家主者，俱無壽徵，年齡無逾花甲者，茲余容髮衰謝，年事遒盡，汝輩可無努力向上以求自立之謀乎，父蔭不足恃也。」

凡上所引，予欲證明丙辰稱帝之前，袁已自信大限之將至，何復有此反常之舉，以貽無窮之害於子孫。是誠不可思議之事也。費子彬先生就醫理診斷，謂為神經失常，予無異辭。瀾按項城存年僅五十有八，克定現尚健在，已屬龐眉耆耇之老矣。袁歿之後，三五年內，吾嘗見全體閣員乘京漢路車，特詣彰德袁林致祭，此亦不可思議之事也。要之，帝制之舉，袁固無以對大眾，然袁辦事，多少還有責任心，未可一筆抹殺，彰彰可見矣。

泰山其頹・家屬四散

先是，克定奉命主辦模範團，因此與陸軍總長段祺瑞，磨擦殊甚，克定與段個性不合，早有嫌隙，故段對帝制，暗中掣肘，袁氏父子大不利焉。按克定自墜馬後，辦事能力銳退，模範團之事，隱為陳光遠所把持，陳亦闒茸無能，故模範團耗費不貲，而其成績則遠不逮小站練兵之時也。

項城既歿，泰山其頹，家屬四散，景象蕭條，或歸彰德故宅，或寓天津小白樓，克文則赴上海，成為「大」字輩人物。惟克定獨居天津德租界一號路，其母于太夫人不久棄世，而項城第三第四如夫人率先憂鬱而終，家庭之事，可謂不幸矣。

竊按袁項城弱歲為宦，歷據要津，身後財產遺有三百餘萬元，皆在北洋大臣任內所積儲者，時乃兼差十八項之多，然而袁有妻妾子女，約四十人，老僕世代相隨者，又數十人，此三百萬元，每人所得幾何，差幸袁家未染奢侈之風，各房猶能愔愔度日。觀瀾走筆至此，不禁重有感焉！

夫任公職者，應以廉潔為根本，苟其胸懷大志，決不能以財帛為重，例如袁世凱、段祺端、吳佩孚三人，比較清廉，故於失敗後，猶能保持領袖之地位，至如黎元洪、馮國璋、曹錕、馮玉祥之輩，家有聚斂之臣，斯其把握權力之時機，僅如優曇一現耳。

克定居津，杜門息轍，韜光養晦，潛心學術，從此絕跡仕途，不問世事，僅與二三至好，如載振、張勳、陳光遠等，互通款曲而已。四十來，光陰如駛，從無劣跡，從無招搖，硜硜自守，此亦難能可貴者矣。且除讀書外，克定別無嗜好，酒色皆無緣，對於中國雀戰，西國橋牌，委實一竅不通，聲樂之事，亦甚隔膜，斯與寒雲大異其趣矣。

克定生平口吃，不善談論，但喜詼諧，妙語聯珠，平日待人接物，向無疾言厲色，每逢佳節新年，必與各房老姨太叩首為禮，從無間斷，是故家庭輯睦，諸弟妹咸敬禮之。然自袁家失敗後，克定內心痛苦，予深知之，何則，景薄桑榆，實有窮途之歎，親朋日少，不無寂寥之感，且僕從數十人，相隨不捨，坐此食指浩繁，經濟本非寬裕，時或捉襟見肘，是以精采瞀亂，頗同宋玉，言辭蹇吃，更甚揚雄，坎壈失志，其可知已。

克定喜古琴，其岳丈吳齋悤中丞，名士也，以七絃名琴贈之，克定大樂，負笈就教於白雲觀老道，嚮風甚勤，頗有所得，工拙則不可曉矣。誠以爇香撫琴，雅人之事，觀瀾所未逮也。按克定博學多能，中文有根柢，書法遒正，未逮寒雲之嫻熟耳。惟克定四弟克端，字誠齋，書法宗魏碑，未必遜於寒雲也。克定又治英法日德四國文字，而最擅長德文，伊與蔭昌夫婦，感情最孚，蔭昌夫人為德籍，克定遂得研討德文之機會。

克定即習英、法、德、日諸國文字，又讀拉丁文，此外，更研究光學、水電學、物理學、哲學、倫理學等六七種。入其書齋，西籍縱橫。予不禁為之吃驚。當時克定延請有外籍教授三人：一授拉丁文；一授光學與物理學；一授日文。此時段祺瑞典掌機衡，與日本密訂《中日共同防敵協定》、以阻俄共十月革命，克定謂有精研日文之必要，其習各種學術，並非淺嘗而止，在書本上多劃以紅線，並撰有筆記，蠅頭小楷，必端必正，可謂好學也矣。

克定好學・有穎悟性

克定寓居津門時，彼此常相過從，無所不談，予嘗笑謂克定曰：「兄應專攻心理學一門，則兄之好友蔡松坡與兄之勁敵段芝泉，無所施其技矣。」克定每笑而不答。蓋其既不能知己知彼，而又口吃，不善辯證，此其處世基本缺陷也。無何，克定肄習拉丁文，津津有味，問予嘗習希臘文否？予大反對曰：「拉丁文何用哉！習此僅知西字來源而已，茲兄見獵心喜，將寶貴光陰擲於虛牝，可乎哉！」（瀾按：拉丁文雖為無用之學，然西人至今視為必修之課，職由西方文化，濫觴乎斯。今夫孔孟之學，乃中國文化之源泉，已被五四運動澌滅殆盡，馴致國人浸淫於邪說，盡喪其美德，此吾國所以日即於滅亡也！）

憶在民初，王湘綺任國史館館長。榜眼夏壽田為其高第弟子，克定以夏氏之介，數謁湘綺，請授尚書，湘綺老人亟稱其有穎悟之性，授以洪範正義，當是時，吾勸克定多讀中國歷史地理，庶幾學以致用，彼謂早已涉獵，匪啻一次矣。竊按中國為全世界之綠洲，開花最早，故其歷史與地，最有研究價值，惟國人對於本國經界曁前代章制，習之者尠，良可慨也！邑人錢穆，治歷史，享盛名，吾願莘莘學子以彼為楷模也。

荏苒至民十五，褚玉璞為直隸省督辦，褚氏任其妾父宋雲同為政務廳長，代褚主政，權傾一時，誅求無厭，穢跡昭彰。予此際方任直隸交涉使，並兼任會丈處總辦。宋氏與予積不相能，時有齮齕，予當時因有楊宇霆為奧援，彼固無如之何也。此時袁克定已任開灤煤礦督辦十餘年矣。按開灤礦務局為中英合辦事業，係袁項城所創立，英人德之，故以其長公子克定為督辦，不必問事，月俸三千兩。宋雲同遂覬覦此肥缺，可以拿錢而不做事，欲去克定以自代。

予謂宋雲同曰：「項城歿後，遺產甚薄，袁雲台（克定字）自奉甚儉，而僕從甚多，皆係世代相隨，其祖若父為討捻殉難者，雲台全恃開灤所入為挹注，若卸此職，彼將無以為生，我願以會丈處總辦讓君，月入亦超二千元。」

宋搖首曰：「會丈處要與洋人打交道，我辦不了，聽你方才所說，我很感動，也罷，我想認識認識袁大爺，你肯陪我走一趟麼？」

予曰：「諾，敬聞命矣。」

少爺送客・開罪於人

宋既有意拜訪克定，彼此見面談談，總是好事，惟予深知克定之怪脾氣，誠恐在無意中開罪於人，特於事先往訪，並一再警告克定曰：「宋雲同仗女兒威勢，在直隸省，以國丈自居，吾兄與彼寒暄，務要客氣，不可王顧左右而言他。」克定曰：「諾！」

越日予陪宋氏往訪克定，會晤之時，克定應付得體，宋似滿意，予更在旁吹噓，以克定所撰光學筆記示宋，宋大擊賞。無何，宋告辭，臨別之頃，克定送客，僅及客廳紗扉，迅即轉身入內，時有隨從兩行，在門外站班，主人如此慢客，當堂使宋窘極，予處此尷尬場面下亦無從為力。於是克定之開欒督辦職，終被宋氏攫奪而去，而克定生計益感据拮矣。據予所知，克定送客時，不論誰人，皆不送出室外，習慣如此，牢不可破，只有一次，清宮太傅世續奉隆裕太后命，進公府，談賀禮，克定始送出大門以外。似此送不踰閾，尚非緊要，其予人印象不佳之處，在於臨別之際，抽身過速，瞥若驚鴻，似以脫身為樂，實則彼因不良於行，故轉身與常人有異，非有慢客之意也。由是觀之，予勸克定專攻心理學之說，誠有旨哉！

民國十八年，予自瀋陽丁憂回籍（江蘇無錫），時予蕭然疲役，乃有脫離政界之思。翌年，克定伉儷特自天津南下，訪予於無錫，蓋分手未遙，翹心且積，予與雲台，感情素洽，故彼不遠千里而來也。雲台贈我居仁堂製花瓶一對，工緻異常，確係郭敘五精心之作，胚釉甚細，堪與雍乾官窰競爽一時也。雲台伉儷所携隨從甚多，止於予舍，在眾多僕從中，有一抱古琴一張，另有一挾木板數塊，古琴與木板雅俗懸殊，旁人觀之，大可噱也。蓋雲台生平，最怕彈簧之軟床，睡時須疊木板兩方，加諸彈簧之上，若只墊一方，則夜不成眠矣。至於抽水馬桶，更非雲台所喜，其守舊如此。讀書之時，手不釋卷，不思飲食，其篤學又如此。

裝束奇突．名士作風

按雲台身材矬短而微胖，面色紅潤，由於無嗜好也。不好酒，不吸香烟，兩目炯炯有光，酷肖其父，髮作「滂沛陀」式，其光可鑒，年近知命，不留髭鬚，望之猶濁世佳公子也。雲台好潔，梳洗費時，予性急，每敦促之，雲台不顧也。惟其裝束奇突，迥異流俗，路人皆目瞪視之，繼以呵呵大笑，伊戴方頂黑色小帽，無帽結，上綴珍珠一顆，珠奇小，此種裝扮與當年袁項城、段合肥燕居所御，無二致也。

雲台不喜著西裝，亦不喜軍服，頗似段合肥，項城則喜著軍服而惡中裝也。按項城向有維新觀念，平日若非祭祀，不穿中裝，抑亦不喜西服，因其頸短而肥，不耐西裝之硬領也。雲台所御長衫，尺度甚短，馬褂之袖，尤窄而短，內著西裝褲，非如袁、段二氏以帶綁腿者。手持斯的克，足登漆皮革履，彼所著之革履尺碼特小，係泰西婦人所用者，雲台常將左右腳著錯，遂呈奇觀，令人噴飯。

予嘗謂雲台曰：「易經有之，當出門履錯之初，敬之无咎。」

雲台莞爾曰：「余足有病，這樣很舒服，二妹夫（呼筆者），請你不要管束太嚴。」按雲台從未叫我名字，我則以大哥尊稱之，彼此敬禮勿衰。

雲台微有自虐狂，對人則存忠恕之念，猶為舊禮教所束縛也。其性格極度守舊，又極端維新，一面反對抽水馬桶；一面研究水電之學。處世之道遂失其均衡。然其為人，予深表同情，因上述疵點，觀瀾似亦有之，故論名士作風，妙在天生不羈，並非矯情，讀者應付胡盧一笑。

張宴迎賓・往事歷歷

雲台甫卸行裝，即欲參觀吾邑工廠學校，並擬遍訪名賢，聊表敬意，予嘉其志，乃陪往各處，踵門拜訪，並謂雲台曰：「諸老來舍，兄應送出二門，祈勿忘懷。」雲台曰：「諾。」頃之，邑中長者，爭造蓬門，予特張宴，歡迎嘉賓，是日座中，憶有唐蔚芝、榮德生、唐保謙、楊幼梅、蔡兼三、楊翰西、錢子泉、楊章甫、錢孫卿、廉勵卿、孫寒厓諸老，家兄毓津，舍弟壽萱亦與焉。

予為——介紹於雲台曰：「當年徐菊人在小站輔佐先總統時，楊幼梅觀察即參徐幕，旋在汴省供職有年，至今一口河南話，吾兄應有親切之感。榮德生、唐保謙二老，為吾國實業界巨擘，旁及慈善事業，宏濟世人。論文學，則錢子泉先生風格遒上。論書法，則孫寒厓先生挺秀拔俗。

論經術，則唐蔚芝先生冠絕群倫，風軌德音，為世之範。至兄所喜光學與物理學，則家兄毓津天姿茂異，國學淵深，所著《易經與原子》之籍，連犿奇偉，獨稟先覺，奧人史多氏為世界第二名物理學權威，閱其大旨，向若而驚，為作序言，揄揚備至。鄉彥蔡兼三，汪汪軌度。吾師楊章甫，恂恂德心。詵詵眾賢，遇之不能無欣，欣逢今夕之盛會，終感嘉契之難再。……」

是夕終席之後，唐蔚老以詩經一部贈與雲台，雲台則贈一千元於蔚老所辦國學專修館，以備購籍之需。是故吾邑父老皆以雲台為賢公子也。

偕遊名勝．樂也融融

翌日，予與雲台，偕高朋良侶，共遊無錫公園，園址在古崇安寺，吾邑之鄉校也，乃市民臧否時政之所，想見當年猶有民主之風度。下午乘舟赴鄉，至軍帳山，瞻謁先祖庸奄公之墓，山明水秀，風景幽恬，歸途已萬家燈火矣。

袁雲台在錫，與愚道素志，論舊款，排日遊覽名勝，興致甚豪，彼以為莊生之逍遙，尚子之清曠，不是過也，斯足樂矣，何必富貴乎？

一日，邀遊惠山，按步當車，是為江南名勝之奧區，吾輩謁昭忠祠，遊奇暢園，入園則名山全收眼底，日光迴照，則眾山倒影。昔日滿人端方任兩江總督時，寄宿園中，流連忘返焉。繼登二泉亭，亭有二泉，一方一圓，水皆縹碧，一湜見底，泉水激石，泠泠作響，以水煮茶，芬芳撲鼻，乾隆帝飲而甘之，題為「天下第二泉」。實則杭州第一泉無以勝茲，不過得名有先後耳。

二泉亭在山麓，遊客休息之處也，雲台雖跛，直指山阿，予在壯年，落後甚遠。抵黃公澗，適值山雨之後，急湍甚箭，猛浪若奔，吾儕搴裳涉澗，負杖登峯，杳然不復自知在天地間矣。按此處乃戰國時楚春申君遊憩之所在也，旁有仙石，石面平坦，星羅棋布，出於天然，故老相傳為南北斗對弈之所。

無錫商業繁盛，河道縱橫，承平之際，遊艇甚多，其規模閎肆者，實變相妓寮也，與廣州大沙頭遊艇，初無二致。惟無錫艇家較為高尚，因係富商名流所眷注，其流品決不低於上海書寓與北平清吟小班，最盛之時，燈船著名者，亦僅十數家，備有極大遊艇，入夜晃耀奪目，故稱燈船，內外雕繪甚工，髹以廣漆，几案明淨，陳設雅潔，每船容客可三十人，漫談古今，心曠神怡，雀戰奕祺，最為適宜。故當年外交部長伍朝樞譽之為河上璇宮，海軍司令陳策則謂在船頭可置小炮，足見遊客嚮往之情矣。

袁氏昆仲．曾鬧太湖

船尾闢有小室，床榻俱全，可供遊客休憩，並無狎邪作用，艇妓三四，淡裝宜人，伺候遊客，無微不至，亦兼嚮導之職，伴客遊山玩景，洵良侶也。船菜尤享盛名，肴烝甚精，遠勝菜肆，魚蝦尤新鮮，如蟹粉翅、桂栗羹、脆鱔背、羅漢齋等，最膾炙人口。袁雲台獨嗜湖鰣，謂為松江之鱸、江陰之鮒，不是過也。其實太湖之魚，無不可口者，遊罷歸來，舟泊艇家之前，接通電線，於是電炬如晝，遊客亦可登岸消遣，益興流連忘返之感矣。自民國十七八年，革命軍抵江蘇，烽火連年，花事已趨蕭瑟，艇家漸歸淘汰，其時僱艇費用，整日約二百餘元，犒賞在外，固非窮措大所能勝任也。

雲台伉儷既喜遊名勝之區，更嗜船菜，故予常僱遊艇，數至太湖。雲台夫人最賢德，初見艇妓，謂觀瀾曰：「彼花枝招展者，何其多耶？」

予曰：「是女招待也，無傷大雅。」

蓋予與雲台夫人一問一答時，大有戒心，猶憶十餘年前，雲台之四弟克端、五弟克權、六弟克桓、七弟克齊、八弟克軫等，至錫會親，克端克權克桓之夫人皆同來，而克權克桓又皆新婚燕爾，一日，予單獨請諸弟駕艇遊湖，諸弟見艇妓而大樂，蓋在府中極少出門之機會，不無少見多怪也。不料三位夫人不能放心，乘予家汽艇，自後趕上，克權夫人為端方女，性豪爽，見狀大怒，立興問罪之師，諸弟佯醉，竟以艇中家具盡擲湖中，大煞風景，其可噱也。

舟經五里湖時，風景如畫，蓮塘縹碧，故老相傳為范蠡泛舟與西施採蓮之所也。抵梅園，園為榮德生丈所經營，園繞山峯，故簷下流烟，共霄氣而舒卷，園中桃李，雜椿柏而葱蒨。抵黿頭渚，楊翰西丈嘗葺宇其上，吾等遂遊憩其間，是為湖濱景緻最勝之區，風烟俱淨，水天共色，幽岫含雲，深谿蓄翠，當年予偕吾國棋聖吳清源至此，彼曾慨乎其言曰：「縱目四矚，吾覺胸襟豁然開朗，無形之中，棋力可伸半子，仁智之樂，豈徒語哉。」一時日本名家木谷實在旁聞言，矍然驚曰：「誠如君言，棋力倏增，吾不知所稅駕矣，然此地奇山異水，天下敻絕，日本山水，瞠乎遠矣！」

雲台携琴以俱，亦最流戀此處，時一撫琴對水，獨詠山阿，謂觀瀾曰：「運丁百六，無事為貴，保其七尺，終其百年，斯已適矣，奚必以世事經懷哉！」

性僻而堅．老景堪憐

回憶民國十年，徐世昌獲任總統，段祺瑞已告失敗，克定與徐總統情款素洽，一度有出任河南督軍之消息，此舉係趙倜所建議，曹錕亦贊成，克定則無可無不可，吾等知徐總統大權旁落，並知克定壯情已歇，故竭力勸阻之，斯議遂寢。洎民十七，國民革命軍底定平津，克定一家未受打擊，因清末汪精衛謀刺攝政王，繫獄之後，肅王善耆與克定二人迴護甚力，故克定與汪精衛頗有淵源。據克定語予，伊當年所營救之革命黨人，尚不止汪精衛一人，此事鄭毓秀女士知之甚悉，厥後予在巴黎邂逅鄭女士，伊猶殷殷垂詢克定之近況也。

就予所知，當晚清末葉，中國有被風分之憂，故袁氏父子皆有維新觀念，贊成君主立憲，請設各省諮議局之奏指，即為直督袁世凱與鄂督張之洞二人所繕，關於戊戌政變，袁世凱始亦贊成新政，附翁同龢，繼因德宗信臣措置不善，袁氏遂被捲入渦游之中。此事論者已多，觀瀾不欲再述。

克定現年逾八旬，存亡未知，十餘年前猶居北平頤和園，塊然獨處，早有離群之志，惟老僕數人，始終追隨左右，且有親戚數人，倚彼為生。據數年前大陸來人談及，共黨尚無虐待克定之情事，間或贈以小米之類，然彼經濟久已拮据，年老如此，尚須排班購物，處今之世，求無凍餒而死，已屬徼天之倖，嗟乎！老槃在澗，亦傷心事也。

克定所娶吳大澂長女，早已逝世，夫人有賢德，生女二人，長適雷震春之子，震春係陸軍上將，嘗任軍警督察處長。次女最慧，精通翰墨，適吳江費仲深之子象仲，仲深知名當世，嘗任總統府內史，其夫人為吳大澂幼女。象仲畢業於英國劍橋大學，後掌教於上海交通大學，對日抗戰之時，違難入川，因其思想不滿於國府特務工作，遂為特工所扼殺，沉尸江中，深堪悼惜。

克定無後，故納寵，第一如夫人馬氏，生子家融，幼年留學美國，姿質平庸，回國後，娶兩湖巡閱使王占元之女，一度繼任開灤礦務局督辦。克定所納第二如夫人張氏，早已下堂而去。克定家世，犅具於是矣，迹其為才，知足知止，性僻而堅，好學不倦，世故則淺也。

我所知道的孫傳芳與徐樹錚

竊按孫傳芳在北洋直系中，本屬後起之秀，其首露圭角，在於一紙通電。民十二，孫氏以師長任長江上游總司令，適值第一次直奉戰後，因孫氏一電而舊國會得以恢復，黎元洪再任總統。不久而孫督閩之令遂下，孫固曹吳之嫡系也。值江浙戰起，孫乃擊潰盧永祥，晉位閩浙巡閱使，吳佩孚視之，儼同部屬，孫不甘心。俄而吳失敗，孫竊喜，不予援助，識者早知孫吳之問不復有合作可能矣。厥後革命軍攻逼武漢，吳被困於汀泗橋，孫乃袖手旁觀，且與革命軍暗中妥協焉。

孫傳芳恭迎徐樹錚

第二次直奉戰後，楊宇霆督江蘇，孫氏出其不意，攻其無備，遂攫得蘇皖兩省地盤，晉任蘇浙皖閩贛五省聯軍總司令。旋以浙省兵權委諸本省人夏超與陳儀，殊不知夏陳二人皆狙詐，陰與革命軍通款，孫之失敗即胚胎於此。當是時，奉軍奔沮，止於山東，馮玉祥認為機不可失，約孫傳芳夾擊張宗昌，孫不應，馮為大失所望。

孫既坐鎮金陵，始感兵力不足以布防五省，財力亦不足以支持。外則國民革命軍勢力已壯，內嘗開罪於段祺瑞、張作霖、吳佩孚、馮玉祥諸人。愈覺位益崇高，勢益羇單，是故徐樹錚在國外，孫即馳電聯絡，實欲藉徐氏之力以與各方徐圖轉圜也。而徐氏之意，亦正欲聯合各方，以便一致對付害群之「二馬」（指馮玉祥）。故二人修好，一拍即合。

延至民十四年十二月中旬，徐樹錚海外考察竣事，由日返抵滬，孫傳芳行色匆匆，特自南京趕至上海，耑誠以迎徐專使也。上海各團體乃在商會開會，隆重歡迎徐專使與孫聯帥，首席推徐，孫居其次，徐亦當仁不讓，吾輩則與陳陶遺、丁文江、盧香亭、孟昭月、陳儀等同列貴賓之席。足徵徐氏物望之隆，亦見孫氏謙抑為懷也。

時則皖系之中堅，仍屬徐樹錚，海外考察歸國，徐將入京組閣，為眾所周知之事實，孫任五省聯軍總司令，北泄徐州，南徂廈門，東南半壁，悉入掌握，聲威赫奕，雄視全國。是以兩雄相遇，可比豐彤對蔚，使好我者勸，惡我者懼，日後徐氏在廊房被狙，禍梯即伏於此。

翌日，孫與江蘇省長陳陶遺聯名設宴，為徐專使洗塵，陳氏道德文章，著名海內，夙為吾輩所傾折，席間淞滬督辦丁文江指孫謂徐專使曰：「孫聯帥頗具才略，亦知愛惜名譽，丹誠篤志，期為地方宣力，惟彼有一基本缺陷，乃感近代知識太缺乏也。」孫曰：「我見又公（徐別字又錚，故孫尊稱徐為又公）周遊列國，不禁心嚮往之。」徐氏是日在座間，似心事重重，發言甚少，予謂孫曰：「聯帥應囑秘書，將西報西籍所載重要事項，譯就呈閱，對於日俄兩國動態，尤宜注意。」孫氏頷首稱善。

懷抱不同困境則一

是日宴罷，孫偏芳與徐樹錚密斟甚久，並無第三人在座，惟知二人意見融洽，孫對徐氏執禮甚恭，而徐亦喜孫之俊朗也。二人懷抱不同，困境則一，然知彼此和衷共濟，或得因禍以得福，踐危而亦安。當斯時也，孫傳芳盛名之下，一戰而覇，東南既定，兵甲已足，然而北伐軍隊枕戈待發，東南半壁首當其衝，是以六軍暴邊，四方騷動，刁斗夜鳴，烽火晝曜，孫氏自維，文韜武略，遠遜於徐，是用低首折腰，言聽計從，謂為肝胆相照，醉醒互扶，非虛語也！

徐氏即欲挽救段祺端之頹勢，必先團結奉直皖三系，以討馮玉祥叛國之罪，故有利用孫傳芳之心。譬如諸葛武侯之詣東吳，共圖破曹，為漢謀也。又似拳棒專家，留下最後一手。今孫之軍旅，即徐最後一手，若善用之，勝數可預卜也。

竊按孫傳芳面貌清秀，態度溫文，其神觀邁爽，類似段合肥。惟孫兩目喎邪，主以凶終，至其腦筋陳舊，缺乏近代知識，亦似段合肥。然段孫二人，猶為舊禮教所束縛，風格峻整，勝於草野而倨侮之武夫遠矣。孫在蘇浙，大得人心，歌頌之聲，至今勿替，此因歷屆督軍，橫徵暴歛，下不堪命，惟孫能修德政，復履清廉，事遵法度，動咨耆賢，觀瀾德之，印象甚深。

至民十六，愚任安國軍外交參贊，擔任孫傳芳與楊宇霆之間聯絡事宜，為孫說情，為孫索餉，詳載他篇，孫曾謂觀瀾曰：「吾在龍潭，厄於海軍，功虧一簣，是天亡我也。嗣在徐州，幾擒敵酋，所差不過十分鐘。噫！江浙父老愛我實深，我有何面目見江東父老！」言竟淚數行下，此係至誠之言，惟治軍旅者，如張作霖、張宗昌、宋子文等，喜言天命，實則人謀不臧，於天何尤！

誇大取巧用人不當

孫氏英才卓躒，野心甚大，然其氣度不及徐樹錚，孫於汀泗橋之役，坐觀成敗，實昧唇亡齒寒之義，亦存幸災樂禍之心。孫氏以為革命軍起，正可假手倒吳，則直系領袖，捨己莫屬；殊不知孫吳兵力，均感不足，合則兩利，離則偕亡，是孫致吳於敗，不啻自招滅亡也。識者謂為器小易盈，豈不信然！孫性好誇大，善取巧，民十六年六月張作霖在北京順承王府就大元帥職，時適改組安國軍，張問孫傳芳，尚存多少軍隊，孫云十三萬（實僅二萬五千人耳）。頃之，孫將軍隊開入膠東富庶之區，不願再擋頭陣，幾與張宗昌火拼，而幸孫與宗昌、學良之輩私交甚篤，因其個性能合眾也。

然孫最大弱點，厥維用人不當，故其部下如夏超、陳儀、盧香亭等，相率倒戈，早已與敵通款，孫乃坐待淪沒，噬臍何及，憶當日徐樹錚在滬，嘗謂吾儕曰：「吾觀孫馨遠，外表謙和，內實趾高氣揚。孫之將領，其情偽，其氣浮，投機份子，不足恃也。」是故孫之失敗，由於知人不明，而徐之死，孫馨遠所受影響最大，彰彰可見矣？

綜而言之，孫傳芳舉止輕佻，故非載福之相，惟為人能屈能伸，故見張作霖時，居然當場叩頭，然其器幹英峙，志趣魁奇，固一世之雄也，厥後死於婦人之手，容有政治背景歟！識者悼之！

徐樹錚、靳雲鵬門爭目擊記

民國初年段祺瑞手下有哼哈二將，即：靳雲鵬與徐樹錚是也。二人皆段之門生。清季即皆在段幕當要職。靳雲鵬山東濟寧人，乃小站陸軍兵官學校砲兵科畢業，當時校長即段氏。宣統年間靳隨雲貴總督李經羲赴滇，任雲南講武堂堂長，辛亥年改任段氏之第二軍總參議，從此一帆風順，由第五師長而山東督軍、而陸軍總長，遂登閣揆之席。

徐樹錚江蘇銅山人，有奇才，段任江北提督駐節清江浦時，徐上萬言書，段大悅，聘為家庭教師，以授駿良（段之子）。徐懷大志，赴日學習軍事，歸後即任段之第二軍總參謀，權傾一時。鼎革後佐段氏為陸軍次長與國務院秘書長。因其鋒芒過露，久不得遷，最後獲任西北籌邊使，稍伸其志。故論官階則靳高於徐，若論威權則徐大於靳也。

按民初歷屆總統之中，袁世凱、徐世昌皆厭惡徐樹錚，當年袁項城欲免徐職，段竟當面與袁頂撞，生平只此一次。嗣後徐世昌免徐之職，立即引起直皖戰爭。黎元洪尤恨徐入骨，徐會硬拉黎元洪之手，使其蓋總統印罷免內長孫洪伊。馮國璋則畏徐如虎。民八，待靳組閣得段保障之後，馮始敢進京。惟段合肥對徐，始終寵信磐桓，「不可一日無又錚」（徐字又錚）。觀瀾常說，吳佩孚目無曹錕，夏壽田事事迎合袁世凱，楊宇霆只知服從張作霖，惟有段祺瑞與徐樹錚之關係，基於段知徐之忠藎，故能彼此內心合作。徐之敢言敢作，如下所述，頗多駭人聽聞者。靳（雲鵬）王（揖唐）之輩何能辦此！

段公館裡兩位師爺

靳雲鵬魁梧奇偉，方面大耳，眇一目，人稱「靳瞎子」。此人高視濶步，滿身驕氣，仍有清季官僚結習。老段薦渠為國務總理時，曹錕與張作霖正在聯合倒段，蓋曹張二人都想做副總統，皆不能通過於安福系國會，因此遺恨於段。靳雲鵬當時既懾於直奉兩系之實力，又與老段政見不合，故為環境所逼，漸與安福系為敵。

徐樹錚身材不高而微胖，膚色白晳，體格壯健，兩目瞇，雙手如棉。徐又恂恂儒雅，無官僚架子，豐神明秀，喜與文人為伍。平日發音甚輕，口才極佳，他視僚屬如子弟。觀瀾忝掌記室，他還教我詩詞崑曲，一切推誠相見。但是他辦事積極，時或鋒芒逼人，此因處在末流虛車的濁世，欲求生存，不能不講縱橫捭闔的一套。他在周遊列國之後，曾經自我檢討一番，他的鋒芒實已蕩然無存，然在直皖戰爭之前夕，他是段系中之激烈派，靳雲鵬則為溫和派的首領。由於當時時局動盪不定，激烈派一旦失利，溫和派即告抬頭，故靳徐二人鬥爭甚烈，永無停息。

民八，北京府學胡同段邸，實為太上政府所在地，此時靳任國務總理，不能見諒於段。徐任西北邊防軍總司令，乃徐一生最得意時。此一段時期，靳徐二人天天到府學胡同，靳見段在下奕，即悻悻然退出。徐見段在下奕，每在一旁觀棋，伺機進言於段。段固視靳如學生，並不客氣。視徐則如家人，「又錚！又錚」不絕於口。段夫人亦不避靳徐二人，呼為「靳師爺」、「徐師爺」，十分親熱。

參戰督辦太上政府

瀾按馮國璋與段祺瑞失和，由於廣州護法政府之成立，當時北政府方面，段欲訴諸武力，馮則主張議和，此即北洋軍閥分裂為直皖兩系之契機。觀瀾以為段之征湘，無可非議，良以湖南為北方之門戶，當時北京政府決不能容其落於南軍之手。段之錯誤在於取銷張勳復辟之後不能迎黎元洪復大總統職，而其更大錯誤則在廢止舊約法而召集新國會，禍國殃民，莫甚於此。蓋段氏征湘之舉，實無異吞一炸彈，吳佩孚以區區師長反抗中央，竟在前線與敵媾和，使段不得不辭首揆之職。無何，徐樹錚情急智生，他並不請示於段，即潛往關外，與關外王張作霖促膝而談，願以步槍二萬五千枝為壽，關外王大喜，徐遂親率奉軍入關，且任奉軍副總司令。段大吃一驚，召徐至京，痛罵一頓，然在皖系此舉實一還魂金丹，段之威望，由是而告恢復矣。至民七年三月廿三日段再組閣，以靳雲鵬為陸軍總長，由於徐之反對，不能到部辦公。段以張志潭為國務院秘書長，張有「北方才子」之稱，係靳唯一助手。由於徐樹錚能操縱安福國會，張志潭遂不得通過，結果徐薦其屬員方樞為秘書長。

民國七年秋，徐樹錚所一手包辦之安福國會推出徐世昌為大總統，段欲推舉曹錕為副總統，但奉張表示反對。徐世昌亦授意舊交通系梁士詒周自齊等，欲留此席以畀南方領袖岑春煊，段遂不能履行前約，是為直皖戰爭之伏線。東海既任元首，馮（國璋）段（祺瑞）乃約定同時下臺，惟段仍任參戰督辦，對內可調動軍隊，對外可直接借款，關於參戰事項，不必經過府院，故有「太上政府」之稱。段在暗中進行個人建軍運動，利用日本軍械借款以訓練參戰軍，前後成立三師，以曲同豐、魏宗瀚、陳文運為師長。翌年改稱邊防軍，又以徐樹錚為西北邊防軍總司令，成立四混成旅，號稱精兵，段欲借此為武力統一之資本。

督軍索餉無法無天

惟徐世昌上臺後，即公然主和，同時督軍團亦改變作風，專以索餉為事，以致無人敢做國務總理。當時武人索餉之手段，形形色色，曹錕僅索五十萬元，其弟曹銳以茶碗怒擲靳雲鵬。張作霖則巧立名目，威嚇財部，在京扣押庫藏司長李光啟。靳雲鵬因索餉三百萬元毆擊財長龔心湛，龔為皖系之糧台。吳光新以一張牌輸去二十四萬元。皖督倪嗣冲與吳光新推牌九，倪氏竟以「天九」吃吳之「天槓」，此款即在吳之軍餉項下扣除之。張作霖最喜打牌，因靳雲鵬每賭必輸，輸後可在交際費項下出帳者也。

龔心湛以財政總長代理國務總理，因無法應付索餉之風潮，堅欲辭職。於是徐樹錚天天坐在國務院中，不讓龔辭。延至民八年九月一日龔氏上辭呈，當日曹錕與張作霖即分頭保舉靳雲鵬繼任，此乃皖系最不景氣之時節，奉直兩系正在聯合倒段。徐世昌與馮國璋亦在合力反段，吳佩孚則在前線請撤兵。由於當時學潮餘波未已，全國不滿於段，段因鋭意訓練邊防軍，故作讓步如次：一、邀請馮國璋進京，段並不反對舉馮為副總統。二、令曹錕約束吳佩孚。三、以靳雲鵬為總理。

按靳雲鵬與張作霖為兒女親家，此乃綦關重要之因素。曹錕又為靳之弟子，靳與吳佩孚王占元同鄉，靳之得力助手張志潭係直隸豐潤人，親直系而恨徐樹錚，靳之目的為團結直皖兩系，進而促成南北雙方之和議。由於直奉主和，故靳有一套全國名流圓桌議和之計劃，蓋靳只重武力，故一面結納張作霖，一面敷衍曹錕，而對段則貌合神離，以為段氏欲保人望，非去小徐（指樹錚）不可。靳尤看重吳佩孚，吳最反對西原借款與以王揖唐為北方議和總代表。當時靳為吳佩孚之應聲蟲，故對引起直皖戰爭，靳雲鵬要負相當責任。

章太炎大罵靳雲鵬

徐樹錚雄心虎虎，早有改革北洋軍隊之計劃，用是大刀濶斧，借外債、練新兵。按其計劃乃以武力統一全國為經，而以取締派別鬥爭為緯，一經一緯，實以力捧段祺瑞為最大前提。就予所知，徐最藐視曹錕與靳雲鵬，而夙器重楊宇霆與吳佩孚。伊嘗念念不忘於欲楊宇霆脫離奉軍而為己所用。伊嘗力爭於段，應以湘督一席畀吳佩孚，不應任命「巧言令色」之張敬堯。民七徐至衡陽見吳佩孚，認他是「真正打手」。歸語於段，段則以「太老師」資格，視吳蔑如也。惟吳後來以下犯上，以敵為友，徐亦認為此風斷不可長。徐且認為靳雲鵬以首揆地位，公然響應吳佩孚，此乃叛師賣友之行為。靳雲鵬實為段氏所一手提拔者，渠任國務總理時，仍兼參戰督辦公署訓練處處長之職，因與該署參謀長徐樹錚不協，請辭處長，段不准。一日。西北籌邊使以咨文一件送往參戰公署，落於張志潭手，張是靳雲鵬的內線，原封不動呈上段督辦，段見來牒是平行的咨文，跳起腳來大罵徐樹錚。徐速趕來，段乃拒諸門外，徐誠惶恐，特召倪嗣冲從蚌部進京，為彼解圍。此乃靳徐鬥爭之高潮。厥後靳薦張志潭為國務院秘書長，安福國會向來支持徐樹錚，張遂不得通過。靳憤甚，揚言解散國會。靳實無此權力，不過負氣而已。徐聞之，即自庫倫趕回作護法宣言，意在掀風作浪，不利於靳，桴鼓相應者有當世樸學大師章太炎，章氏以通電罵靳「搗亂國會，擅簽中日軍事協定，以日本軍官訓練參戰軍……誤國之罪，浮於諸子。」實則章所攻擊者，豈靳一人之罪哉。

徐樹錚威震外蒙古

靳閣原定周自齊為財長，因周不能通過國會，只得改用李思浩。靳恐張作霖反對，特以閣員名單示張，求其諒解。徐樹錚聞之乘機進言於段曰：「翼青（雲鵬字）太不尊重法律，他把閣員名單先求軍人同意，這是違法而又不近人情，教後來做總理的怎麼處？」此話搔著處，段聽了大罵靳雲鵬，段說：「此例萬不可開，我不許他這樣胡鬧。」從此段端著老師的架子，靳只能悻悻然忍受之，這是觀瀾親眼目睹的官場現形記。

瀾按：章師太炎對於西北地理歷史，瞭如指掌，故在民初，袁項城會特任章太炎為西北籌邊使，章師欣然就道，抵庫倫，大受都護使陳毅之奚落，怏怏而歸。現今徐樹錚又以西北籌邊使名義遠戍外蒙，當時靳雲鵬以為徐氏能遠離北京，總是好事。又想徐赴外蒙實與充軍無異，其愚不可及也。矧於此時外蒙已宣布自治，且與北京政府脫離關係，徐之失意，無待蓍蔡矣。詎料外蒙之行，適予徐氏以翻身機會，蓋徐不動聲色，突以軍用汽車數百輛，載軍由張家口逕駛庫倫，浩浩蕩蕩，蔚為奇觀。維時外蒙王公從未見過自動之汽車，今見疾駛如飛，大軍猝至，莫不面面相覷，氣已餒矣。但徐從容下車，寬帶輕裘，未服軍裝，隨從官員只有褚其祥、王蔭泰、宋子揚等寥寥數人，徐則滿面春風，與蒙古王公摛誠相見，宛若素識，毫無架子。於是緊張空氣，一掃而空，外蒙之人齊聲歡呼，願受安撫，唯命是從。此非徐之故意做作，蓋徐個性如此，徐之丰度如此，實在邊疆方面立下大功。是故中山先生稱許徐樹錚與許世英為段幕中之巨才。瀾按民國八年十一月十七日外蒙古取消自治，吾國政府若能繼續施行懷柔，何致以外蒙斷送於蘇聯乎！

紅得發紫的籌邊使

先是，徐以西北籌邊使兼任西北邊防軍總司令，徐所要求，簡述如次：一、發行邊防公債。二、蒙、新、甘、陝邊境，一概歸徐節制。三、創設籌邊銀行。四、開辦墾牧公司。又仿四省經略使曹錕先例，授徐銀質獅紐大印，重二斤有餘。又仿東三省巡閱使張作霖先例，由徐組織龐大行署，張作霖見徐排場大極，羨慕之至，遂請段發表渠為東北邊防軍總司令，與徐之西北邊防軍總司令遙相輝映。瀾按：外蒙取消自治後，北京政府下令，命徐督辦外蒙事宜，畀以全權。徐善領兵，軍紀甚佳，西北軍共有四個混成旅，徐在外蒙駐軍二混成旅，旅長褚其祥與高在田。尚有兩個混成旅，仍駐廊房洛陽，用以監視曹錕與吳佩孚。

民國八年徐樹錚威鎮庫倫，仲冬之月回京一行，頓成天之驕子。一日，愚在府學胡同伴段下奕，得見徐穿淺藍色上將制服，帽綴白纓，自庫倫回京謁段。徐仍儒者氣息，並無威猛之姿，此番段對他十分客氣，停奕與他長談，此乃從來未有之事。按徐與庫倫都護使陳毅不能合作，靳雲鵬致函於徐，內稱「邊境之事，既由陳使主辦，請籌邊處在旁協助，勿引糾紛」等語。徐乃對段大發牢騷，徐說：「翼青來函用『執事』二字，太瞧不起人。」段加以慰藉，一星期後，即循徐議將庫倫都護使裁撤，同時段用壓力使靳對徐前倨而後恭。徐將回庫倫，段親率軍官百餘人在保和殿舉行「歡送徐籌邊使大會」。此時徐樹錚紅極，徐世昌總統在懷仁堂召見，賜以金錶與大禮服，命他帶七獅金印，轉授活佛。徐樹錚求將赴庫官兵照關內餉加四成發給，徐世昌當面批准。

吳佩孚是最大本錢

此為徐樹錚一生最得意時，靳雲鵬則垂頭喪氣，表示消極。此因段以參戰督辦名義批閱各省軍事要電，使閣揆形同虛設。民九年元旦，下令贊揚段祺瑞參戰之功，亦非靳所願意。當時湘人驅走張敬堯，汴省武人亦有反對趙倜之表示。段命靳內閣發表吳光新督汴，徐世昌卻拒絕蓋印。徐蓋同情直系，逐漸不受段之調度，使靳更難應付。尤其「軍師」張志潭反皖，環境使靳與直系結合，靳最重視吳佩孚，吳亦反對以吳光新為河南督軍，誠恐其歸路被阻塞，故吳提前撤防，隱為直皖大戰之導火線。段對靳雲鵬不發表吳光新督豫命令，大表不滿，靳遂辭職。徐樹錚主張以遺老周樹模代靳，惟曹錕與張作霖暗中支持靳閣，靳又銷假視事。

瀾按：西北邊防軍之成立，是曹錕、張作霖對段氏離心之契機，亦即後來直皖戰爭之根由，直系想趁邊防軍三師與西北軍四混成旅訓練未精而摧毀之。張作霖最貪，奉系乃看中皖系從德日兩國採購之槍炮，垂涎已久。至民九年春，曹張聯合倒段之勢已成，只待打硬仗的吳佩孚回來。先是張其鍠奉譚延闓之命說吳佩孚於零陵，吳暗中已與湘軍約定，等候湘軍接收其防地。段乃致電責吳曰：「該師長軍人也，服從為軍人天職，然，爾將何以馭下。」五月吳佩孚從衡陽撤兵，回至保定，即在京漢線上部署戰事。據予所知，吳師數月未發餉，吳佩孚初因開拔費無著落，有難色，廣州軍政府爰於一月三十日議決先撥三十萬元，接濟吳之軍餉，尚有三十萬元，俟吳開拔離湘時發給。直系此類作風，令人深瞶太息！曹錕說：「子玉是我最大本錢。」但同僚卻皆呼「吳傻子」，輕之厭之。吳本風流，今變道貌，絕嗜好，避賭博，軍紀佳，治軍嚴，吳既回來，曹乃組織八省聯盟，使靳閣不安於位。徐世昌遂以海長薩鎮冰代理國務總理，但靳底缺未動。

直皖大戰終於爆發

張作霖以調人自居，暗在「京奉」「津浦」據點增兵布防。張問曹錕曰：「三哥！邊防軍兵力比你大，械精餉足，你有把握嗎？」曹最天真，張最狡猾，曹答：「子玉說有把握，就是有把握，好在咱們倆打他一個。」實則此時奉軍尚不堪一戰，皖系實在敗於吳子玉一股傻氣。是年六月十九日張作霖應徐世昌之召至京，他的胆量我們不能不佩服，他到府學胡同謁段，段提「徐樹錚、吳子玉同時免職」之建議。惟張作霖所言，全部偏袒曹吳，段不能忍，最後暗示「你得早出京，莫干預我事。」先是，徐樹錚竭力主張，乘張來見，加以處置，段堅持不可，徐說：「此時已非打不可，宋襄公之仁，適足僨事耳。」段仍不許。故段送張作霖，直至大門口，張亦引以為異。段雖內心忿極，一路走在張前，以體翼衛張作霖。此時我在北京，知道得很清楚，我以為徐計可行也。

徐世昌見直奉兩系已正式結合，遂循曹張之要求，下令免徐樹錚職，改任遠威將軍。段大怒，由團河入京，在將軍府召集緊急會議，逼徐世昌下令免吳佩孚職，曹錕革職留任。於是曹、張、吳三人聯名宣布段之罪狀，並請日本嚴守中立，段乃組織定國軍，自任總司令，徐樹錚為總參謀長。七月九日奉軍開始派兵入關，十四日直皖戰爭爆發，皖系兵力本甚雄厚，計有邊防軍三師，西北軍三混成旅，又第九第十三兩師。段以宿將段芝貴為前敵總司令，守中路，此乃重大失策。以徐樹錚指揮東路，在楊村一帶抗奉軍。以曲同豐指揮西路，在長辛店一帶拒吳佩孚。此皆戰略錯誤，輕重倒置。誠以張景惠之奉軍最弱，若以皖系最強之徐樹錚力戰直系最強之吳佩孚，雙方皆發砲，則勝負之數未可預卜。結果徐無用武之地，西北軍之重砲盡落奉軍之手。

奉直聯軍進駐南苑

雙方接觸之後，徐樹錚在東路節節勝利，據廊房、佔楊村。西路則吳佩孚抱速戰速決之心，將山砲密布第一線，曲同豐在涿州高牌店之間被圍，吳大醉，衝進司令部，生擒其師曲同豐。於是皖系主帥段芝貴未赴前方即逃走，奉直聯軍進駐南苑，最後徐亦不支，皖系全亡。後之馮玉祥所率官兵即為西北邊防軍之化身，所以乙丑年我在廊房被囚，馮部非但未下毒手，反而處處加以迴護。

戰事結束，靳雲鵬躊躇滿志，復任國務總理。徐樹錚逃入日本使館，旋赴上海進行「孫段張」三角同盟以倒曹、吳，恩恩怨怨，可稱徐樹錚畢生之傑作。至民十四年底，徐氏同觀瀾至北京吉兆胡同晉謁段執政，段徐密談三日，徐雙目盡赤。今且回溯直皖之戰結束後，段祺瑞仍居團河，不肯逃走，硬是好漢。曹、張既得勝利，遂舉行天津會議，國務總理靳雲鵬與兩湖巡閱使王占元亦並加入會議，張作霖神氣十足，他在開會前手指吳佩孚而問曹錕曰：「這是何人？」此時直奉雙方正在分贓，已有化友為敵之意，能無令人咋舌乎！

天津演出「群英會」

吳佩孚瞪大眼睛，以戰勝者自居，好像《華容道》一劇之關羽，他主張遷段於湯山而優禮之，段尋赴津。張作霖則發言最多，精神抖擻，以舉足輕重自況，活似《轅門射戟》之呂布。於是苦了曹錕，忙對雙方作揖打躬，正如《黃鶴樓》之劉備。張作霖氣極了，他說：「沒有我，叫吳子玉跟徐樹錚比比看！」他對記者說：「吳是區區師長，全國有百十個，我只能與曹商談大事。」張作霖又對日本記者說：「吳佩孚主張召集國民大會，我不能讓他胡鬧。」最後奉張攢眉不快，對曹錕說：「三哥！子玉今天一個建議，明天一個主張，你要約束他少開口，少出鋒頭為妙。」曹錕唯唯，私下關照吳佩孚鎮靜些。當日報端載稱天津會議為群英會，毫無疑問地這是一齣好戲。但奉張是主角，曹錕配角，王占元掃邊老生，吳佩孚耳子武生，靳雲鵬是蔣幹，因彼親奉，被直隸省長曹銳辱罵一場。他本屬皖系，結果則院系大受其累。又按張作霖之女嫁與曹銳之子，這是一齣《探親相罵》。不久靳母做壽，靳點第一鬚生余叔岩演《打鼓罵曹》，直系份子大表不滿。厥後王占元因武昌兵變而被逐，吳佩孚繼任兩湖巡閱使，就此打破直奉兩系之均勢。至吳佩孚反對奉張所支持之梁士詒內閣，則直奉之戰箭在弦上矣。

徐樹錚廊房遇難記

徐樹錚廊房遇難之真相，作者虎口餘生，生平難忘，此實北方政府重大之災禍，可稱北洋軍閥存亡廢續之轉捩點。然而談掌故者，與去研究近代歷史者，以訛傳訛，迄今莫明其底蘊，此本篇所由作也。

按廊房事變發生於民國十五年季冬，正值北政府危急之秋。先是國民政府在粵成立，胡漢民為主席，今總統蔣公出任總司令，誓師北伐，進展神速，吳佩孚二次失敗，放棄武漢，被迫入川。段祺瑞出任執政，形同傀儡。馮玉祥已放棄平津，以西北軍務委張之江代理，總部設在廊房，實扼平津之咽喉。馮駐包頭，重兵在握，虎視眈眈，暗與蘇俄勾結，復與國民軍通聲氣。段祺瑞如坐針氈，無如何也！

徐樹錚適於歲尾兼程返國，所訂計劃為安撫東北張作霖，聯絡東南孫傳芳，遠交近攻，以討馮玉祥叛國之罪。外交方面，圖與英，美，日，法各國妥協，惟與蘇俄不妥協。軍事方面，則向歐洲訂購軍械，重新組識邊防軍，團結奉直皖三系，以與馮閻攤牌。政治方面，則徐氏主張明令討赤，張作霖與楊宇霆暗中贊成，大抵討赤之名稱，實由徐氏啟其端，職是之故，馮玉祥不得不置徐於死地，徐存則北洋軍閥皆有虎率以聽之意，徐亡則華北軍人類皆兜鍪餘氣，天奪之魄矣。當時稍知嗣後馮果坐大，席捲華北，養癰貽患，再叛國府，以上皆內幕新聞，鮮有知者。按徐師事段徐氏之策劃者，只有孫傳芳與張謇二人。段執政高拱在上，且不能深知，遑論其他。按徐師事段公，執禮甚恭，然而徐為段之靈魂，段公之側，良莠不齊，徐之一貫作風，為將既成事實擺在段之眼前，段亦無如之何，信任之專，可比劉先主之於諸葛武侯也！

曩昔北政府時代，以風雲人物而才氣縱橫文武兼資者，首推徐樹錚。求其次，則吳子玉無謀，楊鄰葛少文，自鄶以下，更無譏矣。

徐字又錚，江蘇銅山人。一度遊學東瀛，習陸軍，至京師，挾策以干段合肥，侃侃而談，深投契焉。人稱合肥有三定共和之功，徐皆參預機密，功不可沒。出任陸軍次長時，袁項城病其跋扈，褫其職，召入公府，一面申斥，一面訓勉，蓋有憐才之意也。日後徐常談及此事，栩栩然有得色。

徐氏旋任奉軍副司令，佐張作霖，擢楊宇霆，奉軍之有組識，不得不歸功於徐楊二氏，楊之一舉一動，亦惟摹仿徐氏。當是時，陝督陸建章與段不睦，自卸任後，與倪嗣沖爭安徽督辦，復在暗中挑撥段馮（國璋）之感情，徐乃奉命於天津奉軍司令部後花園鎗斃之，實非徐氏獨斷獨行也。徐氏旋任西北籌邊使，此為一生得意之秋，當其輕裘緩帶，策馬至庫倫，蒙古王公喜其誠悃，役不告勞，推赤心而示信，指天日以申盟，姑務保民而崇德，豈思右武而佳兵。所設邊防軍，師團長以上多用文人，徐氏以謂衝鋒陷陣，固武將本色，然而戰略之運用，文人之事也，且論節操，文人遠勝，厥後宋子文受任粵省綏靖主任，意尌慊，不敢就，吾乃三復斯言，宋氏之意遂決。

段合肥任國務總理時，徐任秘書長，府院之間，積不相能。時值歐陸大戰，段主參戰，所見甚湜。黎元洪反對參戰，不允簽發命令，徐竟搤黎之手，強其蓋印，老段因此辭職，退任參戰督辦。靳師爺（雲鵬）繼任國務總理，此蓋安福系全盛時期。民國八年，愚以連襟關係，居於府學胡同段邸，輒見靳徐兩師爺日必數至，當時全國政權，集於段之一身，然段好奕，常因手談而誤事。民國九年，徐氏啣命赴穗，遊說粵督莫榮新，孫大元帥因此避至上海，派胡漢民赴閩漳州，亟召粵軍司令陳炯明班師逐莫，日後國府要員，提起小徐，猶有餘悸。

民國十年九月中旬，直皖戰爭起。會張作霖因段祺瑞所轄之邊防軍與西北軍與日俱大，咄咄逼人，與己利害衝突，於是直奉兩系聯合以圖皖。維時吳佩孚無藉藉名，皖系蔑視之，故以主帥段芝貴居中策應，兼指揮西路，曲同豐副之。徐樹錚指揮東路，而邊防軍精銳之師，集於東路，與奉軍對峙，故戰端甫啟，徐樹錚即告大捷，直薄楊村。無何，段芝貴挾妓督師，中路不戰而潰，退至京郊，東路倉皇後撤，直系遂獲全勝，皖方幾被一網打盡，徐居禍首第一名，遁入東交民巷日本公使署。居有頃，徐氏藏身鐵桶內，以輒車混出京城，一路喬裝，至上海，卜居南洋路。段祺瑞則穩居北京私邸，直系不加迫迮也。由此觀之，旁觀者清，有功則段居之，有禍則徐當之。

閩督李厚基闒茸無能，以皖系親直，圖自葆也。適逢第廿四混成旅旅長王永泉為徐樹錚舊屬，駐兵延平，徐之舊屬，無有不忠於徐者也，徐孑身至閩，逼走李厚基，設制置使府，儼與中央分庭抗禮，卒以勢孤力單，未償所願，譬諸全武行之京劇，趙子龍渾身是膽，演變至此，鬧猛極矣。不由觀眾不喝采。當年閩省事變，等於晴天霹靂。國際視聽，為之一聳。駐滬×國總領事見徐神通廣大，易滋事端，爰派副領事諷徐離開×租界。徐氏大受刺戟。認為中國人竟無居住本國之自由。似此奇恥大辱，必有湔祓之日，遂挈眷屬，渡海赴歐，李廣數奇，心乎蔓矣。

頃之，船達中途，鵲報傳來，獲悉段已晉京執政，總揆一席，虛懸以待。徐氏認為朝政如麻，殊難抗颺狼虎之群（指馮玉祥，閻錫山，張作霖三人），報國有心，寧願咄咤敦槃之際，從今以後，將使迅雷烈風之行，變作光風霽月之態，其庶幾乎。一境熙春，萬家安堵，此乃徐氏由衷之言也。既悔昔日之孟浪，遂滋心情之蛻變，當時段徐之間，函電交馳、徐氏志不可奪，爰拜「考察歐美各國政治專使」之命，此為名副其實之特使，一可代表元首與各國訂約，以赤舄之尊，持皇華之節；二則考覈駐外使領，儼佩尚方寶劍，先懲後奏；三則經費多少，由徐自主，中南銀行胡筆江從中負責。因此徐氏得以專使名義報聘英國。

抵巴黎後，徐氏一面遣送眷屬回國。一面羅致屬垣，以便埋首工作。部署既定，徐蓋準備大展經綸於國際壇坫矣。昔有李鴻章，奉命清廷，周遊列國，張英風，馳妙譽，徐之聲望，雖有未逮，然能實事求是。曙戒勿怠，曷嘗不能步李之軌躅。縱覽民國以後所派使節，紛紛軫軫，要以徐氏為無忝。

抵英倫後，徐氏伈伈俔俔，審慎萬分。當時駐英公使顧維鈞內遷外交總長，朱兆莘代理其職。朱為廣東梅縣人，前清舉人，伊在英外交部宴會中，鄭重介紹徐樹錚，其辭曰：「這是吾國有名的將軍，綽號小徐。」在座者唖其笑已，觀瀾聞之，侷促不安，以謂徐必攢眉不快也。

不料徐氏欣然起立曰：「朱使之言誠然，國人皆以小徐呼我，此因吾國五代時有弟兄二人，文名藉甚，兄稱大徐，弟稱小徐，若呼前大總統徐世昌曰大徐，而呼我曰小徐，我必勃然大怒矣。」

寥寥數語，強項之氣畢露，險哉朱兆莘！宴會之後，我問徐氏曰：「呼公小徐，何為得意。」徐逌然曰：「君不知南唐徐鉉亦擅崑曲乎。」吾乃恍然大悟，嫵媚哉徐樹錚！自是厥後，徐對朱兆莘周至款深，承寵非常。朱獲徐之保舉，旋升駐義公使。

又一次，駐漢堡副領事饒君謁徐請訓，其父為北京顯宦，徐詢行期，饒答云，下星期即可到任。徐盛怒曰：「汝區區副領事，到差還說得過去，以後替國家服務，不要虛張聲勢。」綜上觀之，徐氏嶔崎之志，薑桂之性，僚屬實難測其津岸。

英國皇家學院為藝術最高樞軸，開歡迎會時，徐氏例須演講，題曰「中國古今音樂之沿革」，蹀餀八千言，聽講者皆歐陸第一流音樂家，鬚髮皤然，而精通中國樂藝者，大有人在。徐本中國音樂之專家，嫻雅故，通古今，對於崑曲，造詣尤深，所訂樂譜，冠絕群倫。當其時，徐之幕賓鮮擅英文者，觀瀾適任駐英使署秘書，管理留學生事務，乃窮三日之功夫，翻譯徐著原文，代為播述。《泰晤士報》載稱徐本赳赳武夫，而在文學上有此造就，發揚故國甚精之術，令人欽佩之至。徐在英倫頓成天之驕子，喜可知也。

當時徐之幕府，人才濟濟，武有褚其祥、宋子揚、劉卓彬、韓振先（皆邊防軍旅長階級，位置極高，劉君現在香港），時與吳國柄（吳國楨之兄，任徐副官）。文有翁克齋、朱佛定、王聰彝、徐養之、段茂瀾及孫蔡二君。徐氏不諳外交，僚屬獨多武士，惟恐弄斧班門，騰笑異邦，爰頒手條一則，大意如次：

> 夫珍裘以眾腋成溫，廣廈以群材合搆，當出門履錯之初，懍入境問俗之戒，在外交，紀律嫻習則賢，在學術，通知文字則賢，茲在巴黎，事無大小，宜問朱君佛定王君聰彝，俟至英美，遇有疑難，可問薛君學海。書曰：「好問則裕，自用則小，日慎一日，幸共勉之。

此無他，愚嘗留學美國，朱王二君則曾留學法國也。居有間，吾輩束裝渡大西洋，餐時徐坐船主左側，乃貴賓首席。首夕，徐穿淺藍色上將制服，佩勳章，入餐廳，予強曳之，返艙房，勸其改著常禮服，佩黑色橫領帶。徐氏強聒不休，予不顧也。讀者至此，應付胡盧一笑。

一日，適值段老總壽辰，（此係徐氏對段之稱呼，當面則尊稱老師。）予擬電稿，憶有「吾公孤松獨挺，喬柯四蔭，鶴鳴高岡，千里應聲。樹錚目營四海，心悸橫流，褰裳涉江，爰止爰謀」諸語。當是時，吾輩公務之餘，徐氏輒講史記漢書，撮其精微，以充精神食糧，英法人士偵知之，更加服膺徐氏。愚有崑曲根柢，係武進趙子敬所授，間嘗引吭高歌，徐為擫笛，致足樂也。法國記者爭先攝影，徐亦不以為忤。徐蓋辦事認真，而無大架狼犺之習，觀瀾所見偉人穹官多矣，氣度恢宏，無逾徐氏者，非諛語也。

又一日，徐與吾輩偶作竹林之戲，消遣而已，徐以莊家碰出雙東風亮槓，和牌後，照徐推算，雙東風應以三十二糊起算加兩抬。愚期期以為不可。老法麻將，亮槓只能以十大糊起算。徐氏厲聲曰：「來不起，不要打牌。」愚即拂袖而起，牌局告終。

頃之，愚與徐君養之對弈，正在劫殺緊張之際，徐突出手亂棋枰，逌然而笑曰：「報君打牌之惡作劇也。」從此以後，吾與徐氏心心相印，永無杆格矣。入後觀瀾徜徉仕途，笨伯如初，未為張（宗昌）褚（玉璞）所戮者，其間不可以容髮。

在倫敦時，適值英國宮廷招待外賓與臣屬，如此盛大典禮，每年舉行一次，涓擇良辰，式展鴻儀，閶闔甫啟，嘉賓咸集，和氣沖融，遵王度以無愆，頌聲洋溢，展國容而有耀。英皇喬治五世暨后瑪利，端坐壇坫之中央，皇叔康諾德公爵坐在寶座之側，太子愛德華與弟約克公爵，格洛斯德公爵，根德公爵，皆穿羽林軍制服，環侍左右。駙馬賴賽子爵與太子並立，印緬藩王在後排。皇女王妃與印度王妃則有坐位。而儀態萬千者，屬於印度喀希米王妃，吾嘗注目視之，驚其美色。

最先行禮者為外交使節，設座玉陛之旁，示親近也。舉凡外交人員，得與英皇及后握手，示優渥也。其他來賓行禮之時，英皇與后頷首而已。來賓之中，獨多美國富翁之家屬，禮服一襲，所費不貲，至於練習請安，有費時二三月耗資千百鎊者，足見此種典禮引人入勝之一斑。我曾參加四次，排金門，蹈玉陛，初係外交界中級人員，站在丹墀之下，與御座近在咫尺，英國老皇盼睞有威，彼見美國靚女，目不轉睛，實非好色而好奇之心也。后輒矍然相顧，慮其失儀，禮畢，至鄰室，飲香檳，帝后稍一巡視即退席，但太子親王須陪貴賓，不能早退，且已鵠立三小時，甚憊矣。

皇室園遊會則與晚朝性質不同，禮節亦較簡單，外交使節之帳幔，仍設御幙之旁，公侯伯子男，與其他華宗貴族侍立百米以外，與御座隔離甚遠。此邱吉爾所以薄公爵而不為也。一次，美國最高法院院長休士在貴賓中，地位最高，休士身材與面貌，酷似英皇喬治，鬚鬚亦相同，二人均戴灰色高帽，並立御帳之前，有虎賁中郎之姿。說到開心處，休士以掌狂拊英皇之背，公侯見之，大不謂然，咕囁之聲，隱約可聞。在園遊會中，金髮太子愛德華與客寒喧甚勤，亦無懫忮予雄之概。一次我與太子談及小戲院，此為太子恣情盤桓之處，彼曾連看三天夜戲，致遭物議。又一次，我伴朱兆莘夫婦參加園遊會，朱夫人小腳穿裙，戴闊邊紗帽，觀之不雅，我勸朱夫人摒棄此帽，夫人不允，則因泰西婦女晚間應酬，始光其髮，無何，進園之頃，紗帽被風吹落，朱夫人以纖足狂追，引起一陣笑聲，幸予素習短跑，帽子終於到手，卻離皇座不遠矣。由此觀之，在外交場合，一舉一動，皆須小心，稍不措意，即鬧話柄。

徐氏在英考察蔵事，英政府以CMG勳章贈送徐氏，吾等僅獲OBE。徐不懌曰：「昔日唐在禮尚膺KCMG之獎，吾乃中國元首之全權代表，竟不及唐？」實則唐在禮有參戰之勞績，英廷乃破例以爵士授之，歷來吾國官員得爵士榮銜者，只有唐在禮一人。

徐樹錚治事認真，夙夜匪懈，每到一國考察，對於政治經濟工業軍事，一體注意。吾輩分工合作，蔚成巨帙，內有珍貴材料，不計其數，譬如：德國顏料，向守秘密，徐竟得到許多種方程式，準備回國予以實驗。吾等每天必寫筆記，以誌觀感，而習詞章，不許寫白字。一次。愚將「盤踞」踞字，誤書「據」字，頗受申戒。一次，筆記中詳述德國軍警合一之制度，徐氏大加擊賞。又一次，撮錄英美二國飛機種類與進步概況，徐氏逐句密圈，並囑賡續探討，足徵徐氏之全面考察，軍事上之貢獻最大。徐本軍人，無怪其然，國內若無政變，徐將大展鴻猷。

徐氏在英美德法諸大國，輒以重金延聘專家，演講憲政之得失，吾輩詳加紬繹，以備本國甄用。其中捷克憲法，適合中庸之道，且與吾國國情不悖，上述各種報告書與計劃書，類多嘔心之作，均在廊房散佚無遺。徐氏所訂樂譜，亦在其內。據我所知，大部焚毀，我在廊房車站猶見其灰燼，一小部份被馮玉祥部屬以廢紙出售，入皖督陳調元手。陳夙景慕徐氏，容有愛屋及烏之意。厥後我就記憶所及，為商務印書館撰薛著《憲政論》，作學校參考書，借此追思徐氏，中心怛矣！

徐公離英倫後，重返巴黎，由於法國之優禮，巴黎實為考察團之大本營。惟此地攘竊之風甚熾，一夕。愚至紅磨坊跳舞，地狹人稠，情調誂越，慆濫之音，詠唱四起，不旋踵而領帶上別針被竊，囊中八百法郎隨之失蹤，辛苦得來之金牌一面，同時不翼而飛，蓋作者年青之時，胡天胡帝，中年之後，憂國憂家，始束身自愛，目不邪視矣。

自巴黎出發，先訪此荷瑞士諸國，蕞爾小邦，考其政情而已。憶在瑞士，總統無公輅，部長騎單車，樸實無華，可以風矣。當時國際聯盟會設在日內瓦，冠蓋如雲，吾國係戰勝國之一，雖為日人所厄，地位猶自優越，疇知吾國所派代表，皆屬斗筲之才，代表團團長為駐義公使唐在復，與徐交誼甚篤，徐氏詗知唐公使向不交際，公費悉入私囊，乃嚴參一本，唐君隨即解職。於是，吾國駐外使節之風紀，丕然一變。

至捷克，覲見其總統馬薩利克，愷悌君子也，其外長貝奈斯亦有為之士，當時捷克適值開國之初，政治修明，風俗敦厚，吾輩參觀史科達兵工廠，規模宏壯，製品精良，勝過德國克虜伯廠，實為西歐國家唯一軍需庫。不久，英法二國惕於希特勒之淫威，亟謀自保，竟以捷克為禽犢，拱手讓於諸希特勒，卒釀第二次世界大戰之巨禍。嗟乎！薄人紀，悖信義，安之若固然，此誠詵之尤者。第二次大戰，英美聯軍屯兵德奧之間，竟讓蘇俄佔領捷克，歷史有重演可能，言之可為長歎也！今日英美當軸致言詵詵，如以湯止沸，抱薪救火，愈甚無益也！

徐氏至羅馬，覲見義王愛曼努，義王雍容垂拱，和靄可親。但至相府會見墨索里尼，迎賓之禮，有蹇缺矣。墨索里尼之辦公廳特大，四隈皆空，僅置一桌於東北隅。徐氏行至桌畔，墨始出迎，非禮也。徐與寒暄數語，急遽告辭。是故墨氏雖在烜赫之時，觀瀾即以妄人目之。墨之婿齊亞諾，時任副官，英才卓躒，尚有禮貌。時徐欲在義採辦飛機，吾謂義國工業落伍，不可貪其廉價，事遂中止。厥後吾國在義所購軍用飛機，果不合用。

至柏林，覲見總統愛勃德，庸才也。興登堡儼然人望，尚未登臺。韋瑪憲法，徒使共黨抬頭，國勢益蹙，遂予希特勒脫穎而出之機會，疇知希氏鹵莽滅裂，殘民以逞，迎風縱火，芝艾共焚，言之可為長太息者也！吾等旋至各地參觀工廠，此值第一次歐戰之後，德國瘡痍未復，民生凋敝已極，然乘火車，經歐陸，一臨德境，即覺氣象蓬勃，並見工廠林立，法奧諸國相形見絀矣。如此優秀民族，固知德國終必復興。況今德國重整軍備，蘇俄乃千方百計以阻撓之，良有以也。吾在柏林，始識道鄰，有斐君子也。當年在科隆車上，所遘韻事，道鄰兄還記得否？

至華沙，總統畢蘇斯基係鋼琴聖手，非政治長才。波蘭為歐戰之後新興國家，應有朝氣，然而屢遭亡國之慘禍，永為俄人所宰割，氣象薾然，不可振起。當年波蘭，處境困難，國是未定，士氣不昌，外交不親，內政不舉，沼吳之禍立見，裂晉之事即來。此由掌國鈞者，皆屬謏才，既與強鄰德俄二邦切齒以爭，復與盟友英法諸國背道而馳，欲在國際罅隙，自行其是，虛而猗移，愚不可及也。輓今可倫坡會議諸弱國，庶幾近之。

自柏林至華沙，曾包飛機一架，此乃觀瀾第一次乘坐飛機，機聲震耳欲聾。設備簡陋不堪。自華沙赴蘇俄，由於交通工具不便，徐氏僅攜隨員三四人，既入俄境，暮色沉沉，棲鳥亂飛，但見一片荒涼，情調與吾國甘新交界處相彷彿，俄國農民渾渾噩噩，其知識水準，猶較吾國農民蹇下一等，車中無食物，沿途亦無食品可購，北風凜冽，砭人肌骨，此係觀瀾生年所受魔難之第一次。

按徐氏報聘蘇俄，在一九二五年春，共黨執政，瞬逾七年，此乃千古剏局，世人將信將疑。當時吾輩對於公妻公審，以及恐怖主義清算制度等等，雖有所聞，然於共黨學說，毫無認識，對其國內政情，尤甚隔膜。故在報聘之前，先做準備工作，所獲情報，一部份得自駐俄公使李家璈；一部份得自德國共黨同路人艾勃林（Eberline）。艾氏消息準確，察其語氣，似非完全贊成第三國際者。吾為蒐集情報之專員，當年有守秘密之義務，今所憶及，不逮原稿什一，前此未嘗刊登報端，如下所述，雖屬明日黃花，仍有研究價值，觀其來龍去脈，可知今日蘇俄政爭手段，仍抄三十年前舊文章。

一九一七年，俄經革命，政出克倫斯基，內積憂虞，外傷疲弊，當時經濟窮困，民情騷動，俄兵已與德人相持三年，師老無功，節節敗退，共產黨首領列寧潛伏瑞士，待機而動，德人意欲休戰，故將列寧護送至聖彼得堡，彼此暗中勾結，條件不可告人，列寧為共產黨不祧之祖，心如猛虎，志可淩雲，有毅力，有決斷，不驕傲，不虛憍，而其成功秘訣，即在「不驕傲」三字，故與部下不會脫節，秉國之鈞者，尚其鑒諸哉！

列寧回國，即起七月革命，一敗塗地，獨惜克倫斯基懦弱成性，不能斬草除根，哀哀漢種，繫此剎那。

是年十一月，革命又起，共黨圍冬宮，虛張聲勢，不費一彈，不頓一戟，而大功告成。克酋潛遁，成功之易，列寧自己亦莫名其妙。克倫斯基能無刺骨之悔乎。成功之後，列寧乃不顧黨內反對，毅然組織蘇維埃政府，托洛斯基任外交部長，史達林任民族部長，其他黨派，悉歸淘汰。於是，共黨專政，列寧抱舵，其橫暴主張，乃次第施行，言論無自由，銀行歸國有，設政治警察，殺俄國皇族，粉碎資本主義，盡變舊時法律，成立第三國際，煽動世界革命，反對民主，仇視宗教，派加拉罕與德簽訂和約，斷送烏克蘭，嗾使德軍移師東指，派鄒秦斯基推行恐怖主義，一夜殺卻萬五千人，皆無辜人民，其箝制官吏與軍人，若縛牛衡軛之上，而隨以鞭笞，其煩擾小民與商人，若置魚泥淖之中而恣其蕩　，此共產主義之結晶也。然列寧本人，贊成私人小企業，反對集體農場，又主張社會革命應先於文化革命，而文化革命之初期，應先容納「布爾喬亞」文藝家，故知列寧主義猶有偏差，未必為共產黨員所能全部吸收者也。

自一九一七年冬至一九二二年春，列寧把握政權，獨裁一切，至一九二二年四月，積勞成疾，不能問事，史達林因緣際會，得任黨部書記長。史之傲慢，與日俱增，列寧之心慊焉。同時，史對列寧之措施，改絃易轍，列寧更不能堪。一九二三年列寧病入膏肓，爰書「政治遺囑」一通，大旨如次：

史達林同志身膺重寄，率性狷急，辦事殊欠謹慎，反之，托洛斯基同志功業彪炳，在中委之中，辦事能力，首屈一指，其弱點則在自信力太強，長此以往，托史二同志性格異趣，必有分裂之一日，予憂之，年輕一輩中，布哈林同志學說最優，予器重之。再者，史達林木彊無文，桀驁無禮，予恐其不能勝任書記長之職，亟願諸同志解其職務，另選賢能，而書記長之人選，必擇有禮貌者，無野心者，知忍耐者，效忠心者，尤以托史二人不能合作，史之解職，非小事也。

由此觀之，列寧之意甚為堅決，必欲驅史而後快，彼有推薦托洛斯基之心，惟知托氏不為黨員所喜，求其次則布哈林堪以繼任。當時列寧若能指定一人，各中委必無異辭，然則世界歷史殆有重寫必要。

上述政治遺囑發表之後，列史交惡，更為明顯，列寧又囑書記修一短柬，與史達林斷絕一切友誼的與同志的關係，雖非正式公文，史氏大受打擊。延至一九二四年元月廿日，列寧奄然長逝，繼承人之爭，於焉開始。

按共黨機構以政治局為最重要，當時委員七人。次序如下：一列寧，二托洛斯基，三齊諾維夫，四史達林，五謝米諾夫，六布哈林，七托姆斯基。廬前王後，高下有別，除托姆斯基外，其他五人皆有承繼之資格。托洛斯基以軍事委員長兼陸軍部長，齊諾維夫任第三國際委員長，地位崇高。史達林以黨部書記長兼工農檢察部部長。列寧歿後，政出多門，托浴斯基齊諾維夫與史達林組成三人統治團，分掌黨政軍，此與今日赫魯雪夫、布爾加寧、莫洛托夫三人共掌國鈞，如出一轍。惟謝米諾夫暨布哈林，為齊張目，反對托史，故齊諾維夫在政治局權傾一切，儼然蘇俄政府之領袖也。

一九二四年冬訪蘇之行

依照吾輩所獲情報，當時蘇俄政壇，允推齊諾維夫為魁首，托洛斯基與史達林次之，三人勢均力敵，不知鹿死誰手。揆諸實際，齊氏鹵莽，托氏自負，史氏陰鷙，三人皆有短處。惟齊氏既能操縱政治局，確具霸國之資，意氣之盛，不可一世，托有大功，聲震國際，向以列寧之承繼人自居，輿論翕然無間言，殊不知托與黨部無緣，每屆黨員開會，托氏常露怨色，且公然反對三人統治，司馬昭之心，路人皆知。史達林因受列寧遺言之打擊，內疚神明，不安於位，居常三緘其口，不敢豁露鋒芒，故齊爭權，以托為對象，而忘史在臥榻之旁也。然在黨內，史氏以退為進，故其勢力滲透下層，先在全體大會取得優勢，繼在中央委員會爭得多數，於是三人統治，衍成齊史二人之爭雄，史氏終獲勝利，將政治局委員五人全部清算，此非吾輩意料所及也。

俄共黨部書記長，實為蘇聯政府之主宰，永遠如此。厥後馬連可夫辭卻書記長而就總理之職，實逼處此，故其景命不融，早已註定。晚今赫魯雪夫敝屣總理之職，而緊握書記長之實權，故彼目下已承史氏衣鉢，無可獻疑。由上觀之，貝利亞矜才負氣，斯與托洛斯基同其命運，馬連可夫居高忘危，可與齊諾維夫等量齊觀，惟赫魯雪夫狡猾成性，上視史達林，猶不失步趨也。

再在一九二四年冬，除六名政委外，吾輩注意之人物，首推外交部長齊翟林，有招待吾輩之責，彼自一九一九年即任此職，共黨出色人物也。次為政治警察部長鄒秦斯基，有保護吾輩之責，此公殺人如麻，俄人聞名喪膽。再次有越飛、賴台克、加拉罕、狄朋哥、賴可夫斯基、伊那洛夫等，皆屬部長階級，蜚聲國際。而軍人中威望最隆者，並非國人諗知之加倫將軍，實為社嘉謙夫斯基上將，被史達林所殺，蘇俄軍事由此一蹶不振。質言之，上述諸人，悉遭史達林陸續清算，無一倖免者。

十室九空的莫斯科

徐氏訪莫斯科時，俄外交部派員至國境，此為迎迓專使之常禮。車抵莫斯科站，已傍晚，吾等探首車外，心竊異之，只見月臺四周，人頭攢動，武裝軍隊，密佈遐邇，全國顯要，紛集於新都（共都自史莫奈遷莫斯科，約僅六年），兩鎮旗牙，交迎乎上將（徐穿上將制服，懸勳章，佩軍刀），旌旗招颭，軍樂悠揚，徐氏下車，檢閱儀仗，外長齊翟林趨前寒暄，介紹要員，吾等亦握手為禮，情緒熱烈。據蘇聯記者稱，蘇聯政府乃以半君主禮招待徐專使，米湯若醍醐之灌頂，高帽如神山之冠蘢，胡為其然也？蓋段祺瑞為中國元首，將國務總理一席，虛懸以待徐樹錚，徐將出任艱鉅，為眾周知之事實。

當時馮玉祥駐包頭，與俄互通聲氣，馮雖南冠之未改，已漢臘之幾忘，段馮皆安徽人，馮在表面，絕對服從段合肥，故共黨政府對徐期望甚殷，尤知徐氏志在西北，而西北與俄接壤，徐若死心塌地，俄可得寸進尺，使我逿然解弛，而無與守，職是之故，徐為蘇俄爭取之對象，徐固不知共黨之技倆也。莫斯科等於鬼門關，訪蘇之舉，不啻催命符，徐之一言一答，無異自尋死路，興念及此，永歎而已！

吾等所居迎賓館，原為大企業家之私邸，美輪美奐。豪華非凡，館中油畫數百幀，可值英金百萬鎊。吾等起居，侔於王侯，然至各地採風，所見所聞，驚心動魄，當時共黨秉政，雖已七年，而國內狀況，宛如槁木死灰，農輟於野，工摵其具，馬踣於市，屍橫通衢，經濟瀕於崩潰，盧布等於廢紙，所有工廠，全部停頓，所有工人，集團返鄉，刊寧戟指曰：「吾唾俄羅斯」（I SPIT ON RUSSIA），意謂世界革命為重。俄羅斯為輕也。齊諾維夫曰：「殪盡資本家」，意謂共產主義為重，人民為輕也。於是，小民一息尚存者，蕭條烽火之餘，困躓混溟之中，日有溝壑之懼，家無隔宿之糧，十室已空其八九，可言僅得於二三，此乃一九二五年春蘇俄首都一幅流浪圖也。吾嘗竦意而覽焉！

與蘇外長密室促膝談

如右所述，當年蘇聯國勢危極，蘇聯民眾困極。然予所見蘇聯官吏，莫不養尊處優，頤指氣使，斯誠共產國家之一貫作風。一夕，俄外交部以政府名義，讌諸徐專使，濟濟鏘鏘，盛極一時，榮觀焜耀，驩聲沸嘈，排場之闊，肴烝之精，遠勝歐美各國。

是夕全國顯要皆列席，獨缺托絡斯基，托氏似已失勢，態度消極，不問可知。共黨要員皆穿灰色短褐，似工人裝束，故吾等無從辨別其等級，惟外交部長齊翟林，次長李維諾夫，均穿燕尾服，佩大綬勳章。酒凡七巡，掀手舉杯而祝段執政政躬康泰者，憶為蘇聯政府主席加里寧，當時，主席加里寧與總理賴可夫斯基均無實權，而起祝徐專使健康者，為齊翟林，齊並盛讚徐氏，徐夙善於詞令，其答辭甚為得體。史達林據第四五席，身材矬短，面麻髮濃，兩目炯炯有光，自斟自酌，終席未發一言，狀若無事者。吾等只知其為書記長，未嘗特別注意，且不知書記長之威權，如此龐大，彼時若知其日後造詣，去天尺五，吾當目不轉睛以視之，又疇知當時史達林之心際，自測國防空虛，惟恐英美日法捷波諸國，合舉義旗，以懲其屠殺也。按蘇俄官場習慣，晚間辦公，宴會於下午九時開始，散席已近午夜，齊翟林邀徐氏至密室，促膝而談，齊固精通英文，遂以翻譯之責委諸觀瀾，俄外交部翻譯員退出，室中僅剩三人，齊氏開場致歉意：蘇俄政府正在除舊佈新，未上軌道，致徐無從參觀各工廠。徐答：「蘇俄有泱泱大國之風，樹錚得來觀光，私自慶幸。」齊答云：「列寧是吾儕導師，吾儕乃列寧之門徒。」徐答：「此與吾國尊奉孔子為先師，如出一轍。」

徐問共產主義，神髓何在？齊答：「共產主義藉第三國際，醞釀世界革命，誓必消滅資本主義，吾等與資本主義國家，勢不兩立，只候機會以消滅之，彼存則我亡，我存則彼亡，目下吾等希望資本主義之國家自相殘殺，譬則日美之間，仇隙甚深，由於美國之自私，與歐洲各國殆無合作可能。」徐云：「煽動世界革命非干涉內政乎？兵凶戰危，且資本主義國家滔滔皆是，蘇俄雖大，安得消滅之？吾誠以謂共產主義與資本主義可以和平共存。各不相犯。」齊曰：「共黨秉政，即對中國取銷不平等條約。」徐答曰：「中俄二國，壤地相接，感情素洽，必以道義結合，方可保東亞和平也。」

徐、齊辯論通宵達旦

齊外長問：「君識基督將軍馮玉祥乎？」徐曰：「然。」齊云：「馮將軍明朗有為，惜其虔奉基督教，吾等共產黨徒則信無神論。」徐氏聞之，大惑不解，徐問：「共產主義推行恐怖政策，盡殺資本家，有其事乎？」齊翟林囁嚅有頃曰：「吾為黨內開明份子，吾嘗主張改憲，以促歐美經濟之援助。」齊氏後遭清算，身填溝壑之中，草蛇灰線，皆伏於此。繼復談到國會問題，齊謂國會不過政府之工具，談不到興革庶政，充其量，借此以摧毀資本階級及堡壘而已。徐云：

「在吾國視之，國會代表民意，不能以工具視之。」

是夕，二人辯論達旦，戟手指天，喧嘩之聲，聞於戶外。要之，三十年前齊外長之理論，迄今蘇俄共黨仍虔奉之，大部言詞，無非威脅利誘，而上錄各節，可見徐齊二氏意見枘鑿之一斑。厥後徐氏遇難於廊房。禍根即伏於此。因蘇俄政府對於徐樹錚，大失望矣，徐對共產主義，銜刺骨矣，謂為意志堅強，不受利誘，無諛於徐氏。

吾等離俄三年之後，歲在一九二八年，史達林羽毛已豐，始將托洛斯基、齊諾維夫、謝米諾夫、賴台克、賴可夫斯基五人驅逐出境，國內大起屠殺，獨裁成功，吾嘗以謂史達林乃世界歷史上第一怪傑，惡貫滿盈，天實縱之。總之，共黨成功是絕對偶然的，當一九一七年春，煽動者坌集於聖彼得堡，一日，演說者站在肥皂箱上，聽講軍人一名，忽對警察施射一槍，厥後局勢愕變，民心轉烈，陡將列寧藏在行李車內，私運回國，陰錯陽差，攫獲政權，嗟乎，何興之暴耶！

上海三聞人與孫傳芳

吾等離俄之後，遄返巴黎休息，繼往美國與日本考察。關於訪美之行、訪日之行，以及徐樹錚孫傳芳聯袂而訪南通張謇之行，予當——另述之。尤關段祺瑞、馮玉祥、楊宇霆諸人軼事異聞，擬加特寫，不列於本篇，然與本篇皆有關係，可備讀者諸君之參考。

吾等自美束裝歸國，乘天洋丸，渡太平洋，離日之後，舟抵滬濱，最先登舟以迎專使者，為上海三聞人：黃金榮、杜月笙、張嘯林是也。三人與徐意氣相投，然黃當時僅與汽車天並坐，後乃風雲際會，客主異勢矣。

吾與三聞人，僅屬泛泛之交，然予遁避日寇於莫干山時，張君嘯林排萬難，救我下山，風義有足多者。吾等登岸，同至楓林橋交涉使署，招待新聞記者。

段執政所派代表為宋子揚將軍，宋係邊防軍宿將，又嘗服務於西北軍，故為馮玉祥之舊部，亦徐專使之屬員也。馮有蜂蠆之心，而宋未嘗警告專使，頗為同列所詬病，然馮詭計多端，宋或蒙在鼓裡，且夫郭松齡倒戈，與徐被狙，有連帶關係，此時郭軍進迫瀋陽，銳不可當，故郭之失敗，殃及徐氏，非宋所能逆料。是日宋與徐氏密談良久，談畢，徐氏大不稱心，面有憂色，從此可測段執政處境之坎坷矣。

頃之，孫傳芳行色匆匆，特自南京趕至上海，耑誠以迎徐專使也。上海各團體乃在商會開會，隆重歡迎徐專使與孫聯帥，首席推徐，孫居其次，孫之左右，憶有陳陶遺、丁文江、陳儀、夏超、孟昭月、盧香亭等，悉屬一時俊彥。當時孫在兩江，頗得人心，歌頌之聲，至今勿替，渠任蘇浙皖閩贛五省聯軍總司令，北至徐州，南至廈門，東南半壁，悉入掌握，是以孫傳芳與徐樹錚之投契，儼係直皖二系之結盟，頗為當世所矚目。日後徐氏被狙於廊房，禍梯即伏於此。

是日，孫徐之間，密斟甚久，並無第三人在座，惟知二人意見，頗為融洽，孫對徐氏執禮甚恭，而徐亦喜孫之俊朗也。翌日，二人聯袂至南通，謁張謇，大有政治作用，非但敬賢而已矣。

勸金滅宋的馮玉祥

當斯時也，段任執政，無一兵一卒。馮玉祥則以退為進，併豫吞陝，希圖囊括乎西北，並駐重兵於京畿，名為保護，暗行劫持，內恃革命軍為奥援，外受共產黨之接濟，率戎伐穎，勸金滅宋，此全國民眾對馮賣國行為，所以深惡而痛絕也。

張作霖乃虎視眈眈於遼寧，與馮有利害衝突，而楊宇霆銜馮刺骨，伺機報復，於是西北軍與東北軍勢成冰炭，段居其間，度日如年，徐欲救段，並為皖系擴軍，故其預定方針為安撫張作霖，聯絡孫傳芳，團結奉直院三系，以討馮玉祥叛國之罪。然後四方圍合，以抵禦北伐軍，此乃徐氏之雄圖茂略也。

不料郭松齡稱兵叛變，全受馮玉祥之支配，郭若失敗，則馮有土崩瓦解之危險，郭若勝利，則馮如燎方揚，不可遏制矣。此誠奉直皖三系千鈞一髮之秋也。厥後徐雖殞命，孫隨失敗，然徐破馮之計劃，仍得次第實施，詳載後篇，徐亦人傑也夫！

徐氏自南通返滬後，段執政覆電已到，囑徐不必急於晉京覆命，宜留上海，休息一時，再作計較。段電措詞，甚為懇摯，恩紀綢繆，溢於言表。徐氏即召宋子揚至南陽路私邸，磋商行止。宋謂京津一帶，局面混亂，徐氏應遵段公之意，中止晉京。徐乃作色而言曰：「吾任專使，考察回國，若不進京覆命，勢必騰笑國際，吾意已決，本身安危在所不計，先生豈能為吾著龜乎。」

夫徐氏耿介拔俗，一作決定，萬難挽回，實則「晉京覆命」云云，僅係表面文章，徐實憂心如擣也。觀瀾知之甚審，留美之際，徐氏曾謂觀瀾曰：「吾與段老總暌違，逾五稔矣，今在國外，歸心似箭。」是知徐之於段，義重山海，身在異域，情馳魏闕，迨其返國。見段環境，險惡已極，日暮途殫，此心往矣。

搭盛京輪由滬晉京

如上所述，徐氏考察竣事，急欲晉京覆命，適奉段執政來電，堅囑留滬，暫勿入京，徐恐「騰笑國際」，寧違段氏之意，實因思念段氏，亟欲謀面，爰定是年十二月十九日搭盛京輪，由滬赴津，所有考察文卷與報告書，全部裝箱攜行，似有久居長安之心。吾等隨員，一則以喜，一則以懼，僉認徐氏此行，必任國務總理，此職虛懸久矣，吾等殆有彈冠相慶之意，無可諱言。但見國事如麻，變亂日滋，棼棼群雄，豺虎競逐，抑亦有虎尾春冰之戒懼矣。吾窺徐氏自遊列國，鋒芒漸戢，胸襟較廓，凡所規劃，雖屬深謀遠慮，要非一蹴可幾，天道昧昧，不可知也。

吾等集合於南陽路徐邸，整理文卷，束裝待發，徐夫人頗知大義，乃力阻徐氏赴京，以謂段既來電勸阻，徐有服從必要，一意徑行，恐遭不測。徐夫人旋因廊房之禍，痛夫冤抑，浸成痼疾，可哀也已！

但吾蒞港後，聞徐氏舊部某君云：當時勸阻徐氏者，實為徐姬，吾於徐氏閫內之事，不甚明瞭，第知徐姬二人，且係姊妹，姊有目疾，妹則娟秀，且通文墨，擅崑曲，阻徐北上，亦為意中之事。要之，吾等深悔心沮，未嘗助徐三思，不能發憤畢誠，圖畫安危，揆度得失，終覺愧對徐氏，然吾等久留國外，不諳內幕，亦係實情。

夫徐氏舍車乘舟，即為安全計，此時張宗昌督魯，屬奉系，故與直系孫傳芳有雙駈對壘之勢。徐氏以謂張乃威福之吏，不願行過其境，時值郭松齡倒戈，張有舉足輕重之勢，幸賴宗昌矢忠不渝，張作霖始獲轉危為安。厥後宗昌語予，彼固景慕徐氏，決無危害之意，可信也。

當時李景林為直隸省督辦，坐鎮天津，李在奉系，最稱驍勇，因郭叛變，景林頗受嫌疑，其內心亦甚矛盾，政策近乎騎牆，故此際天津形勢，頗為紊亂，雖屬奉軍勢力範圍，而國民第三軍孫岳所部勢力，亦已滲透津郊，坐是吾等戒備之目標，實為李景林，因其態度曖昧，可能不利於徐者也。

平津道上馳輕車

吾等促裝下船，浪曳上京，憶昔在國外旅行，臥倨倨，興眄眄，倜然無慮，優哉遊哉，此番在盛京輪上，氣氛乃迥然不同，徐專使確有忘身憂國之心情。吾輩亦覺意興闌珊，不自知其所以然也。

船抵津埠，適值黎明，徐專使匆促登汽車，我坐其右，宋子揚在左，此車係自英國駐津總領事署借來，車首扯英國旗，風馳電掣，直指北京，憶與車夫並坐者為英領事署職員，經過奉馮兩軍所設檢查站時，皆由西人代為折衝，專使以為有玷國體，歎息而已！足見吾等由滬晉京，一路尚自小心，節節戒備，未逢意外，但坐汽車中，閱數小時，三人一路無話，各有沉重心事。

徐專使滿懷孤憤，自不消說，此時日俄窺窬，伺國瑕隙，而郭松齡禍起蕭牆，正與奉張相拒於新民屯，勝負在未定之天，而奉張凶多吉少，段氏地位，岌岌可危，徐欲拯其將墜，故雖赴湯蹈火而不辭。宋子揚知徐不滿於馮，而馮亦不愜於徐，徐之計謀，已可窺見其端倪，聯孫必聯吳，反共即反馮，而馮陰鷙成性，猶自不動聲色，宋亦未必知其心事，然宋介於其間，局促不安，則係事實。觀瀾最無出息，象憂亦憂，象喜亦喜，徐專使者，觀瀾之偶象也，瓣香甚摯，微但此，吾家薄有基業，老父願我棄仕而營工業，觀瀾亦非熱中之徒，知我者類能道之。

竊按徐專使最肯提拔部下，俾獲各展所長，前在美國，徐氏即保朱佛定、王聰彝為全權公使，褚其祥等薦升陸軍中將，愚以思鄉，不願外放，故以外交部參事司長存記任用，實為破例之舉。徐氏保案，對愚有「辦事勤謹，才堪重用」等語，故愚感激涕零，亟圖報稱。厥後廊房禍起，曾宗鑒適為外交次長，曾君屬安福系，夙受徐氏知遇，乃在次長室召愚與朱王二君而告之曰：「徐又錚所保官職，諸君可收藏於荷包袋矣。」觀瀾聞之，索然失氣，曾君以為吾輩乃利慾薰心之流，誤矣！

段徐見面跪地痛哭

車抵故都崇文門，徐囑宋子揚往見鹿鍾麟，宋遂下車。鹿鍾麟為馮系健將，昔嘗攆走溥儀，現今靠攏共產黨，常與翁文灝、鄭洞國等以無線電廣播，招降愛國份子。留徐入京之時，鹿任京畿衛戍司令，掌握軍警之大權，足見吾等對於馮玉祥，未存戒備之念，其故安在哉：

（一）徐在國外，來電最多者為馮玉祥，對於徐專使，甚獻殷勤，電文之中，頻稱「吾公」，彼此意見，似甚融洽。

（二）段祺瑞與馮玉祥，皆係皖人，而皖人向有團結。故馮於段氏表面上甚為尊重。

（三）民九以前，徐樹錚與吳佩孚、張作霖等，皆有糾葛，情感不洽，時則馮未大顯，故徐馮之間，素無衝突，徐論倒戈之事，始作踊者為吳佩孚，馮玉祥聞之而大樂。

（四）徐之邊防軍舊部，在馮西北軍供職者甚多，遂使徐馮之間，大有淵源。

（五）吾等進京之時，馮已退居包頭，時往返於包頭張家口之間。是則馮告失勢，徐無實力，二人之間，充乎其量不過主張不合，並未公然對敵。

（六）徐在巴黎，馮嘗電促返國，就任國務總理，迨徐返國，馮又來電，請至包頭，共商國是，馮並聲明，何以不能離開包頭，時則行人子羽，絡繹於途，職是之故，吾等不虞其有異心也。

歲在民國十四年，十二月二十三日上午十一時，徐專使乘英領署汽車，入府學胡同執政府，府主已得訊，徐穿西裝，逕入段氏簽押房，吾隨其後，徐行跪拜禮，段亦屈膝，二人互抱，號咷大哭，跪地不起，可五分鐘，吾甚窘，只能同跪在側，不禁落淚。

徐起，危坐一角，容貌肅然，蓋徐執禮甚恭，一向如此，徐嗚咽曰：「不見老師，五易寒暑，五年之中，夢寐係之，不料今日得見吾師，一無善狀。」段搖首太息曰：「又錚！我教你不要來。」蓋徐見段，稱謂不一，或呼老師，或稱督辦，則因段氏嘗任參戰督辦也。段氏旋詢家事，徐——答之，繼問考察日俄二國情形，徐僅三言兩語，但云：「樹錚有詳細報告，彙呈督辦。」自始至終，徐公未提「執政」二字，蓋有深意存焉。

段徐二氏秘談大下事

徐乃向段氏陳述東南形勢曰：「樹錚在江南，浹旬之間，已為吾公做好一樁了不起的工作，孫馨遠無問題矣，樹錚有十分把握，將來得力之處正多。」段云：「好極了，好極了！」徐又討論東北形勢曰：「現今郭松齡倒戈，成敗猶不可知，然關外之事，日本關東軍有舉足輕重之勢，不是決一死戰的問題。」瀾按此語，足徵徐有過人之智，時人並不知日軍正在助張殲郭也。

徐氏繼言曰：「樹錚又想起楊鄰葛來了，他曾做過我的參謀，現在奉方環境太壞，樹錚很想拉攏他過來，替公出力。」段點首稱是。徐曰：「郭松齡若獲勝利，公非辭職不可，誠以馮郭二人，行同土匪，苟其狼狽為奸，吾輩無噍類矣，郭若失敗，則張雨亭受此打擊，必可相安一時，而馮羽翼既翦，為各方所集矢，公必乘此機會，使其全部崩潰而後已。」段曰：「煥章以退為進，仍在包頭與張家口發號施令，又錚，你要審慎一些。」徐曰：「馮煥章只怕一個人，那是吳子玉，其他都不在他眼裡。」其意謂馮目無執政也。段作色曰：「子玉一籌莫展，煥章何懼哉。」徐曰：「將來可難說，為人莫做虧心事。」

頃之，二人談話已達最高潮，徐問：「煥章待公如何？」段囁嚅曰：「還好。」徐氣極曰：「還好？雲霈之事，馮煥章欺人太甚。」雲霈即曾毓雋，一度遭馮拘押。段答曰：「煥章就是疑心忒大。」徐指窗外曰：「公不見府中前前後後都是馮煥章所派奸細麼。」段輕聲曰：「那有這種事！」徐曰：「公怕煥章，一至於此。」段不懌曰：「我怕煥章何來，我若叫他來，他不敢不來。」

徐曰：「樹錚在莫斯科，備悉馮煥章與共產黨勾結情事，此獠不去，則吾國軍隊，遲早要受他默化潛移，彼若得行其志，則中國全部赤化，洪水一至，不可收拾矣！我們與馮勢不兩立，乃必然之事，南方孫馨遠與北方楊鄰葛，必為我們後盾，而南通張季直亦因煥章親共，義憤填膺，請公以非常人，做非常之事，明令討赤，以安人心，今日之事我為政，煥章現如強弩之末，其勢不能穿魯縞。」段執政憮然有間曰：「又錚，你又來了，此事非同小可，千萬不要鹵莽。」徐曰：「樹錚思之熟矣，出府就擬命令。事在必行，俟與眾異磋商後，再謂核奪示遵。」眾異即府秘書長梁鴻志也。

反對許世英出任總理

段改話題曰：「你既到來，亦好，中樞不便久懸，我就發表命令，你任國務總理。」徐思有頃曰：「今無實力，不能做總理，樹錚願供吾公馳驅，不願受他人擺佈，現有兩途可循，請公裁奪，樹錚或可擔任外交總長，因與各國折衝之際，尚有許多未了事項，抑今吾國外交，絲毫不可放鬆，或樹錚至蘇皖一帶，編練軍隊，以實力為後盾，至於餉糈軍火，樹錚已有籌措，請公放心，以前定國軍所受恥辱，誓必為公湔雪之。」要之，關於整軍計劃，徐氏論列綦詳，嗣後人亡政息，今固不必細述。

段執政乃再三勸徐，擔任國務總理，勉為其難，徐不允，段曰：「你既不肯犧牲，而今各方人事，相當複雜，我想，惟有俊人堪任此職。」俊人即許世英（現任國府國策顧問）。徐怫然曰：「俊人固不錯，但為馮煥章所推薦，斷乎不可。」段曰：「俊人是我故舊，有何不可？」徐曰：「馮薦國務總理，張雨亭必不韙之，怨及吾公，當年梁燕孫不安於位，引起第一次直奉戰爭之故事，殆有重演可能，是故總揆之選，不可假手於人。」

段猶豫不決曰：「你與俊人，俱有困難，然則無人可以膺選矣。」徐曰：「樹錚力保龔仙舟，各方可無反對。」段曰：「容再考慮，抉擇其一。」實則銓衡人選，許世英遠勝龔心湛，行公廉隅自矢，與徐交誼甚篤，今夫徐樹錚之反對許世英，實欲間接予馮玉祥以打擊也。

臨別之前，徐公乃歷舉隨員之名姓與履歷，其中如段茂瀾為段公姪孫，現在駐法公使，褚其祥等皆為段公舊部，段公欣然曰：「明天你帶他們進府，我要慰勞一番。」徐問：「樹錚保案，公曾寓目否？」段曰：「然，已發表矣。」徐指觀瀾曰：「匯東是吳摯甫先生外孫，為樹錚翻譯英文，已獲保舉為外交部司長矣。」段曰：「外交部司長，恐無缺額。」徐曰：「不論誰部，遇缺即補，海軍部亦可。」段公拊掌大笑，即召司書，囑在政府公報增註「遇缺即補」四字。回憶前情，徒增惆悵而已。

退讓心理招致失敗

凡上所述段徐二公之談話，僅屬一鱗一爪而已。然係實錄，可資徵信。凡其涉及馮煥章之片段，悉依二公口吻，並無渲染，本篇所述，較諸民國十五年上海《新聞報》所載拙著〈廊房紀實〉一文。更為準確，此因當時馮玉祥、孫傳芳等，皆握兵符，態踞虎峙，觀瀾執筆之際，不能不稍含蓄，要之，徐之言詞，雖似剛愎，實露至情，針對時局，語多應驗，愚故傾耳而聽，畢生難忘。徐氏待人，平允和易，殊鮮疾言盛氣，是知段徐之間，如磁石吸鐵，數亦冥會，二人關係，極其微妙，不可以常理測度，愚嘗親眼得見，有非局外人所能想像者。

譬如徐譏段氏：「畏馮一至於斯耶？」出諸他人之口，段必勃然大怒，出徐之口，而段不以為忤，反有愧色。何以故？段知徐仗「主憂臣辱」之義也。夫如是而後可以共患難。

又如徐請明令討赤，段固不以為然，徐仍堅持「出府擬令」，段非懦夫而無如之何者，知徐思慮已熟，而誠為國下心也。故徐有震主之威而主不疑，此徐所以畢生得志於段也。時人往往斥徐為跋扈，是不知段徐之心事者也。

吾今施評於後，可以概括徐氏之一生，蓋徐做事不謀其報，對上不事阿諛，饒有疾風勁草之節概。惟昔直皖戰爭，徐以總司令職權，推讓與老朽無能之段芝貴，實犯重大錯誤，彼若率將兵馬，自任元戎，以擋吳佩孚，皖系未必敗。洎乎考察回國，徐氏堅欲晉京，面辭國務總理，亦僅愚忠而已。彼若毅然出任總揆，生命較為安全，語云：「當仁不讓」，故徐迭次失敗，皆由退讓心理之為祟。觀瀾斯語，徐若在世，必引為知已。繩斯而觀，徐樹錚非貪榮倖進之儔，彰彰明甚。

是日徐出段氏之室，已近下午一點，此時府中人員咸集秘書長室，只候徐氏，予能憶及者，有段宏綱、梁鴻志、王揖唐、湯漪、朱深等廿餘人，未見段宏業與曾毓雋。曾被馮玉祥拘辱之後，正在天津韜光養晦，宏業則猶高臥未起，徐氏詈為朽木不可雕也。

按：曾毓雋與姚震，皆段得力幹部，故馮力圖翦除之，使段陷於孤立，此益證徐氏入京之非計。時則皖系動舊，早呈凋零，段之左右，俊又甚少，殆入回光返照之期矣！

皖系無徐即群龍無首

段宏綱等見徐專使，把晤甚歡，亦已五載未謀面矣。吾作旁觀，徐氏在皖系，人緣良佳，因徐並無虛憍之態，猶有儒者氣息，匆匆數小時之間，予以局外人窺見其端倪，徐氏仍為段之智囊，而皖系無徐，即呈群龍無首之現象，非過語也。

按段徐談話，只有觀瀾一人在場，決無洩漏之虞，惟有二事，徐在秘書處已自揚言於眾矣，頃刻傳遍府中，其一為討赤命令，徐告梁鴻志，彼已擬有腹案，梁氏甚表驚異，卻無反對勇氣；其一為保舉龔心湛為國務總理，段雖未下決定，而許世英已告無望矣，徐復申述反對許世英之理由，府中人員咸表贊同。因段部屬，幾於一致反馮，人同此心，心同此理。事後思之，拒絕許世英之舉，等於公開反馮，當徐聲明討赤之宗旨，不啻宣告一己之死刑，蓋執政府中，耳目甚眾，皆馮爪牙，名為保護執政，實際則監視其行動耳。

徐氏出府，宿於無量大人胡同王宅，徐以所見所聞，大與願違，而下列諸事，使其心中憤慨愈甚。

（一）徐乘英領事車，進府覆命，以為有辱國體，深自切責。夫以元首之尊嚴，而在近畿無法保障屬員之安全，豈非咄咄怪事！（二）車入執政府，徐見兩翼衛隊，意氣昂揚，皆係鹿鍾麟所派，非綠林之散卒，即驪山之叛徒，名為拱衛，暗實劫持，馮煥章無所不為，段執政其何以堪！（三）謁段之際，徐見段執政恇怯之狀，了無當年英氣，關於用人行政，馮煥章著著進逼，段執政節節退讓，猶恐徐抱不平，段乃力圖緩衝，「畏馮一至於此」。使徐痛心已極，嗟乎！勢弱至此，豈復能進而折衝，惟有急於退而結網。（四）曾毓雋與姚震被馮拘辱之事，徐氏決不能等閒視之，馮鹿二人亦無法自圓其說。（五）徐見皖系，老成凋零，繼起無人，吾等進府之頃，秘書處闃無一人，可見暮氣沉沉，難以振作。徐知府內之事，宏綱主之，府外之事，則為宏業所包辦，或以如簧自進，或以狙詐相傾，人言嘖嘖，一時亦無法糾正。

如上所述，皆徐所逢傷心事也，自是厥後，徐每以酒澆愁，沉默寡言，吾等見此，遂將公事箱篋，原封不動，準備隨時離京而圖南矣。曩昔仲山甫徂齊，式遄其歸，詩人所以發「愛莫助之」之歎也。

藉詞赴滬欲離虎穴

翌日，徐專使率領隨員，進府謁段，恭聆訓詞，此固專使覆命應有之儀注也。惟因時局緊張，禮甚草率，且段樸實無華，令人油然而生尊敬之心。

此時府中適獲報告，郭松齡在巨流河敗績，已置重典。此乃好消息，段徐二氏相將入內室密談，觀瀾不復在座，然知徐之決策，必為東聯奉張，西聯吳佩孚，南聯孫傳芳，以圍困馮玉祥，使其土崩瓦解，實為匡時之良策。因馮一面親共，一面串通革命軍，不得不謂北京政府心腹之患也。郭松齡之叛變，馮玉祥實為罪魁禍首，郭既失敗，馮恐北方吳（佩孚）張（作霖）之聯盟，復懼南方孫（傳芳）徐（樹錚）之結合，四股勢力，合以圖己，必無幸矣，故定殺徐之計，以絕後患，徐氏適於此時款段入京，攪在是非圈中而不自覺，因郭松齡倒戈而遭波及，誠如楚國亡猿，禍延林木，城門失火，殃及池魚，故於一篇之中，三致意焉。

當晚皖系同人設宴招待徐專使，許世英、龔心湛、王式通、蔣雁行等均列席，皖系宿將參加者甚多，盡歡而散。又一夕，宴會之後，徐忽逸興遄飛，高歌〈大江東去〉一闕，頗有怊悵自悲之意。龔心湛跂立而聽，曲終始就座，實予觀瀾不良之印象。當是時，英皇幼子佐治親王適來北京觀光，耶穌聖誕日，徐專使特赴北京飯店，作禮貌上之訪問，親王儀表不凡，和靄可親，後封根德公爵，不幸於歐戰中殉難而死。旦日，我陪專使趨謁柯鳳孫先生與吳北江先生，純作文藝上之檢討，吾未見好學如徐氏者也。

按徐留京約一星期，酬酢無虛夕，延至十二月二十九日，徐忽決定，即日離京。維時郭松齡已告失敗，吳佩孚致電張作霖，願共討伐馮玉祥，指為「反覆無常之小人」，張大感動，乃定聯吳敵馮之策，馮在包頭，進退失據，萬般無奈，乃宣言下野，以兵權讓與張之江，暗中操縱如故，無非以退為進。徐氏明知馮夙尊權擅勢，大作威福，茲雖一時失據，然其勢力仍能控制京畿，徐覺危險重重，未便久留，故以返滬整理報告書為詞，辭別執政，匆促成行。譬諸弈棋，北京是死角，無可留戀，赴滬係劫著，可能一子佔先，死棋復活者也。

北京車站登上花車

十二月二十九日徐氏臨時決定，即日離京，於是同事孫將軍請示於徐，應否仍乘汽車，由京菸津？徐氏攢眉不快曰：「是何言哉，專使覆命出京，為列國所具瞻，自應鄭重其事，駕專車，趨正道，安得乘汽車。」推原其故，因進京時，曾以英幟為護符，非徐本意，實不韙之，事後思之，當時吾等若能據理力爭，應採安全措施，徐氏或肯遷就事實，亦未可知。見不及此，悔之晚矣。

孫君隨即通知京奉鐵路局，準備花車，無如路局車輛，已被奉馮兩軍悉數徵用，無法應命，而徐又不願展緩行期，幾經磋商，始獲花車一輛暨頭等車一節，係奉方司令所讓與，足見奉軍猶視專使為同路人也。

北京為愚舊遊之地，肄業於斯，供職於斯，不啻第二家鄉。吾與名伶余叔岩，探討字音，誼同焦孟，不可分離。吾家在孟公府，意欲盤桓數日，料理私事，乃請徐氏給假三日，准於三日後，在津會齊，一同乘舟赴滬。臨行之日，徐氏友好咸集，張宴祖餞，不勝依依。

無何，所備車輛，猶在中途，直至當晚八時，始達東站，孫君主張，改在黎明起程，徐氏以為不可，尚有其他旅客，不能使其坐以待旦也。

是夕余叔岩至吾家聊天，興來即歌《四郎探母》「楊延輝」一段，李佩卿操琴，高朋滿座，叔岩唱至「眼睜睜母子們難得見」一句，嗓現枯竭，「見」字不能豁上，此為稀有現象，主不利。嗚鐘八下，觀瀾趕往車站，送別徐氏，詎料徐氏促予登軍，同往天津，予謂行李俱未攜帶，身穿亦嫌單薄，倉猝間，礙難遵命。專使曰：「戔戔小事，奚必掛齒，我有重要事項，付爾辦理，速行速行。」我無奈，悻悻然隨徐而行，觀瀾適穿黃色一字襟坎肩，僅御薄棉袍一件，時在隆冬，不足禦寒，不禁喃喃有詞，徐氏回顧觀瀾曰：「車廂有水汀，不致受寒，匯東，你有些娘娘腔，這是要不得的。」我無辭，死心蹋地跟徐而去。

廊房車站密佈軍旅

九時正，車蠕蠕動，徐氏大有醉意，登花車即呼呼睡著，未嘗以重要公事付觀瀾也。我亦微醺，和衣而臥，所佔包房，在花車前廂，徐氏則佔後廂，後廂之側有廚房，供西餐，諸位同事則佔頭等車一節，與花車隔絕，花車在列車之尾，而諸同事之頭等車則近火車頭，尚有頭二三等旅客之車，介於其間，最後一節為行李車，吾等報告書與函電檔案在焉。

車行甚緩，由於沿途兵車絡繹不絕，不得不一前而一卻，幾費四小時之久，始達京津中途之廊房，當時廊房為張之江駐防之地，國民軍總司令部在此，屯兵綦眾，此地一片荒涼，人煙寥落，距離車站約二華里，有舊式房屋數棟，均為駐軍所佔用，刁斗森嚴，商旅裹足。此時吾等早獲情報，馮玉祥已宣言下野，國民軍有通盤失敗之危險，張之江善後乏術，正在設法投降吳佩孚，吳批「全體繳械」四字。殊不知馮之陰謀，層出無窮，尺蠖之屈，以求伸也。

午夜已臨，徐猶酣睡，予忽驚醒，饑腸轆轤，乃召庖丁治餐，頃之，車近廊房，耳聞歡迎號音，沿途皆然，故未介意，探首車外，則見軍站電光如晝，月臺四週，密佈軍旅，尚有旗幟點綴其間，予驚異之，憶及莫斯科車站之盛況，今夕差堪比擬。然此時已近午夜一點，胡為乎鋪張揚厲如此？憬彼馮玉祥，　狡鋒協，好亂樂禍，茲因四面楚歌，如狼跋乎糿中，容有不利於徐之心，興念及此，不寒而慄。

頃之，車已進站，甫停下，即有一戎裝者，帶同衛士二名，匆遽登花車，見予行軍禮，予亦鞠躬答禮，但不知來人屬何階級，因馮部軍官裝束，戴軟帽，無肩章，幾與士兵無異，吾肅來客上坐，客遜謝，坐於下位，外表陰沉，年僅而立，客啟齒曰：「車誤時矣。」予曰：「車誤二小時矣。」予乃自我介紹，繼問貴姓？對曰：「姓王，係司令部參謀長，代表張督辦而來。」同時出示張之江名片，當時張之江奉馮之命為國民軍善後督辦，故王稱謂張督辦，王係貴州人，今忘其名。按張之江部下，共有參謀長三人，王屬少將階級，故非總司令部參謀長，彰彰明甚。

半夜綁架驚心動魄

予與王參謀長寒暄數語，彼此初尚客氣。吾謂：「張督辦盛意可感，際此更深夜寒，恪循東道之誼，還須勞動諸弟兄，徐專使實不敢當。」王接問：「徐先生何在？」予聆「徐先生」三字，決知其來意不善，蓋馮玉祥軍已與革命軍公然結合，而革命軍適在容共期間，維時北方軍政團體，無稱先生者，足見馮氏所轄國民軍已極端左傾矣。予答：「徐專使病矣，勉強登車，頭痛欲裂。」王似不信，態度稍轉強硬。王曰：「我奉張督辦命，請徐先生下車，出席茶話會，這是很重要的。」予答：「我可會同緒其祥將軍，代表徐專使，拜會張督辦，必獲諒解。」言畢，即囑侍者往請緒將軍，吾意緒在西北軍，夙負盛名，由彼出面，較為妥善。

此時吾與王君各持意見，已起衝突，二人聲浪漸高，徐氏聞嘈雜之聲而驚醒，摩挲兩眼以出，神識茫然，予謂王君曰：「我說專使不豫，非虛語歟？」王起立，我為介紹，並述其來意，專使明知張之江避不見面，事有蹺蹊，然徐態度鎮靜，毫無驚惶，就予之坐，與王傾談，初尚客氣，徐曰：「吾感不適，一路謝絕招待，均未下車。」王曰：「張督辦特開茶話會，歡迎徐先生。」察其語氣，並不承認徐為中國政府所派專使也。

徐不懌曰：「我患烈性感冒。擬請張司令來車晤談。」王仍堅持曰：「張督辦候久矣，請徐先生下車罷。」徐遂怒斥之曰：「半夜還開什麼茶話會。我已派人到包頭，與馮先生洽商一切矣。」予亟插言曰：「馮先生與徐先生都是一家人，無事不好商量。」此時圖窮七見，徐知不免，依然強項到底，自始至終，各人稱呼之不同，可見雙方意旨之隔閡矣。

予言未竟，王即起立，揚巾示意，此為暗號，即有士兵十數人。從車外蠭擁而上，挾持徐氏，吾乃大聲疾呼曰：「此番出洋考察，覆命出京，各國極其注意，爾等豈不為國家體面著想乎。」言猶未竟，馮兵以槍柄猛撾我頭，吾乃倒臥車廂內，流血涔涔，無法裹傷，迄今額髮之際，裂痕猶在，攬鏡自照，輒憶廊房車上之一幕。

殺人場上槍聲兩響

此時車廂內外，擾攘已極，徐專使則被十數人劫持而去。王參謀長亦不知去向，車中只剩觀瀾一人，負創匪輕。其時有士兵二人匆遽登車，其一似只十四五歲，某一稍長者問我姓甚？我說姓薛，二人同聲曰：「不錯啦，不錯啦！」如獲至寶，捉我之臂而下車。蓋馮部國民軍連年征戰，傷亡枕藉，所募士卒，皆係年幼農民，春乎若新生之犢，吾云姓薛，彼乃誤聽以為姓徐也。試問威名赫赫之樹錚，何能如此年輕，京津人士認為趣事，曾在城南遊藝園編成話劇，演員有吳寄塵、夏天人、汪優遊、王呆公等，其劇本則以拙著〈廊房紀實〉為藍圖，頗能歆動一時云。

無何，士兵二名，挾予而馳，步履如飛，予幾顛躓，行約百米，瞥見徐專使在前，由官兵數人推挽而行，步點甚疾，塵土飛揚，徐失一履，踒其足，回顧觀瀾者三四次，似知命已不保，但見我無辜牽連在內，徐氏大有惻隱之心，我亦愴懷，謂徐一世英名，命喪瘈狗之手，感何可言！於是徐氏在前，我跛其後，相距不遠，又疾行一里，前面橫一小邱，附近皆係田隴，此即預定之殺人場也。

在此呼吸存亡之際，有一軍官，突如其來，問我姓甚？我說姓薛。又問：「是薛學海薛秘書麼？」我曰：「然。」軍官勃然大怒。推開挾我之二卒，以鞭踢其小腹，二卒仆地，軍官乃親自扶持觀瀾，折回原來地點，行僅百武，即聞槍聲兩響，清晰異常，乃徐氏被害於小邱之麓，時為民國十四年十二月三十日上午一點半鐘。吾聞槍聲，潸然淚下，深感一代儒將，已隨此數響而長逝，嗚呼傷哉！吾乃羈旅，離此阻艱，虎口餘生，遘閔既多，每一念及，悲來橫集！

馮軍司令部會議廳旁，有一小室，屋頂已圮，全無掩蓋，室如懸罄，僅置矮凳一只，吾即拘留於斯，風高砭入肌骨，適值天雨，滴拓而下，至晨二時，始在窗隙窺見諸同事，均被押入司令部之馬棚，與吾拘禁之室，距離甚遠。頃之，車亦蠕蠕動矣，吾等行李，以及各國考察所得材料，悉數被劫，堆滿站頭，試問馮部所為，與綠林何異哉！

此生難忘的一宵

予所被拘之室，有一士兵監守，荷槍徘徊於室內，每隔二小時換班一次，予見馮部既不派人鞫訊，又不遣醫，治我傷口，感覺吾輩生死問題，猶在未定之天。而馮玉祥與張之江之間，必在磋商處置辦法也。

事後始知吾等死裡逃生，洵屬徼天之倖，當晚守衛之卒，年僅十四五歲，無知無識，我問：「你可知道徐樹錚？」卒答：「沒有聽見過。」我問：「你的老總是誰？」卒答：「馮玉祥。」我云：「沒有聽見過。」蓋馮早已辭職矣。

嗣易一卒，雖亦年稚。但較慧黠，詢其籍貫，則屬河南彰德府。我云：「我在彰德岳家住過一年。」卒大樂。我問其月入幾何？前途有無希望？此卒大發牢騷，謂已三月未發餉，一家無法餬口，予即傾囊所有而與之，卒不受，蓋馮部紀律尚佳，無可疵議。然卒大受惑動，語多慰藉，予欲飲水，彼亟取來冷水一罐，我問曰：「你可知道徐樹錚？」卒云：「知道，知道。」再問：「你可曉得徐樹錚已被人家槍擊了？」卒搖首曰：「沒有，沒有，跟你一樣。」我曰：「我卻聽得槍聲兩響，怎說沒有？」卒云：「軍隊裡槍聲不斷，算不了什麼，你老放心罷。」予思卒言亦有哲理，徐氏之命，容有一線望轉，此特遇難之人懷有一種幻想而已。

我思前想後，感慨萬千，是我生平永難忘懷之一宵。時因衣著單薄，咳喘甚劇，徹夜未眠，困憊不堪。黎明七時，張之江派人至予被拘之室，召予前往會議廳，甫達廳事，則見諸同寅魚貫而來，但與褚師長等，未便交談，褚固資格老到，低問一句：「專使怎樣？」予答。「死了！」相對黯然！

吾等站立片刻，驀見破汽車四五輛疾馳而至，蓋陸承武奉馮之命，甫從天津英租界趕到廊房司令部也。承武為前陝督陸建章之子，在馮西北軍，一度曾任旅長之職，其人係赳赳武夫，粗獷之氣，不可嚮邇，時則張之江之部屬，影蹤全無，不知去向，觚哉觚哉。

按會議廳面積甚大，三面皆窗，西首有一戲臺，可作演講之壇，當年直皖戰爭，徐樹錚在日本皇宮得訊，尋於四十八小時內趕至廊房督師，頻挫奉軍，即以此室為發號施令之所。而今陸承武率其徒眾，倉皇戾止，因欲爭取時間，不及與張之江晤面，直奔此室，踉蹌登臺，激昂陳詞，初不知徐專使已於六小時前被害也。

凶神惡煞的陸承武

當時吾等鵠立池中，形同楚囚，隨承武穿戎裝，雄踞臺上，衛士佩手槍者約廿餘人，環侍左右，其勢洶洶。承武瞪視吾輩，儼若寇仇，繼乃盛氣致詞曰：「徐樹錚鬼怪其性，狼戾其志，不忠不孝，不仁不義，戕害我父之舉，尤堪髮指，四海之議，於何逃責，吾既橫劍泣血，五年於茲，而今天誘其衷，自投羅網，吾當刮其肉，剜其心，以祭先父之靈。」措詞酷厲，無與倫比，列舉不忠不孝不仁不義四款，語全牽強。

此時吾與褚其祥並立臺前，吾低首謂褚曰：「聽陸之言，徐公可能未死，君當抵死駁之。」褚亟搖手，意謂不可，愚一時情急，不假思索，且慮軍人暴戾，真有剜刮之舉，乃前行三步，長揖而言曰：「請陸司令原諒，今日之事，本無觀瀾說話餘地，但陸司令所述各節，觀瀾尚有疑問，可否容我一言，感德不淺。」陸之衛士，乃拔槍示威，齊聲呵止，陸承武注視觀瀾良久，厲聲曰：「你說。」觀瀾乃得侃侃而談，將其所舉四點，逐條駁覆，繼稱：「陸老先生之事，最為不幸，但徐專使係奉命而行，有案可稽，情有可原，事之起因，要問倪丹忱，今陸徐世家，誤會宜解，苟其冤怨相報，此乃愚昧之行為，非所望於士君子者也。」

予言未竟，十數衛士瞄準欲射，陸承武阻止之，予言加快，提及陸建章圖皖之舉，陸承武對予，大加呵斥，此際陸之衛士放槍一響，秩序大亂，幸係亂放，未致傷人，此劇遂草草終場，陸承武率其徒眾，揚長而去，回天津矣。始終未見其與張之江晤面也。突如其來，飄忽而往，爭論一場，妙哉妙哉！下篇述及馮玉祥之陰謀，此事便知分曉。

事後褚將軍怪我孟浪，幾乎殃及同寅，我亦深自切責，且悔於事無補，頃之，楊宇霆與王蔭泰得聞其事，認為觀瀾所為，並非造次，陸建章之事，不可不辯，因此楊王二氏對愚屢加提拔，畀以保定官產處優缺。實則觀瀾惑於小兵之言，認為徐或未死，倘有一線希望，必營救之。且我所述。悉據事實，決非杜撰，陸承武下得不正視之也。

在小室中作疲勞審問

陸承武離去之後，吾返小室，諸同事亦折回馬棚，疲勞審問，於焉開始。蓋自上午八時至下午四時，軍法人員鞫訊觀瀾者，凡三易其人，閱八小時，幾無停頓。我自被逮，迄未進食，亦無滴水入口，一問一答，儘可錄成巨帙，茲僅撮述鱗爪，藉知馮方意嚮所在。按軍法人員之一係少將階級，問明籍貫與履歷後，即云：「你們的檔案，我已翻閱一通，職是之故，你說老實話為是。」我答：「無事不可告人。」軍法官問：「檔案是否全部在此？」我答：「局部而已，猶待整理。」官問：「何以你所寫的，英文居多，定有機密性？」我云：「此因聽講之時，以英文筆錄，並無機密性。」官問：「你是書記長麼？」我答：「不是，專使公署係臨時機構。故無官式組織。」

官又云：「我們最注意的是徐樹錚訪蘇之行，你可從頭說起，記錄下來。」我當時如何答覆，現已不復記憶。官詢蘇俄政府緣何熱烈歡迎徐樹錚？我答：「徐先生為中華民國元首之代表，故受歐美各國熱烈歡迎。」官問：「案卷上說徐先生與俄外長晤談多次，各帶書記一人，你是否在內？」我曰：「然，但二人寒喧過後，我即退席，齊外長所帶書記，是否在座，不得而知，因齊徐二人皆能英語互談，無須通譯。」官問：「二人意見大起衝突，然乎否乎？」我答：「不知。」官問：「俄人曾否提起馮煥章先生？」我歎息曰：「縱有提起。庭長既曾翻閱案卷，當知馮先生與徐先生意見融洽，徐對馮先生，始終只有善意。」軍法官沉思片刻，繼詢托洛茨基近況，吾固早起疑心，馮之部下皆已赤化，而馮之信仰，則傾向托派，宜其不得善終也。

徐專使訪日之行，亦為法官所注意，觀瀾大受盤詰，幸而答辭閃爍，法官未得要領。繼問訪捷之行，是否與購械有關？予答：「涉及軍事問題，我是門外漢，一概不知。」旋又詢及南通之行，予答：「孫傳芳為聯省自治問題，早就決定往訪張季直，徐先生以陪賓資格，去作文酒之會。」官問孫傳芳對徐，作何表示？我答：「孫徐二人晤對之時甚少，以意度之，徐為江蘇人，所談多屬內政問題，此無他，孫傳芳之興趣在此耳。」

首倡討赤種下禍根

軍法官問：「徐樹錚為何反對許世英出任國務總理？」予對曰：「徐恐許任總理，則奉軍與國民軍有兵我相見之危險，由此觀之，徐與馮煥章先生，敵乎友乎？」官問：「徐在執政府為何主張明令討赤？」我答：「段執政無實力，憑什麼討赤？討赤則於徐先生有何好處？」官作色曰：「看你一味回護，於你個人沒有好處。」予曰：「庭長所問，皆非觀瀾職權所及，觀瀾感想如此，固非違心之論。」

法官問曰：「我所不解者，徐先生為何堅持，要坐專車，經過廊房？」吾乃感慨而言之曰：「徐先生此舉，大有用意，彼欲竭力表明其與馮先生合作的態度，此因徐已明白表示，不能與奉張合作，庭長請閱檔案。徐曾致電奉張，嚴劾楊宇霆，且徐所派宋子揚中將，已抵包頭，所啣使命，可以覆按，故吾等以為馮先生既視奉方為大敵，則必引徐為同志者也。」至是，法庭氣氛，近於幽默，軍法人員不敢多根問矣。何則，問來問去，事跡俱在，軍法官若欲定讞，不得不表同情於徐先生矣。策曰：以子之矛，攻子之盾，當時答辯情形，實類乎此。吾所不能確定者，為徐生死問題，因聆陸承武之言，吾乃大感惶惑，惟知馮玉祥遲早必有追悔之意，無可獻疑，當時軍事形勢，確屬矛盾如此。

綜上所述，法官所問要點，可以歸納於下列三款：（一）訪蘇之行，最受注意，其次為訪日之行，察其語氣，馮玉祥殆有恐日心理；（二）徐氏與孫傳芳結盟，最為馮玉祥所嫉忌，然徐在滬，逗留甚暫，故馮所得情報甚少；（三）徐所主張明令討赤，擊中馮玉祥之要害，竊按徐氏首倡討赤之議，思想純正，事同拯溺，是固不可不特筆也。

當時國民軍司令部軍醫院院長洪君，適為徐專使舊部，對於吾等處境，備極關懷。故與褚其祥劉卓彬等暗通聲氣，代為陳情，無何，中午已過，仍無釋放消息，洪君認為凶多吉少，馮玉祥欲盡屠殺以杜吾等之口，固已昭然若揭，且歷一晝夜，未供飲食，事有曉蹊，不待言矣。

被拘十六小時始獲釋

延至下午四時，疲勞審問，甫告段落，口供一束，予未寓目。即加簽證，困憊不堪。一小時後，洪院長欣然來告，吾等即可獲釋，始知洪為吾輩道地，張之江亦無圖害之意，吾等既無罪狀，此事遂獲轉圜。

下午五時，吾等被召，復集合於會議廳，張之江派其副官長，前來闡釋一切。渠稱：「徐樹錚已被陸承武所殺，此係冤怨相報。與第三者無關，君等獲釋，係叨張督辦好生之德，君等允宜感激不盡者也，若非張督辦力保，君等生命有危險矣。」予等未發一言，惟予不禁重有感焉，馮張二人直視吾輩如孩提耳，所謂張督辦力保吾輩，是在陸承武面前乞情乎？抑向馮玉祥剴切陳詞乎？

無何，張之副官長滔滔不絕，欲蓋彌彰，辭畢，即命予等打手模，立誓書，予簽誓書之際，以足趾寫一「不」字，藉示吾心不受威脅也。誓書上載明吾等獲釋之後，對於昨夕經過一切，應守絕對秘密，不可以隻字片言洩漏於外。張之副官長乃當場誥誡觀瀾曰：「吾等偵緝工作，無遠勿屆，被釋之後，你若違反誓言，則你全家性命難保，你是江蘇無錫人，莫謂言之不預也，願子措意焉。」予曰：「唯唯，敬聞命矣，今日之事爾為政。」夫於諸同事中，彼特警告觀瀾者，誠以戕徐之時，只有觀瀾在場也。今天馮玉祥與張之江二人，以堂堂國家命官，做出殺人越貨之事，撫躬自問，能無虧心乎？若以真相公佈於世，二人能無慄慄危懼乎？

如右所述，吾等自隨專使登車，直至廊房獲釋，被拘十六小時，審問不知若干次，艱難困苦，備嘗之矣。溯自徐專使登花車，以迄被狙隕命，凡閱五小時，在此五小時之間，只有觀瀾一人隨從在側，蓋徐此番出京，未攜衛士，且無隨從侍者，此其一貫作風，最惡軍閥習氣，關於車上糾紛，被劫情形，遇害地點，以及被狙時間，予皆身歷其境，——目擊，所述經過，悉以真相為前提，未加渲染，未逞胸臆，與其文而失實，何如質以傳真。

復有申者，舉凡陸承武演講之詞，以及車上折衝之會話，全係本人辭令，絲毫無誤，至終我所申述陸建章罹難之事蹟，涉及馮國璋、倪嗣沖、段祺瑞諸人，吾乃侃侃而談，毫無隱瞞，陸承武屬耳而聽，若有所悟，當場雖不服氣，內心稍軟化矣。故愚冒死陳詞，確係據理辯證，豈徒感情衝動而已哉。

後果前因驚心動魄

本篇結束之前，茲擬夾敘馮玉祥定計殺徐之全盤策劃，前因後果，驚心動魄，由於段合肥之因循自誤，馮氏遂得施展其陰謀，此與當時政局息息相關，要為民國掌故重要之一頁，固試往復言之。

竊按民十三直奉戰爭，馮玉祥倒戈之後，吳佩孚由大沽浮海南下，逃至漢口，通電主張設立護憲軍政府，蘇督齊燮元、鄂督蕭耀南、浙督孫傳芳，雖屬直系，一致反對，合電擁戴段祺瑞，出任元首，段氏喜出望外，顧無一兵一卒，部下且四散各處，皖系將領中，碩果僅存之盧永祥，亦被孫傳芳逐出浙江，可見皖系之不競矣。

然在政治立場，段固大有可為，儼有舉足輕重之勢，其故安在哉？蓋直奉戰爭之前，段合肥嘗與孫中山、張作霖三角同盟，聯合抗曹，時則段雖在野，威望未衰，各方通電，僉以芝老居首，而閩浙魯皖各省猶有皖系之殘餘勢力，徐樹錚則居上海，為段策動一切，是故段在紛爭之政局，猶有迴翔之餘地。洎夫戰事結束，形勢丕變，直系將領唯恐吳佩孚東山再起，寧將段合肥捧出，以資抵制。至於張作霖與馮玉祥，實為北方兩大勢力，更視吳為眼中釘，故對段氏皆有虎率以聽之意，同時張馮之間，積不相能，全賴段氏從中斡旋，得免兵戎相見。

當是時，曹錕被囚，中原乏主，故段出山，實為順理成章之事。段氏若有政治眼光，應與張作霖、馮玉祥約法三章，始可把握政權。須知芸芸民眾，無可告哀，噓枯吹生，尚不須升斗之水。而已望若雲霖矣，今段倉猝晉京，驟主大政，不仗自保安全之策，不為因時制宜之謀，後乃變端奇幻，冀欲平庸守職而不可得，遂至荊棘銅駝，無可復說。

此時徐樹錚在出洋途中，一意吸取新知識，吾嘗以謂徐氏得訊之後，應即兼程返國，以盡翊贊之責任，為段排難解紛，臨機制變，方為上策，故為徐設想，不應自請出國考察於先，更不應拒任國務總理於後，此乃振鱗奮翼之候，決非勵節亢高之秋，利害所不計，困難在所不辭，今徐所為，如蘇子瞻所云，「獨立斜陽數過人」者，庶幾近之，此誠私心所惓惓而不容無言者，是故段祺瑞之功利主義，與夫徐樹錚之高蹈主義，皆不足為訓，譬諸奕棋，佈局既犯重大錯誤，則全軍覆沒，曾不斯須耳！

段祺瑞與馮玉祥之間

質言之，遠在民元，徐樹錚即為段祺瑞唯一助手。段任陸軍總長，徐為次長，且曾代理部務。段晉國務總理，徐充秘書長。厥後徐所指揮邊防軍，寖成皖系部隊之精銳，尤其控制國會議員，實為段氏專政之權輿。

吾固斷言，徐在皖系，內處心膂，外總兵權，且屬軍事長才，故皖系有徐，則上下以一誠相感，皖系無徐，即呈派別紛歧之現象。至於徐之功過，乃另一問題。蓋凡楊宇霆所不能建議於張作霖者，徐可率直以告段祺瑞，此段舉動風華過人之處也。盱衡民初，歷居元首，虛車之弊，如出一轍，其失敗癥結，端在自視過高，與下隔絕，諂諛者眾，不聞諍言，直似袁本初，內忌外寬，故賢如田豐而不能用也。

惟在執政時期，段已投老，英氣消磨，畏首畏尾，身其幾何。至其部屬如王揖唐、曾毓雋、梁鴻志等，雖有才幹，卻無魄力，論其膽識，皆遠遜徐樹錚，故段氏執政，因徐不在左右，事事受制於人，自趨滅亡之途。洎夫徐既菈止，事已無可挽回，局中可憤可痛之情形，非局外所能知也。

茲舉一例，藉以證明段徐二人對於馮玉祥看法之不同，此與中原形勢，大有關係。觀瀾自旁觀之，關於馮玉祥倒戈之舉，段固同情於馮，徐乃不直其所為。此時馮部早已改稱國民軍，示與南方聯繫，以圖併吞北方也。京津一帶即由國民軍節節佈防，繼以入豫取陝，勢如破竹，鷹瞵鶚眙，意圖西北，奉張之心慊焉。

俟馮正在躊躇滿志之際，奉軍奄至，佔津保，逼京畿，以李景林督直，張宗昌督魯，奉馮之戰，如箭在弦上，馮玉祥大懼，手足無措，段執政乃居間斡旋，議定津浦線劃歸奉軍，京漢線劃歸國民軍，遂得苟安一時，馮系鹿鍾麟仍任京畿衛戍司令，惟津保重地在奉掌握，京漢線不能暢通，馮如芒刺在背焉。

徐樹錚在國外，聞此協定，大不謂然，蓋欲逐鹿中原，與夫箝制京畿，則在地理上，京漢線實較津浦線尤為扼要，何況馮玉祥尚有赤化嫌疑耶？徐氏固請於段，馮之勢力必須退出近畿，至於拱衛事宜，由段直接支配，始為萬全之策。殊不知段馮皆係皖人，段之於馮，竟存偏袒，而馮對段，則貌為恭順，心存藐視。當時段處夾縫中，受制於馮，開罪於張，實則段畏奉張，甚於畏馮，蓋奉軍乘勝入關，直指淞滬，暢行無阻，氣燄張甚，馮玉祥相形見絀矣。

首屈一指的陰謀家

由上觀之，段祺瑞入京主政之時，奉方勢力，如日上升，馮玉祥自知不敵，幸有段氏居中調停，締結防線協定，此時徐樹錚若在段之左右，馮非退出京畿不可。惟段心存袒護，馮氏遂得保持其勢力範圍，是段大有造於馮玉祥者也。故在執政初期，馮玉祥尚知歛跡，厥後段氏縱恣不制，馮始得寸進尺，肆行凶忒，益無忌憚，此段不善自處，而無成之局肇矣。

徐在國外，心馳故都，馮氏初有籠絡之意，並無藐視之心，來電語氣，儼視徐為秉國之鈞者。遇有爭執，馮稍退讓，而馮念念不忘者，欲徐瞭解其畔吳之苦衷也。徐輒嗤之以鼻，故知徐乃同情於吳佩孚。洎徐返抵國門，正值世變大轉法輪之秋，段之威望日衰，徐之地位亦趨下坡，蓋段懦弱，可比漢獻帝，而馮驕蹇，甚於曹孟德。形勢已非，徐心滋戚焉，乃匆忙出京，以圖補苴之計，不啻穆順之奉衣帶詔，死於奸曹之手，嗚呼烈矣！

且有三事，馮對徐樹錚大不滿意：其一，徐有組織軍旅之計劃，足以妨礙馮氏叛國之措施；其二，徐與孫傳芳結合一起，馮所畏忌者也；其三，此時馮與共黨暗中勾結，然而徐在莫斯科，反共甚烈，馮氏感受威脅，卒因思想之不同，遂啟邱山之疵釁，故徐自滬貿然入京，豈非「棋錯一著，滿盤落索」之謂乎！

然予對於廊房事變之本末，嘗有透切之研究，吾固以為徐氏晉京謁段，雖屬冒險之舉，然此時馮玉祥縱有殺徐之動機，尚無下手之決心，蓋馮叛吳，已冒天下之不韙，今若公然殺徐。視段如傀儡，必不為輿論所容矣。迨徐進京之後，廿四小時之內。形勢陡變，馮遂不顧一切，決定殺徐，以為斬草除根之計。既作決定，馮氏所採步驟，甚為縝密，佈下天羅地網，徐氏無可倖免矣。

閒嘗以謂馮最反覆無常，實為吾國首屈一指之陰謀家，振古迄今，無出其右者。魏司馬懿與南宋秦檜遠不及也。試觀第二次奉直戰爭，當其倒戈之時，馮既失歡於吳佩孚，竟能使吳不疑而重用之，以為第三路總司令，倒戈之前，馮發「清君側」之電，反跡已現，然而曹吳不加警惕。聽其指揮前線自若也。及稍被疑矣，又能使吳不加防範而縱任之，馮自熱河前線悄悄班帥，歷時三晝夜，吳竟懵然不察，足見馮玉祥翻雲覆雨之技，洵有出神入化之妙。予擬另撰〈馮玉祥評傳〉一篇，皆係觀瀾私人與茲妙人接觸之事蹟，可作參考，而資炯鑒焉。

馮玉祥欲得之而甘心

如前所述，馮玉祥圖殺徐樹錚，理由甚多，不必泛舉，請撮其重要者，縷析於後：

（一）民國十四五年之間，馮玉祥境遇坎坷，其所倚以苟延殘喘者，厥維蘇俄共產黨，徐氏審俄之虛實，悉馮之奸慝。故入執政府，公然主張明令討赤，當是時，馮玉祥為虎作倀，固視徐之反共為不共戴天之仇，即共黨特務人員，亦非殺徐不可，彰彰明甚。然吾等對於共黨作風，認識不清，無可諱言。時人對馮親共之態度，亦無精確之估計，要之，徐作討赤建議，實為馮玉祥殺徐之張本，比重殆佔百分之五十。徐氏若僅反共而不主張討赤，生命或得保全，亦未可知。誠以討赤令下，則吳佩孚、張作霖、孫傳芳等，勢必通電響應，如同迅風之振秋葉矣。況夫蘇俄外交軍事，無能為力，試問馮玉祥將何以善其後。故徐此舉，謀事則忠，為己安全則不可。

（二）郭松齡因怨望而倒戈，全受馮氏夫婦之慫恿，詎料徐氏晉京之日，適為郭松齡失敗之期，馮玉祥得訊，惶怖征營，無地自措，蓋郭失敗誠於時局有重大影響，其一，吳佩孚勢必東山再起；其二，張作霖仍具覇國之資；其三，孫傳芳兵力雄厚，行將犄馮之後；其四，徐樹錚得有充份時間，部署軍旅之事；其五，楊宇霆依然無恙，未遭郭松齡之毒手；其六，吳之部屬如靳雲鶚、田維勤、寇英傑等，必在豫陝之間，分勒其眾，益肮拊背，而制馮要害。職是之故，馮感四面受敵，危乎殆哉。夫困獸猶鬥，而況野心勃勃之馮玉祥乎！綜上所述，郭松齡之失敗，實為馮玉祥殺徐之導火線，比重佔百分之四十。

（三）徐既堅辭組閣之命，馮玉祥遂薦許世英為國務總理，奉張表示反對，且不直段執政所為，徐故力保龔心湛，以為緩衝之計。疇知馮氏多疑而自私，因此懷恨在心，益增殺徐之念，此事比重佔百分之十。徐若允任總理，馮當另想別法以陷害之，其個性如此。當時吾等勸徐自任總理，兼掌外交，匡時濟世，其無所為讓。叵奈余氏志不在此，惟在歸國途中，徐氏屢言欲任外交總長（在臺朱佛定兄可證明吾說）。嗣後謁段之際，亦嘗毛遂自薦，窺其用意，豈圖虛榮而已哉。誠欲貫澈其反共之初衷耳。今日思之，徐之努力反共，能不謂為先知先覺乎。

誠如觀瀾所云，馮玉祥可稱史無前例之陰謀家，彼既決定殺徐，先佈種種陷阱，使徐不起疑心。同時堅請徐往包頭，共商國是，情詞懇摯，不露破綻。況徐出京，一切公開，故馮極易探知其行期，並能算準專車抵達廊房之時刻，當時馮玉祥已感焦頭爛額，宣言下野，準備赴蘇俄矣。張之江則以國民軍善後督辦名義，駐紮廊房，孤立無援，失意極矣。

十二月二十九日午。馮得徐專使離京之消息，立即密電張之江，命在廊房楊村之間，路軌之上，按置炸彈。待徐專車到達，轟然一聲，既可立斃徐專使，復使吾等隨員同歸於盡，事無佐證，計莫便於此矣。可想而知者，馮在背地獰笑，恍如「浮士德」復生，以謂隻手障天，漫無人覺，此番得遂其陰謀矣。

如右所述，吾豈無徵也歟，徐專使係於十二月三十日上午一點半遇害，當日上海《時報》即以紅字標題，刊登徐之專車被炸消息，小標題則載「隨員薛學海等同時罹難」一行紅字。《時報》體育版為愚特編黑框新聞一則，家父見此惡耗，立時昏厥，病體始終未得康復，觀瀾不孝之罪大矣。旋經查明，此係馮方預發消息，悉照原定計劃，惟吾等登車已遲，時間漫無準繩，而張之江臨時變卦，亦非始料所及，遂使滬上各報館擺「烏龍」一次。

張之江臨時變卦

張之江雖係介冑武夫，尚非狼戾其性，一生穩健，聽命於馮，惟張接令之後，甚為猶豫，因專車之外，尚有客車，殃及無辜，天良何在，且炸車之事，成敗在秒忽之間，須有高度技術，始克奏效，否則弄巧成拙，後患無窮。例如皇姑屯之炸車，日人擘劃周詳，固萬無一失，此非張之江部下技術人員所能勝任愉快，彰彰明甚。於是張之江以總司令身份，便宜行事，放棄炸彈，改用劫車手段，只須候車進站，便無差池。故徐被劫下車之後，張之江無須請求於馮，自徐下車，以迄被害，僅費二十餘分鐘，手段之辣，無以復加！

論律，馮玉祥為主犯，張之江為從犯，謀殺經過，——收入觀瀾之眼簾，因此當時觀瀾生命，所以有重大危險也。日與專使同車同囚，應否同遭槍擊，張之部下逡巡不決，確有請示於張之必要，而幸張之江非好殺之徒，觀瀾遂得死裡逃生，若易馮玉祥，則愚萬無徼倖之理矣。

移花接木故佈疑陣

張之江誘殺徐專使後，隨即詳報馮玉祥，所舉理由為兵車太多，恐有貽誤，故未遵照密令行事，只得採取安全辦法，將徐一鼓成擒，立即處死，事之經過，差稱順利。張之江軒軒自得，以為可以徼功矣。

詎料馮玉祥得報，大發雷霆之怒，嚴責張之江曰：「吾定炸車之計，即因兵車甚多，秩序混亂，敵友難判，則不能確定主謀者伊誰，你要知道段令執政，徐樹錚非無名之輩，現徐在汝堂堂總司令部，被我們士兵押赴刑場，將他槍斃，又有他的秘書緊跟在後，目擊一切，他日暴露真相，天下人必囂囂集矢於我，試問你張之江能負此責任否？你縱認罪，試問我馮玉祥能背此惡名否？」張之江聞言，懾慴失氣，自是厥後，態度益趨消極矣。

右之所舉，後事可徵，今夫張之江所為，係襲抱犢箇流寇孫美瑤劫車之故智，世人記憶猶新，難怪馮玉祥惱羞成怒也。

按馮之意，殺卻徐樹錚，必須天衣無縫，因此而盡戮隨員，甚至波及旅客，乃事之不可避免者，奚必顧慮多端，此馮玉祥之所以為梟雄也。馮乃陰謀專家，想出辦法，惡毒無比，茲為挽救張之江之過失，馮遂痛下決心，吾等隨員既已逮捕，只能秘密處死，庶可掩真相，放虎歸山，萬無此理。

此時馮忽想起陸承武，其父建章死於徐之司令部，今欲故佈疑陣，正好予以利用，陸承武寓於天津租界，半夜三更，接到馮部電話，但云：「徐樹錚已拏到，押在廊房司令部，請你多帶隨從，立刻動身。」陸遂糾集同志，乘汽車，星夜啟程，甫昧爽，趕到廊房，初不知徐氏已於六小時前被狙也。予與陸家有姻親，所見所聞，較為準確，蓋廊房事變，陸承武為馮臨時所利用，來得突兀。去復飄忽，綜其一生，未嘗見過徐樹錚，若非張之江變更殺徐之計劃，馮玉祥不會抬出陸承武，張既笨做，馮乃不得不施移花接木之計矣。故予以為馮之殺徐，全由政治上之磨擦，其為陸建章報仇云云，所佔成份極少極少。

揆諸實際，曩昔軍閥時代，純為親友報仇者，概不多見，至於為父報仇而蜚聲於時者，只有施劍翹一人而已。施在佛堂槍殺孫傳芳，確為其父施從濱報仇，並無政治作用，然孫殺施從濱，非關私人恩怨，施為袞州鎮守使，響應奉軍，被孫所俘，或云活埋，或云腰斬，皆非事實。故施女殺孫，論情可原，論法則不可恕也。

流言惑眾至於此極

如上所述，純粹為父報仇者，僅有施劍翹一人，可稱奇女子。吾屬張宗昌舊部，請述其遇害之真相，張喜奉承，好排場，有馬士英之風，然具忠義之忱，有愛國之心，固非全無足取者。民十八，宗昌旅居東京，日人多方餌之不為動，翌年自日返京，坎壈失意，會山東省主席韓復榘以石友三為介，邀張往商大計，張母力戒張勿輕動，張與石友三友善，故不聽母言，逕往濟南，韓雖款待甚盛，然張機警，知韓居心叵測，不敢久留，匆匆告別，不料韓僱刺客，即在車站狙擊宗昌，事後韓師馮玉祥故智，乃宣佈刺客為鄭金聲之子，代發通電，大放厥詞。按鄭金聲係馮部師長，死於張宗昌之手，實則韓石二人同謀殺張，預佈羅網，與鄭子無關，宗昌卒蒙不白之冤，正與徐氏相同，嗟乎流言惑眾，劇可恨矣。

至於馮玉祥所稱，陸承武替父報仇，剚刃徐樹錚於廊房，全係欺人之談，混淆黑白，甚於青蠅，固不值識者一笑，然而人云亦云，凡事不予深究者，比比皆是也。予自廊房獲釋之後，眼見段合肥毫無肩膀，深恐馮玉祥奸計得售，予為徐專使呼冤，遂不顧一切，孑身赴滬，潛居新新旅館，草就〈徐樹錚廊房遇難之真相〉一篇，寄交《新聞報》，連載一星期，事皆出人意表，海內視聽為之一聳。

居無何，予友嚴獨鶴耑誠宴予於杏花樓，嚴君為《新聞報》編輯，昜觀瀾曰：「尊稿已擲字紙簏，被我偶然發現，立付剞劂，現西國人士已將尊稿翻譯四國文字，遍登國外雜誌，君可達到宣傳之目的矣。然馮玉祥為殺人不眨眼者，君宜小心提防，暫勿離滬。」予致謝曰：「金玉良言，當書於紳，惟我在廊房，變故為不少矣，天生德於予，彼其如我何。」

拙文既登《新聞報》，浮言稍靖，當時國內外有識之士，咸知廊房事變之真相矣。不謂事隔廿餘年，予見某歷史家所撰〈徐樹錚軼事〉，仍謂徐氏「戕於陸建章之子」。始知不明真相者，大有人在，至於螢惑視聽，則雖研究史實者，猶自不免，心竊憿之，此本篇所由作也。予文雖拙，言則有物，且與此事有關人士，或在港臺，或留大陸，皆可證明予言不謬也。

馮玉祥不滿張之江

馮玉祥獲悉陸承武演出之一幕，自詡妙計，喜可知也。此係臨時穿插，並非預定計劃，隻手障天，亶其然矣。惟馮對於張之江，餘怒未息，吾等生命，危險已極。如上所述，關鍵在於觀瀾，恐我騰諸口舌耳。無何，張之江部下，業已稽閱專使公署檔案之一部，徐之態度，可謂光明磊落，無懈可擊者也。繼以軍法審問，吾等供詞，適足表示馮徐之間，大有合作可能，是馮殺徐，損人而不利己也。張之江為基督教徒，不能無動於衷，彰彰明甚。

當其時，吾輩自張部軍醫院長洪君之處，得知真相之大概，洪君之外，尚有其他邊防軍舊人，暗中協助甚力。據稱張之江力主釋放吾輩，且徐被狙之時，觀瀾雖近在咫尺，究未目擊其事，馮玉祥亦必明瞭此點，幾經疏通，馮始勉允所請，釋放吾等。由此觀之，吾自刑場突被押回之剎那，可謂徼天之倖，若再前進幾步，適見專使被狙，吾命休矣。諸同事之生命，恐亦不保矣。此實觀瀾所逢最大危機，當時如在夢中，未嘗領略及此也。

諸君須知馮玉祥此時已辭職下野。在表面上，張之江代理總司令，馮自未便固執己見，然馮多疑，剛愎自用，對於張之江，極不滿意，且認張之江欺其失勢，故有違令之舉，繼以釋囚之請，從此以後，馮張之間，存有芥蒂，始終貌合而神離矣。旋馮重握兵權，張晉謁焉，馮怒未息，念念不忘炸車之謀，輒認張之江大誤其事，應予罰坐數小時，以示懲戒。憶昔韓復榘以軍長階級，馮玉祥罰其荷槍而站班，今張罰坐營門以外，便宜已極，張為中央國術館館長，現在臺灣。

民卅四，徐專使次子道鄰，適任行政院政務處處長，時距廊房事變，轉瞬二十載，按照刑法規定，刑事訴訟之起訴權，滿二十年而消滅，道鄰兄鑒此，爰於民卅四年十月辭去政務處職務，具狀四川北碚法院，控告張之江殺父之罪，此其孝思不匱，有足劭者。頃之，道鄰抵滬，吾謂道鄰曰：「廊房之禍，馮玉祥為主謀，張之江為從犯，現馮尚在國府供職，無所逃罪，張之江本人不壞，既起訴矣，應控馮玉祥，吾願助子與彼周旋到底。」道鄰為法律專家，其言曰：「按照法律手續，只能先及張之江，否則徒勞無功。」予始覺悟，憬彼陰謀專家之作風，乃以他人為禽犢，而已逍遙法外，吁可畏哉！

徐道鄰投狀雪父冤

徐道鄰所撰起訴書，措詞甚為得體。惟有遺憾者，所述徐專使被劫情形，以及遇害時間，顯與事實不符，當時處死之迅速，確非任何人所能料到。蓋馮玉祥早發炸車之密令，故張之江殺徐已遲，擄獲之後，無須請求，即加殺害，與徐同車而遭劫持者，只有觀瀾一人；與徐同時押往小邱殺人場者，亦只觀瀾一人。此予不幸之遭遇，三十年來，予以暴露此事真相為己任，表徐之忠，颺馮之惡，即所以報徐氏知遇之恩也。

予自小邱折回之頃，所聞槍聲兩響，即為徐氏畢命之時，諸同事猶在車上，未能清晰聞之。夫馮玉祥所以不肯輕放吾等隨員者，即因殺徐之時，觀瀾近在咫尺，故將觀瀾單繫一室，加以恫嚇，施以疲勞審問也。茲將道鄰訴狀，摘錄於後，以昭正義，而志慨也！

為拖恨二十載，父冤未雪，懇將殺人犯張之江拘捕到院，依法偵查，按律論處，以伸法紀事。竊先父諱樹錚，於民國十四年冬，自歐美考察政治經濟回國，到北平向政府述職。不知何故，遭當時野心軍閥之忌，同年十二月廿九日，專車去津轉滬，冀就考察所得，編述報告，不料行抵張之江駐防之廊房，先聞歡迎聲音，旋有張之參謀長持張之江名片登車，口稱「張司令請徐專使下車」，時先父因在京勞頓，擬請張司令來車晤談，該參謀長聲色俱厲，飭馬弁扶持先父以去，同行隨員，均被驅下車。先父到司令部後，即被幽禁一室，隨員等則先行至會客室，時有軍事隨員褚其祥，遙聞有人打電話稱「徐樹錚已拿到請示……」，褚即要求見張司令，不許，旋隨員等均被押入馬棚，約一小時後，突聞槍聲數響，咸垂淚相向，不敢出聲，時為二十九日午夜。……乃復施其移花接木手段，於謀殺之翌日，竟自天津招來陸建章之子陸承武，迫其承認「為復父仇，故將徐某殺害」，並通電各報，大肆厥辭，抑知陸建章之伏法，當時政府有案可稽，先父豈得擅專？乃竟然以一手掩盡天下耳目，假借陸承武之一紙通電，以洗刷本人謀殺國家命官之殺人罪行，寧非異事！且陸承武何人，竟能令號兵高吹歡迎號音，又命參謀長持片上車請客，且公然在司令部中殺害政府要員，謂非該司令張之江之事後假借陸某名義，冀圖掩蓋自己罪行，其誰信之？……

段祺瑞因戀棧恇怯

十二月三十日下午五時，張之江之副官長召集予等，打手模，立誓書，予等允守秘密，遂獲釋放。但凡行李與文件，悉數被劫，予等離廊房前，一度查詢徐專使遺骸所在，張之江部屬均稱不知，事後經該部軍醫院院長洪君之指點，始在小邱附近掘得專使遺體，蓋被張之江等殺害後，立即加以掩埋而圖滅跡者也。據聞專使容貌自然，共中兩槍，第一槍即告畢命，彈自後腦入，出左頰，嗟乎徐君！令德長泯。徘徊邱側，悽焉流襟。

予被幽禁之時，因衣著單薄，受寒甚劇，故獲釋後，逕赴天津養疴，病稍瘥，予挈內子晉京，以私人資格謁段合肥，報告廊房經過情形，段頻頷首，淚數行下，喃喃自語曰：「吾負又錚，吾負又錚！」予乃剴切陳詞，謂有二事，非速下令不可，一為撫卹，一為緝兇，此雖官樣文章，要為正義之士引領而望者也。詎料段氏支吾其辭曰：「現今世途險巇已極，二妹夫，你遠是回到南邊休息一陣罷。」

自是厥後，吾對段合肥之澒涊恇怯，大起反感，何則？徐樹錚為段股肱心膂，奉命出京，茲段主政，而徐在廊房遭人謀殺，人證物證俱在。則撫卹與緝兇二事，乃屬最低限度之申請，段氏若有剛強之氣，豈能戀棧片刻，軍閥瘋狂如此，豈能掉以輕心，言念及此，未嘗不拊心而嘆息者也！惟段胸中確亦內疚神明，深自剋責，故為徐氏作〈神道碑〉，其辭曰：「又錚公忠體國，言不及私……。至廊房而竟遇害，嗚呼痛哉！余之過也，所謂仇者偽也。」即此數語，可證予言不謬，亦見世人對於徐氏誤解之甚也。蓋徐一生以忠恕之道為權輿，並無懻忮予雄之習，故其僚屬歸心焉。時或鋒芒過露，敢作敢為，則亦無可諱言者也。

徐歿之後，段益消極，然仍若無其事，欲以不變應萬變，無如馮玉祥面目猙獰，前逼愈甚，延至十五年四月，馮已蹭蹬失勢，國民軍由近畿撤退之際，先以軍隊圍困執政府，必欲得段而甘心，段氏逃出吉兆胡同，受荷蘭公使之保護，即時宣言下野。翌日，吳光新由津入京，迎段出都，光新為段妻弟，與張宗昌友善，宗昌之師已填防京津一帶，故獲暢行無阻也。

先是，予在報端閱悉陸承武通電，不禁感慨萬分，又見段氏怵於馮玉祥之淫威，不敢下令撫卹與緝兇，予大失望，於是束裝南下，置誓言於腦後，抵滬發表真相，以伸正義，嗣後予在天津常與段氏對奕，只談風月，從未提起廊房之事，此所謂「流淚人觀流淚人」也，傷哉！

馮玉祥潛遁蘇俄

本篇將結束矣，原稿芟去三分一，猶病其冗長，涉及廊房事變，是吾劍之所從墜，故重而書之。汗漫陳說，不能自已，閱者諒焉。至於馮玉祥殺徐之後，所獲報應，筆者應有交代，本文始克有終。淮陰侯曰：「吾今日死，公亦隨手亡矣。」徐樹錚臨難之際，會有同感焉。歷觀載籍，威福之吏，貪殘酷烈，於馮為甚。馮自殺徐之後，愈為各方所側目，庸非同情於徐也，公道自在人心耳。

先是，吳佩孚致電奉張，大意謂「某生平最惡反覆無常之小人，不意敝處有一馮玉祥，尊處亦有一郭松齡，叛亂相尋，紀律無存，此而可忍，孰不可忍，某願悉力相助，共張撻伐，必使此輩無所逃罪而後已。」郭既覆滅，馮亦魂褫氣奪，徬徨塞北，引咎辭職。此時國民軍處境危殆，張之江乃出面向吳謀妥協，鹿鍾麟亦銜奉馮命，求吳諒解，大旨謂「煥章固嘗開罪吾公，現已悔禍，決意辭職，直之大敵本為奉，公之大願定於一，倘能乘此機會，共圖團結，可使山河郡縣半入於提封，將卒倉儲盡歸於圖籍，願公推不次之恩，以啟職等自新之跡。」不意吳大帥奮袂而言曰：「馮煥章尚知有吳子玉耶？吾深怪社會人士，是非不明，正義不伸，縱任鼠輩逍遙法外。流毒邦家，尚何言哉，尚何言哉！」快人快語，毫無通融，行人之意遂消，慚愧而退。斯非吳子玉得意之秋，而堅忍不拔如此，固近代忠貞之士也。

由上觀之，馮玉祥陰謀之結果，不特奉張安然無恙，反使奉直之間，發生同情，棄嫌修好，吳佩孚乘此機會，得在魯豫之間，收復其舊部，吳部健將靳雲鶚在魯，與李景林、張宗昌訂約興兵，掃除凶逆，靳氏鋒猶駭電，迅佔鄭州，豫省遂入其掌握。亡幾，李景林奮戈馬廠，天津告急，靳持部曲，進襲石家莊，北京震動，馮部奔沮，鹿鍾麟不得不棄津守京，由張之江、李鳴鐘率領殘部，向西北撤退，扼守南口。當是時，馮玉祥如喪家之犬，潛遁蘇俄，搖尾乞憐，吳佩孚與張作霖乃先後蒞京，協同聲勢，化敵為友，徐樹錚雖已長逝，其計固獲雋矣。此時段已離職，馮瀕崩潰，乃民國十五年四月間事也。

言不及私敢作敢為

洎乎民十五年六月南口之役，直奉會師，合剿之勢已成，馮玉祥部卒轟然大潰，傷夷殆盡。豈非馮惡貫滿盈以致眾怒神怨之故歟。然吾國政事，向務姑息，晏安鴆毒，由來久矣。上述吳佩孚、張作霖、靳雲鶚、李景林、張宗昌等，五路興兵，合攻玉祥，聲威壯甚。迨得勢後，即各自為謀，迄不知把握時機，將馮澈底解決，遂使豺狼野心之馮玉祥，奄有捲土重來之饑會，傾覆重器，北祚遂移，言之可為長太息者也！

信筆拈來，不覺其冗長，作者密爾自娛於討馮之章，讀者得毋笑其迂闊乎？頃閱曾鎔浦先生在《天文臺報》所撰〈讀徐樹錚廊房遇難記書後〉一篇，見聞周浹，資於故實，所撮二三事，有觀瀾所不知者。

抑有進者，徐所主張討赤命令，頗具苦衷，徐非癡憨，焉有不知其嚴重性者，彼嘗三思而後行，以為亂世湍汨，正氣湛掩，段勢甚危，形同倒懸，馮乃封狼逐逐，既受共產黨薰陶，又與革命軍聯絡，若不翦除此獠，國人成其胙盡矣。今徐鳥瞰先機，務鋤敵志，乘茲郭松齡失敗在即，吳佩孚東山再起，各方一致對馮，機會稍縱即逸，馮且宣言下野，其部屬公然乞降於吳佩孚，而徐事先已與張作霖，孫傳芳等獲有默契，故徐以為共產主義能毀滅人類靈魄，而討赤令下，可予馮玉祥以致命之打擊。疇知馮如百足之蟲，僵而不死，打擊時機，尚欠成熟，徐乃性急，逼不及待，壯志不遂，良可痛惜！然徐此舉若能展緩數月，或數星期，厥謀可告成功，段位容獲保全。夫馮對段，反跡已著，段在公府，吁嗟日甚。徐氏以為與其坐以待斃，不如先發制人。

徐敢作敢為，確係事實。伊掌邊防軍，精甲利兵，自謂無敵於中國。因與奉軍失歡，嘗欲拘執張作霖矣。作霖謁段，段知徐意，促張速行，躬送至車次，意圖掩護作霖也。誠如段氏所云：「又錚公忠，言不及私。」一時值險難，常一其操，夫如是，則如曾鎔浦先生所云：「敢作敢為，庸何傷哉。」況段馬廠起義，三角同盟，主張清室遜位，反對項城稱帝，皆係徐氏手筆，吾嘗澄心觀之，皖系之中，有功則段居之，有過則徐當之，世人每以成敗論英雄，不亦左乎！

觀瀾素仰鎔浦先生淑問顯融，著名海內，道德文章，吾當北面。今以鎔浦先生之評語，結束本篇，諒為讀者諸君所不棄也。

讀〈徐樹錚廊房遇難記〉書後

曾氏七子

自署曾氏七子者，為吾國外交界耆宿之一。淹通中外，博聞強記，夙為段合肥所信任，伐交伐謀，多出其手。國民政府成立，借重長才，綜理外交，折衝樽俎，中外翕然。年將耄耋，而矍鑠如五十許人，期頤壽徵也。四十年來，治亂起伏，瞭如指掌。玆承惠賜是篇，與薛觀瀾先生大作互相印證，益足發人深省。合附數言，以誌欽感。倘荷續惠大作，尤為萬千讀者所合什以請者也。

——編者附識——

近於《天文臺報》端，讀到兩篇好文章。第一篇為薛匯東君所寫的〈徐樹錚廊房遇難記〉；第二篇為薛大可君所寫的〈北洋軍閥外史〉。兩篇佳作皆出薛氏一門，洵屬一時佳話，而名家喜向《天文臺》投稿，主社政者招徠有力，亦足以自豪也。

大可先生之文章，以〈北洋軍閥外史〉命題，範圍廣闊，材料繁多，寫來容易有聲有色，大可先生雖罵北洋人物皆是狗，然龍驤虎躍，此仆彼起，煞有可觀。匯東先生之文章，以〈徐樹錚廊房遇難記〉名題，限於一人之事，局面甚仄，雖經極力鋪張，遠者如邱吉爾首相不願封侯，異者如朱兆莘夫人遊園落帽，皆承羅致，終不免於岑寂，然所報導者，皆親歷之境，翔實可觀。

老朽隨宦直隸，放下書包便在北洋軍閥羽翼之下，服務謀食，故於北洋典章，偶有一知半解，於軍閥內幕，則未窺其全豹，對於大可先生之文章，不敢置喙，遑論品評。反之老朽與又錚雖無生死之交，卻是肝膽朋友，頃者又錚墓木已拱，尚有人在海陬著文為之張目，衷懷有所感觸，況記憶中尚有二三事，為滙東先生未及報導者，若鯁在喉，吐而後快，謹綴數言，為讀〈遇難記〉之書後。明知畫蛇添足，難逃貽笑大方，但願狗尾續貂，藉供補充一二。

又錚民國初年即募資創辦成達中學於北京西直門外，廊房出事之日，渠本約於寓中邀成達之教職員聚餐，旋因友好移樽祖餞，乃將成達之局，假座老朽之官舍舉行，六時許，客人陸續降臨，忽有彪形大漢二人前來闖席，問其所自來，則稱係步軍統領衙門派來保護徐專使者。彪漢貌雖俗，然尚守禮節，輪迴向主客索名片，與之固笑謝，不與亦不強索，次第乞已，即退往門房，埋頭酣睡，老朽急將經過，以電話報告又錚，意在勸其毋來，復電則稱專使已出門矣。

少頃又錚到，先進上房與婦孺略作周旋後，出席作主人，並致訓詞，酒過數巡，先行引退，老朽由側門送之登車，握手道別，彼尚謂是夕成行與否尚未定，切勿到車站相送。酒闌客散，老朽陪成達二三友赴東站則車已開矣。歸來詢彪漢下落，知於徐去後彼輩亦去，因其未肇何事，遂漠然置之。

事後追思，此二人或非鏢客，實為刺客，亦未可知。以上經過，扣算時期，滙東先生方在寓中大唱其「楊延輝坐宮院」或「千拜萬拜也都是應該」之時，未及聞知，故未及報導，特為補充。

廊房慘案發生不久，西北軍由京津撤退，馮以重兵圍執政府，適有日本力士名喜多者，喬裝手車伕以東洋載執政暫避於十一條胡同張宅。廊房慘案之後，未再演吉兆胡同慘案，天實助之，非人力也。翌日領袖公使歐登科，迎執政駐足於桂樂第。又翌日吳君自堂由天津率專車入京，迎段執政，遂宣佈下野，段之嫡系，皆奉准辭職。又翌日段合肥乘專車出都，隨行者十數人，老朽忝列驥尾，車自東站開出，一小時許，合肥步入車廳，詢問車過廊房停留幾久？自堂答以效昆（張宗昌字）隊伍昨方開到，沿途秩序，恐不安寧，開車時已嚴誡車首，各站皆不停留。合肥又問又錚遇難是否即在車站？老朽答以聞在司令部門外，司令部在車站西南約兩里，恐由車廂不能看見。及車過廊房，站臺上除破爛樂隊二三十人外，另無一人。合肥開窗西望，歷十分鐘，口唇微動，喃喃若有言，老淚盈眶，掩面入臥。以上可作為廊房慘案之尾聲，特並及之。

數年後，老朽在滬曾以廊房慘案就正於某鉅公，鉅公非北洋系，但評論北洋事宜，語語中的。據說世人皆稱馮某殺了徐某，此論其跡未究其源之傳說耳，又錚之死，實死於段執政討赤命令，當時馮軍已與共黨攜手，京畿已陷入共產掌握之中，執政無謀人之企圖，又錚偏促其下討人之命令，魯莽滅裂，駭人聽聞！這道命令未曾禍及合肥，而段派只死又錚一人，亦云幸矣！鉅公絕無共產瓜葛，彼時即曾參預馮軍密勿，所言必有根據。特為附錄以備研究廊房慘案者參考。

〈遇難記〉第二節，稱：又錚鎗斃陸建章，為奉命行事。但未說明奉何人之命，若隱射係奉合肥之命，則薛君誤矣，按彼時朱博淵為北京電話局董事長，陸案發生之下午，即得天津電話，曾以密告寒家叔姪。吾曹恐有變故，趨赴府學胡同，探聽消息。傍晚方立之照例送電報呈閱，合肥讀到殺陸之電，怒不可遏，拍案大罵：又錚又闖禍了，胡作妄為，該死該死！合肥向不妄語，是夕在自己書齋，座無生客，更無作場面語，藉以掩蔽他人耳目之必要，窺其忿怒情狀，確是出自真誠。竊以為合肥不僅未有殺陸之命，或竟未曾有此思想。徐氏殺陸之舉，謂受楊鄰葛之慫恿，較近情理，諉奉段合肥之命令，絕非事實。

又錚品學兼優，多才多藝，治事甚勤，待友亦厚，但其急功好大，敢作敢為。雖愛之者，亦莫能為之諱。又錚籍江北，古帝王之故鄉，亭長歸來作天子，昔時不是有個江北人急功好大，敢作敢為，赤手空拳而得天下者乎？蓋急功好大，敢作敢為，成功時則被讚為性之特長，失敗時方被斥為人之弱點，急功好大，敢作敢為，庸何傷哉！

馮玉祥為什麼要殺徐樹錚？

民初智能之士，徐樹錚可算超類拔萃的人物，他是「縱橫家」，也是「文學家」。所以那時竭力摹仿他的作風者，有楊宇霆、王蔭泰等。段祺瑞幕府人才為中山先生所稱許者，只有徐樹錚與許世英二人，當年張四先生（季直）則稱徐氏有霸才，故以「國士」待之；袁項城亦嘗嘉許徐氏，謂有治事之能力而段氏則無。蓋段氏道貌岸然，疏慵成性，不喜批閱公牘，不喜出席會議，除好圍棋與雀戰之外，亦好做文章，喜引四書成語，文亦樸茂可誦。徐樹錚的墓誌銘就是段所親撰的。當年徐段關係之密切，乃眾所周知的事實，但段氏對徐信任的程度，若非觀瀾所親眼目睹，確屬難以置信。事關國運，誠有追記之價值。要而言之，段祺瑞的信任徐樹錚，超過張作霖的信任楊宇霆。段且自認「不可一日無又錚」。

——薛觀瀾

遠在遜清末造，段祺瑞任第二軍軍統，徐樹錚已做他的參謀長。嗣後徐乃一直做段的副手，段氏任陸軍總長，徐即擔任陸軍次長；段任國務總理，徐即任國務院秘書長之職。袁項城與段祺瑞翻臉，即因段氏不理政，而又事事委託徐樹錚所引起。袁逝之後，由段繼任北洋系的首領，徐的實權更大，歷任院秘書長如方樞、王式通等，都是徐氏所推薦的。當年段反對黎元洪對馮國璋府院之爭，徐氏都是中心份子。徐氏想做直隸督軍，卻因礙於曹錕舉足輕重的地位，使他知難而退，最後就任西北邊防軍總司令，他乃組織極大行署，且用銀質獅紐大印，直轄四個混成旅，以褚其祥、高在田、宋子揚等為旅長。直奉兩系曾為此慄慄危懼，遂釀成民國九年之直皖戰爭。

我印象中的徐樹錚

徐樹錚之為人，全係南方人的書生本色，並無北方軍人之氣概，此因徐氏治學甚勤，他最服膺桐城吳摯甫先生，亦嘗師事馬通伯、柯劭忞之輩。故徐氏詩文並茂，誠有倚馬千言之才具。徐氏身高五尺五寸，體重約一百四十磅，微胖而矬短，肌理白皙，其手足柔若無骨，故主貴。徐氏時剃光頭，不蓄鬚髮，因患近視，雙目下垂，實犯相書之忌諱。背微傴僂，恰如君平所謂豬形，亦非善相也。徐氏唇薄，善詞令，其人恂恂儒雅，氣息特佳，殊無狂狷之態。對客談話，則低聲靜氣，語皆中肯。但至緊急關頭，則又咄咄迫人，有先聲奪人之勢。雖喜飲酒，但不吸香煙，居常好色而不致於淫亂。崑曲係徐氏唯一嗜好，尤擅擫笛，他的北曲不作第二人想也。

徐氏對部屬甚表親善，向無疾言厲色。且能循遁善誘，使吾輩致力於國文，每日須寫筆記，還要上課兩小時。徐亦勤於治學，所著《建國方略》一書，係以中山先生之《三民主義》為藍本。徐確敬服中山，始終勿渝。要而言之，徐在直皖戰爭之前，敢作敢為，鋒芒畢露，但自戰爭失敗之後，豹隱五年，韜光養晦，迨至周遊列國的時節，他的鋒芒更斂，觀念亦有變更。我們逗遛在法國時，馮玉祥在國內迭次來電，敦促徐氏回國，就任國務總理，馮云：「虛席以待吾公者久矣。」徐囑觀瀾覆電謝絕，且對觀瀾說：「我的政治野心早就沒有了，我只想扶起段老總，但願我們從今以後為國家多多服務，不要再存利己之心。」此乃徐氏由衷之言，後事足資證明，所以我至今仍佩服他。

居舉足輕重的地位

本篇旨在闡述馮玉祥為什麼要殺徐樹錚之史實，這是一個大眾模糊的問題，但是此事有其非常重要性，對於國步之轉移，具有深長的意義。當年北洋政府的好壞，可以置諸不論，但毫無疑問，徐氏之被害，乃是北方政府的致命打擊，而其結果，國民政府亦蒙不利的影響，其故約如下述：

（一）民十三年馮玉祥倒戈之後，段祺瑞東山再起，徐氏那時雖遠在國外，然對國內政治，立刻佔據舉足輕重的地位，因他對於廣州的孫中山、奉天的張作霖、包頭的馮玉祥、浙江的孫傳芳，都有極深的關係，他原是奔走「孫段張三角同盟」之人，到過廣州，故與國民黨要人俱有淵源。他曾做過奉軍的副帥，與楊宇霆關係更深。他的西北邊防軍解組之後，其部下又大都投入馮玉祥的西北軍，雙方關係亦不能切斷。最關重要者是當時孫傳芳的態度。孫氏野心勃勃，與楊宇霆、吳佩孚皆不睦，故孫乃竭力拉攏徐樹錚。徐在國外一年半，無時無刻不為老段做聯絡工夫，他的主要工作是為段系保舉人才和擴張兵力，他有極完善的軍事計畫，準備在徐蚌一帶練兵三師，餉械都已不成問題，因為中南銀行的胡筆江、金城銀行的周作民、淮海銀行的張季直、中國實業銀行的龔心湛等，都肯支援徐氏的計畫。故當時國內國外，對徐一舉一動，異常注意。徐若不死，段氏的勢力決不會澈底消滅，而北方政府也不會崩潰得如此快速。

誓以全力對馮玉祥

（二）民十四年楊宇霆督蘇，他想肅清江蘇的非奉系，且派部將邢士廉駐兵淞滬，遂與浙督孫傳芳大起摩擦。孫乃求計於徐，徐即暗中運動陳調元、白寶山等，嗾其附孫傳芳以抗奉軍。孫既舉兵，楊宇霆即逃走，孫乃自任五省聯軍總司令，對徐氏執禮甚恭。孫當時之力量雖龐大無比，但能左右孫之意志者，只有徐樹錚一人，汀泗橋之役，吳佩孚一敗塗地，但彼時徐若不死，必能以利害曉喻於孫，勿坐觀成敗而出兵援吳。孫傳芳究係庸才，遂為國民革命軍各個擊破。

（三）徐在國外奔走，原以擊倒奉張為對象，旋在莫斯科得悉馮玉祥聯共叛國之陰謀，徐乃幡然改圖，誓以全力對馮。故彼首倡聯合吳佩孚、張作霖、張宗昌、靳雲鶚、李景林五支軍隊，集中力量以期殲滅馮玉祥之國民軍。嗣後徐氏雖被害，此一計畫仍獲依議而行，然而遷延已久，結果則馮軍負隅於南口，日暮途窮，萬無倖存之理，誰知吳佩孚因兩湖告急，不得不班師西征；奉軍將領則向耽於逸樂，不願力戰到底。馮軍遂得喘息之機會。期年之後，得蘇俄援助，又出潼關，如虎出柙。當時楊宇霆曾對觀瀾歎息而言曰：「又錚若在，形勢必不如此！」嗣後馮玉祥曾反叛數次，國軍雖予痛擊，然而元氣大傷，而使共黨坐大。故徐若不死，馮固不能安枕；馮若得志，則國家危如累卵矣！

政治舞臺的三幕劇

馮玉祥為甚麼要殺徐樹錚？如下所述，讀者可以劇本視之，則更有趣味。戲分三幕，在政治舞臺演出，其中情節，完全根據事實，作者並無半點渲染：

（一）第一幕事在民國七年，臺上佈景所指地點係天津奉軍司令部，主角是奉軍副總司令徐樹錚，與前陝西督軍陸建章；配角有總統馮國璋，參戰督辦段祺瑞、安徽督軍倪嗣沖、第十六混成旅長馮玉祥、奉天督軍張作霖、院秘書長方樞等。此幕係演徐樹錚誘殺陸建章之故事。這是馮玉祥後來殺徐之遠因，但非主要之原因。

（二）第二幕事在民國十四年春，地點在莫斯科人民外交委員長的官舍內。主角是蘇俄外交委員長齊翟林，與中華民國專使徐樹錚；配角有觀瀾本人與蘇俄政府主席加里寧、第一書記史達林等。此幕係演齊翟林與徐樹錚二人舌戰通宵，飲恨而歸之故事，是乃全劇之高潮，亦屬徐氏終究被害之主要原因。此一內幕，在各報從未登過。

（三）第三幕事在民國十四年隆冬，地點則在北京吉兆胡同執政府段祺瑞的辦公室內。在座的是段執政、徐專使與觀瀾三人。這是出人意表的一幕喜劇與悲劇，臺詞精采絕倫，扼要的是徐氏堅持要下討赤清共的命令，事後證明這是徐樹錚自己的一條催命符！

從陸建章誤會說起

追溯自張勳復辟一役之後，黎元洪下野，馮國璋以副總統入承大統，段祺瑞任總理，旋起府院之爭。段氏固剛愎自用；馮氏亦優柔寡斷。但馮國璋究非黎元洪之比，除禁衛軍外，尚有長江三督之支援，長江三督者，乃當時之蘇督李純、鄂督王占元、贛督陳光遠，皆為反段氏之健將。段氏則另有督軍團撐腰。所謂督軍團者，以直督曹錕為首，張懷芝、張作霖、倪嗣沖、張敬堯等皆為中堅份子。按馮國璋與段祺瑞二人最大分歧之點，為當時對西南用兵之意見對立。段主戰，馮主和，此即北洋系直皖分家之張本也。

陸建章原任陝西督軍，至民國五年，陝南鎮守使陳樹藩乘袁項城病篤之際，興兵驅陸。陳樹藩且自稱為段祺瑞之弟子，陸建章因而對段與徐樹錚不無誤會，心存報復，始而慫恿吉林督軍孟恩遠不理段氏命令，抗不交代，以期破壞段氏之威信。繼而又同情於馮國璋，與段作對，不惜僕僕津浦道上，代馮與蘇督李純之間溝通消息。當時皖督倪嗣沖係擁段氏最力者，進京告狀，指陸建章勾結李純與陳光遠，覬覦皖省地盤，請段氏嚴懲不貸。惟陸建章與馮玉祥有甥舅之誼，在段不無投鼠忌器之嫌。馮玉祥係安徽巢縣人，清末投袁世凱之新建陸軍，升第六鎮管帶，後轉第二十鎮，駐防奉天，曾參加灤州起義，失敗後，袁氏對馮曾親批「遞解回籍」。但馮逗留保定，得段庇護，未幾，由舅氏陸建章保舉，段氏復任馮玉祥為營長，駐防北京，且步步高升為第十六混成旅旅長。民五，川督陳宧引帶三旅長晉見袁世凱，四人皆行叩首禮，馮氏即其中之一。所以後來吳佩孚譏誚馮玉祥，謂其「膝行邀寵」，故馮恨吳佩孚刺骨，終於有倒戈之一幕。

徐樹錚誘殺陸建章

北政府對西南用兵之時，北方將領能打硬仗的只有第十六混成旅長馮玉祥，與新升第三師長吳佩孚。馮吳雖都在段的一邊，但是兩人都靠不住。段氏命馮玉祥由閩攻粵，師次浦口時，馮受陸建章的指使，暗與蘇督李純通款，停兵不進，馮之參謀長邱斌，直斥馮為「轉眼無情，對段公恩將仇報之小人」。不久，馮玉祥受懲戒，移防湖北武穴。自民七開始，吳佩孚攻下岳州，湘桂軍潰退，主和之馮國璋下詔罪己，自認與南方主和之不當，段派乃興高采烈，準備大舉南攻之際，霹靂一聲，馮玉祥忽在武穴宣佈自主，建議罷兵。嗣後查明馮之叛變，係受蘇督李純指示，奔走其間者即為陸建章，此禍闖得不小。於是北京政府下令免馮玉祥職，交曹錕查辦，惟全旅官兵堅決挽留馮玉祥，中央無可奈何，只能令馮戴罪圖功。

徐樹錚早知曹（錕）吳（佩孚）對西南用兵之不可靠，故曾秘密赴奉天，說服張作霖。按皖系曾與日本人訂立軍械借款，第一批日本軍械到達秦皇島時，竟被張作霖擅自扣留步槍二萬餘枝，彈藥無算，隨派奉軍一旅入關，妙在張氏之通電，竟稱出兵扣械，係堅元首對西南主戰之心。當時張作霖對段原猶存有三分敬懼，既獲槍械，亦野心勃勃，苦無訓練軍旅之人才，爰任徐樹錚為奉軍副總司令。迨馮玉祥發動武穴事變後，馮國璋密令前線停戰，曹錕在天津，受吳佩孚慫恿，亦主張撤兵，準備召集督軍團會議。馮國璋乃授意陸承武（陸建章之子），召其父建章趕速回津，目的在說服曹錕，與蘇督李純合作，俾削弱段氏，增加自己之實力。徐樹錚聞訊，即派人以電話邀請陸建章至天津奉軍司令部，時為民七年六月十四日，陸認為徐之邀請，必為面談馮玉祥進攻湘西之事，不虞有他，如約而至。引至客廳，未見主人，旋有軍官一人，帶同衛士，出示逮捕命令，即在司令部之花園將陸建章轟斃。

將馮玉祥開復原官

徐氏殺陸後，即囑國務院秘書長方樞持令入總統府，指陸建章通匪有據。但馮代總統國璋心裡有數，不肯蓋印。經方樞呈示檔卷，馮不得已，遂下令如次：「陸建章在魯皖陝運動土匪，意圖擾亂，近復在津與亂黨勾結，現經奉軍捕獲正法，應予褫奪官勳，以昭炯戒」云云。

平心論之，皖系之殺陸建章，係根據皖督倪嗣沖之控告，段氏雖已有意對陸懲處，但徐樹錚突以奉軍名義殺之，手續究有不合，於徐氏本身，亦大為不利。按老段與陸建章究屬小站同寅，陸死後，曾批「賻陸家屬二千元」。徐樹錚得段許可，改寫五千元。段氏復恐因殺陸而引起馮玉祥之誤會。特將馮開復原官。時適玉祥攻佔常德，爰授馮為湘西鎮守使，晉給勳四位。玉祥自知理屈，雖禍延伊舅，亦絕口不提此事，且自告奮，願調往福建去打廣東。此一重公案，為民國七年間事。至民十三年段氏東山再起，出任執政，徐氏仍在國外。馮玉祥對段氏竟函電交馳，吾公長，吾公短，親密逾恒。並欲推徐樹錚為總理，亦非假意殷勤。迨徐返國，見段氏痛受馮之壓迫，遂對馮大起反感。馮亦為之局促不安，語穽心兵，遂興戕害之念也。

段祺瑞的失敗因素

徐樹錚常說：「優秀的將煩，非有文才不可，所以我練邊防軍，團長以上，都用文人居多。」他又說：「文人操守較佳，緩急之時，亦比較可靠。」

瀾按：馮玉祥係行伍出身，初不識字，所以他每重用行伍出身者，如韓復榘、石友三等，後來他們一律學他的倒戈。徐樹錚卻喜歡揣摩袁世凱的作風。袁在小站練兵，曾重用王士珍、馮國璋、段祺瑞三人而以徐世昌為幕僚長。王、馮、段號稱「北洋三傑」，都是文人底子，並非老粗，三人都在武備學堂畢業，名列前茅。而段氏在畢業後，且曾奉派到德國研習軍事，他的機會最好，得袁世凱另眼看待，因為段氏的繼室是袁的義女，袁逝之後，段氏的威望益隆，然因人謀不臧，段是註定失敗的，失敗的原因甚多，其犖犖大者如次；

（一）段氏欲倚賴督軍團而不能加以控制，反為曹錕、張作霖等所利用。

（二）段氏欲以武力統一全國，而卒無法統一北洋之軍閥；厥後成立安福系，則不能以大公無私昭示於國人。

（三）段氏以副總統一席允許曹錕、張作霖而不能兌。

（四）吳佩孚三月平湘，直趨衡陽，段祺瑞反以湘督一席畀張敬堯，而不予吳。段氏又以粵督許吳，亦不能兌現。馮玉祥、劉建藩等相繼獨立，段竟無如之何。要之，賞罰既不公平，威信遂成覆水。

（五）段氏無可用之兵，又無知兵之將，其部下如段芝貴、張懷芝、曲同豐、陳文運、魏宗瀚等，悉屬成事不足，敗事有餘。

（六）徐樹錚訓練邊防軍已遲，號稱五混成旅，確屬精銳之師，曹張自危，故乘其訓練未成而殲滅之。

徐避居上海作寓公

吳佩孚勇不可當，他是我國閃電戰之鼻祖，他能效法第一次世界大戰中德國陸軍之戰術，故於直皖之戰中，能在長辛店大獲全勝，直軍進逼北京城時，徐樹錚是日衣白夏布長衫，光頭革履，乘敞蓬烏佛蘭汽車，出北京宣武門，至其主持之殖邊銀行提取現款，轉赴琉璃廠書店還欠，時直軍瞬將入城，店主驚愕，頻謂此小事，何勞總司令大駕，徐笑云：「此刻不來還，將成倒帳矣。」迨其轉至東交民巷，直軍已躡其後矣。徐當時避於日本使館，頗受優待，日人將他隱匿在汽油桶內，置於汽車上直駛天津，繼乘日輪至上海。

從此徐氏作上海英租界的寓公，住址係南洋路一所花園小洋房，但徐在上海仍作政治活動，茲特記其二三事如次：

（一）徐氏助浙督盧永祥，力爭淞滬地盤，以抗拒蘇督齊燮元。徐又疏通孫傳芳，使其勿與齊燮元聯合，齊氏因此卒東渡赴別府。

（二）當孫中山先生督師北伐，師次桂林時，徐氏銜段合肥之命，往商同盟之策，孫中山先生集護法各省首長會議，陳炯明獨不往，徐知有異，私語馬君武曰：「孫公禍不旋踵矣！」徐乃踉蹌北歸，俄而奧秀樓事變作。

（三）閩督李厚基原屬皖系，段氏倒臺之後，李改事曹吳，徐氏乃單身入漳廈，策動其舊部王永泉，驅逐李厚基，由徐自立「置制使府」，政教規劃，洋洋大觀，卒因未得段系軍人之支持，徐卒鎩羽北返。

專使名義報聘各國

民十三，江浙戰事屢起，上海英租界當局見徐氏政治活動太過露骨，遂客氣地將徐氏驅逐出境，謂他在上海乃是不受歡迎的人物。徐感前途茫茫，國內無存身之所，於是挈眷遊歐洲，漫無目的地。無何，徐氏在途中接到報告，知段祺瑞已晉京就執政職，段並命他立刻回程，商議組閣事。徐即覆電與段，說他不贊成「執政」的稱呼，他願得一「全權特使」的名義，代段氏報聘各國。此時徐氏的作風與前不同了，他並未保舉任何人，亦未向段推薦秘書長。他的目的只想（一）鞏固老段的地位；（二）找回自己的面子。老段遂立即委他為「特命考察歐美各國與日本政治經濟全權專使」，經費由他酌量自定。他又奉命考核各地使領的成績，後來國際聯盟吾國首席代表唐在復的免職，駐英代辦朱兆莘的升任駐意公使，都是根據徐氏考核的建議。

大徐小徐傳為佳話

徐樹錚到了巴黎，大受法國當局的歡迎。他先在巴黎組織「專使公署」。並將眷屬遣回上海。預備要轟轟烈烈地幹一番。他的機要秘書有翁克齋、朱佛定、王聰彝等。隨員有褚其祥中將、宋子揚中將、劉卓彬少將、孫傑少將等。宋子揚雖是徐的舊部，卻係馮玉祥所派的隨行代表，足見徐馮之間，至彼時為止，並無裂痕也。到了倫敦，徐氏的心事重重，他想他在上海英租界既見逐於英人，必須設法找回面子。他知道英國的「皇家學院」是國際聞名的，經過一番得力的宣傳，「皇家學院」始知徐是我國國學專家，果然請他公開演講兩小時，他以「中國音樂的沿革」為題，叫我代他趕速翻譯成英文。觀瀾時任駐英使署的秘書，朱兆莘為代辦公使（代顧維鈞）。朱是廣東梅縣人，迨徐在皇家學院出場演講之前，朱兆莘起立致介紹辭曰：「這們是國際聞名的小徐，吾人稱前總統徐世昌為大徐……。」朱氏作如是介紹，當時四座皆錯愕，以為徐必不滿意，因在外國只有「黑人物」始用綽號也。詎料徐特使卻接著含笑致辭曰：「不錯，我叫小徐，此因我國南唐有弟兄二人，馳名江左，號二徐，鉉稱大徐，鍇稱小徐。……」後來朱兆莘升作公使，實拜「小徐」二字之賜，信不信由你。是日聽講者約三百餘人，其中有研究中國文學與中國禮樂者，對徐氏大致佳評，徐甚得意，遂聘觀瀾為秘書，待遇甚優。

徐氏對考察事宜，非常認真，每到一國，必以重金延聘專家，聽其講述該國之政治經濟與軍事。觀瀾返國之後，曾撰薛著《憲政論》一冊，在商務印書館出版，內容係比較各國之憲法，以捷克為最佳。徐專使當時對於蘇俄政情最為注意，參考資料亦較多，惜日後在廊房散失，被馮玉祥士兵當廢紙出售。

一九二五赴俄考察

編者按：薛觀瀾先生早歲隨徐樹錚訪問蘇俄，此節內容，即為記述當年訪俄時之一切經過。薛先生對當年史達林輩之情狀，在本文中繪形繪聲，曲曲寫出，妙到毫巔！尤以徐樹錚與俄外長齊翟林在外交官舍為了共黨問題，通宵舌戰，均由薛先生躬任翻譯，雙方各逞辭鋒，循至面紅耳赤。以薛先生如椽之筆，始能寫出此數十年從未公開之一段國際珍貴秘史。讀者閱之，亦當為撫掌叫絕也。

按徐氏赴俄考察係在一九二五年春，距離蘇俄一九一七年之十月革命，不過七年有奇，當時蘇俄正在青黃不接之時期，國內百業俱廢，所試公妻制度與公社制度，均告失敗，尤其公社若不取消，農民必起革命。瀾按：蘇俄十月革命的大功臣是托洛斯基，列寧得其支援，始能打倒克倫斯基。一九二二年根據列寧的提議，選舉《真理報》主筆，史達林為共產黨中央總書記。當時係由列寧主宰一切，總書記的任務不過是替老總拿公文皮包而已。至一九二四年春，列寧逝世，他的遺囑云：「史達林反覆無常，他的為人太粗魯了，我建議同志們應該設法解除他的總書記職務。……………」

自從列寧逝世後，史達林與軍事人民委員長托洛斯基交惡更甚，托氏過於自信，他的聲望和才幹在在都超越史達林之上。史氏則用手腕控制了政治局，遂於一九二五年突然罷免托洛斯基，改調為電力發展委員。由是觀之，今日，赫魯雪夫的一切行動，實師史達林的故智。蓋蘇俄從未變更列寧原定共黨征服世界的目標。當我們一行抵達莫斯科時，俄共政治局的七個委員中，分為左右兩派：左派是托洛斯基、齊諾維夫、與加米涅夫；右派是賴可夫、布哈林、與托姆斯基。而史達林站在中間，可以靈活運用。他所掌握的黨中央書記局，已變成特務工作的大本營，以上六個革命元勳，都先後死在史達林之手。這時候加里寧是蘇俄政府的主席，我們知道他是傀儡。齊翟林是外交人民委員長，我們知道他是帝俄時代的貴族，一定屬於右派，後被暗殺，死在溝渠中。當時史達林卻無聲無聞，只是微笑，不發一言。我們對他亦未予重視。徐專使仍特別重視托洛斯基，而不知其已被史達林暗中打倒矣！

我印象中的史達林

我們一行在赴俄之前，蘇俄外交部轉派交際司長至捷克京城迎接專使，陪同入境。徐之隨員只有褚其祥、朱佛定與觀瀾三人。我們專車抵達莫斯科站，月臺上滿布軍隊，軍樂悠揚，儀仗甚盛。所見紅軍至少有兩千人，蘇俄政府的要員全體到齊，秩序紊亂之極。據當時中國駐俄公使李家鏊云：「蘇俄係以元首禮迎接徐專使。」非禮也。須知這時候蘇俄只顧現實，凡事都採遷就的態度，我們住的是莫斯科最考究的建築物，觀瀾獨居一所，壁上所掛都是拉斐爾的名畫，照料我們的乃是特務機關長耶覺達。他陪我們到各處參觀，當晚齊翟林在外交部張宴，除齊氏佩寶星穿燕尾服外，其他蘇俄顯要均服工人裝，布褐過膝，繫腰帶、著長靴。史達林亦然。他在宴會中坐在第八位，食之甚甘，並不與左右交談一語，我當時面對史氏，印象特深，此公眉有煞氣，雙目狡獪，八字鬚如亂柴。惟他右眉之上有紅痣一粒，此殆註貴之徵，與我國黎元洪一般。史氏在克里姆林宮的辦公室，高大無比，然而陳設簡陋，使人難以置信，辦公桌正面設兩小椅，史坐右端，桌上有磁碗一隻，及橡皮圖章數枚，又有儀器一件，置玻璃罩內。按此時蘇俄全國業已「神化」列寧，然史氏之室，只懸托爾斯泰之像，並無列寧照片。其中含意深長，不言而喻矣。

是晚，蘇俄政府之宴會，不同之酒凡七道，菜肴之精為他國所莫及，此與最近星加坡四商會之款待愛丁堡公爵，大致不相上下。其功能表包括三十六種菜式與飲料，宴罷已近午夜一時。齊翟林外長又邀徐至其官舍，暢談通宵。蓋按蘇俄習慣，其辦公時間常在深晚也。

齊氏威儀不凡，目光銳利，頷下羊鬚，表示其為舊俄之貴族。伊攜參事官一人，徐即帶我作翻譯，賓主坐定之後，又飲伏特加酒。此時四人俱有醉意，徐尤面色通紅。不久，齊氏為節省時間起見，命其參事官退出，齊氏改講英語，由我翻譯中英文。是夕二人爭論不休，由午夜一時開始，至五時為止，聲浪漸高，達於戶外。故次日謠傳為二人反目，我今述其親身經歷之大意如下，事雖明日黃花，然其影響所及，猶與今日之事息息相關者也。

徐齊兩人舌戰終宵

（齊）徐將軍酒量甚宏！

（徐）各位主人與我乾杯，我不能不飲。

（齊）徐將軍這次來到敝國考察，我們是以招待首相的禮節來歡迎徐將軍。

（徐）本使愧不敢當，我只是中華民國的特使。

（齊）德法各國如此隆重招待徐將軍，敝國豈甘後人，徐將軍總知道敝國是對中國取消不平等條約的第一個國度。

（徐）是的，貴國確有泱泱大國之風，中俄兩國的友誼是永久存在的。但今第三國際在敝國大肆活動，已達妨礙邦交的程度，祈貴委員長特加注意。

（齊）我們都是列寧的信徒，敝國從專制政體改為共產制度，至今不過六七年，很多事項還未上軌道，不過我們眼前是非常樂觀的。請問徐將軍印象如何？

（徐）我在車站，的確看到軍容甚盛，但我走過馬路，看見路上有很多死馬，兩旁陰溝之中，還有幾具屍首，馬路很闊，但兩旁的面店什九關門，學校極少，兒童的面龐都是瘦削不堪，所以我敢斷定，貴國自行共產以來，人民愈加困苦萬狀了。（瀾按：徐氏所言，比上所述還要激烈得多，我不敢一句一句的照譯，徐卻明瞭我的意思，他當時曾毫不客氣的申斥觀瀾，他說：

「滙東！你是替我好好翻譯呢？還是定要參酌你的意思呢？」但齊氏此際尚無不愉快的表示。）

中國不贊成共產黨

（齊）這些也許是事實，這要怪協約軍與我們為難，最近才退出佔領區，使我們不能建設，但共產主義本身是健全的，貴國孫逸仙先生豈不是贊成共產的麼？我想中國和我們一樣，正在大動盪之中，尤其中國所受帝國主義的侵略最甚，故共產主義對於中國一定最合適。

（徐）閣下的觀察可謂錯極了，我們中國人不會有一個贊成共產的，除非他有不懷好意的作用，我們有五千餘年的歷史，我們都是信仰孔子「格物誠正」和「修齊治平」的學說，在我們看來，共產主義比洪水猛獸還要危險。

（齊）如此說中國人不喜自由平等了！

（徐）大謬不然，中國人最喜歡自由平等，所以孟子說「民為貴」。然而人民生來賢愚不同，環境各異，怎麼可以拿人當一部機器呢！凡信共產主義者，只知有教條，不知有國，更不知有民，這樣還談得到自由平等嗎？

決不容馮玉祥胡鬧

（齊）閣下說中國人沒有喜歡共產主義的，這句話我很懷疑，你們鼎鼎大名的基督將軍，乃是極端贊成共產的。（徐當場攢眉問我，誰是基督將軍？我答「馮玉祥」。徐乃怒形於色。）

（徐）喔！那是叛徒，何足掛齒。（叛徒二字，我翻Insurgent，徐不滿意忘。當時我處境困難，可想而知，齊聞此言，大驚失色！）

（齊）這就奇怪了！吳佩孚不是閣下的死敵麼？何以反對馮將軍？

（徐）吳佩孚不是我的死敵，政見不同而已，但我與吳都是愛國的。我可告訴你，馮玉祥與我私交很好，他所喜歡的是貴國所供給的餉械，待我此番回國，決計不容他胡鬧到底的。（瀾按：這時候的蘇俄，沒有人瞧得起的，所以張作霖敢搜查蘇聯駐華大使館。）

（齊）聽說閣下回國，一定要做國務總理？

（徐）這是謠言，我志不在此。（瀾按：徐的老實話說得太多！）

（齊）那麼閣下為什麼到一個國度就請憲法專家講授呢？

（徐）因為敝國政府要開國是會議，必需研究每國的憲政，以備採擇施行。

（齊）無論如何，我們對中國特別好感，閣下若要練兵，我們可以供給餉械，並不要閣下贊成共產主義，我們始肯援助。

（徐）練兵之事不是我的任務。

徐樹錚列上黑名單

（齊）我有一事請求閣下，張作霖近與我們為難，拘捕共黨甚多，我望閣下能和緩此事。

（徐）我當量力為之。

談話至此，我們告辭。齊翟林送至階前，他說：「徐將軍！關於共產主義是沒法子的了，但是我們仍能共存共榮，對不對？」

徐答：「對的。」

我在汽車中對徐說：「專使今夜談話有火藥氣味。」徐公正色曰：「我們若受共產主義長期威脅，什麼都是空的了！」

瀾按：此席談話之嚴重後果，約略如下：（一）從此以後，徐氏以反共為唯一使命，護段尚在其次，可謂見地甚高，迴異常人。（二）當時蘇俄政府，非常重視徐樹錚，口惠利誘，無所不至，但自徐辭出官舍，即膺共產黑名單上第一名之選，再進一步，就有性命危險。（三）當時俄共的計畫是一面滲透廣州，而一面籠絡馮玉祥，即可瓦解中國，這是對的。幸而革命政府有清共之舉，始將局面挽回過來。（四）在武力方面，徐乃重視馮玉祥的西北軍而蔑視廣州的革命軍，這是當時一般的錯覺。論武功，仍數蔣介石第一。

徐樹錚在那次出國考察中，一意吸取新知識，他的抱負是想發展國內的經濟。關於他的政治活動，一切都是被動的，所以他不想亟亟回國，所以他力辭國務總理之職。他擬聘請國外的專門人才，他曾出資購買德國染料的秘密，他曾採得捷克玻璃的製法，他又定購「史可達」廠的自動機關槍，以及「克虜伯」廠的耕種曳引機等等。後來安徽督辦陳調元得到他在廊房遇難時遺失的一部份文件，曾專誠聘請我輩，代為整理一切，我輩敬謝不敏。總之，我們的工作是有建設性的，做得相當認真。但在考察期間，亦有輕鬆愉快的一面，待我敘述二三事，以博諸君一粲。同時可知徐樹錚的為人，具有英雄主義而無官僚作風，他有萬丈豪情而無半點虛偽，亦人傑也矣！

白金漢宮園遊盛會

（一）英國宮廷最講究儀式，我在英倫服務兩年，曾參加宮廷宴會四五次，所見趣事良多。一九二五年夏，白金漢宮有一盛大園遊會，此次有貴賓二人：第一個是美國大理院長前任國務卿休士；第二個便是中華民國特使徐樹錚。御花園中的盡頭處，特設白色帳蓬二座，右面的一座是英皇佐治五世暨瑪麗皇后接待兩位貴賓的所在，帳內尚有王子、公主、皇叔、皇姑，及藩屬國王等等。左面的一座是各國使節暨隨員休憩之所。至於公侯伯子男及其夫人則麕集在三百碼外草地上，無帳蓬，無坐椅，離御座甚遠。足見英廷對於外交官員之重視。

是日隨徐樹錚入宮者，為朱兆莘夫婦、陳維城及觀瀾等一行五人。朱夫人年逾不惑，小腳穿中裝，頭帶闊邊草帽，大而無當。觀瀾當時認為不雅觀，不如不戴。但朱兆莘係前清舉人，甚守舊，他說：「外國婦女在白天出門那有不戴帽的。」

無何，朱夫人小腳走不快，朱恐誤時，頻加催促，她幾失聲而哭。從走廊步行至御帳，約長六百碼，走至中途，朱夫人的草帽突然被風吹落。我乃不假思索，拔步追拾之，惟帽隨風而轉，左右飛舞，良久始落我手。英皇佐治五世見此，捧腹大笑。有頃，徐樹錚對我說：「你大概沒有考慮罷，這對英皇是大不敬。」我答：「我絕未考慮及此，但美國大理院長休士狂拊英皇之背，且笑且躍，這你何以不說他是大不敬呢？」徐聞之，亦不再說了。次日倫敦《泰晤士報》載此，對觀瀾並未置評，但對休士之舉動，表示不滿。按休士貌似英皇，二人皆于思滿面，各戴灰色高帽。休士雖為英皇老友，但公侯華族目擊其狂拊英皇之背，均不直其所為也。

在郵船上趣事頗多

（二）觀瀾初隨徐樹錚時，我們在訪問行程中的海輪上，無事時偶打麻將消遣，以前打麻將是要算多少和的，不比現在只算幾番便了事，有一次要打牌，徐說：「莊家雙東風亮槓要算一百廿八和。」我說：「兩番只能算六十四和。」徐說：「來不起你就不要來。」我乃推牌而起，使他們不能成局。頃之，我與同事徐君對下圍棋，徐專使走過來，問誰贏了？我說：「我贏了。」

徐就以手擾亂棋局，笑向觀瀾曰：「這樣我們兩不來去。」從此以後，二人遂成知已。徐氏令人可愛的是他的天真，他所吃虧的，也是他的天真。

（三）我們出發訪問之前，徐特下一手條曰：「入國必須問禁，風俗因地而異，薛秘書（學海，觀瀾名）是留學美國的；朱秘書（文黼）是留學法國的。故諸君連我在內，到了英美，一切問題要問薛秘書；到了意法等國，可問朱秘書。」我們係乘「巴黎」號大郵船，橫過大西洋，抵美前夕，船主特開跳舞會，以徐樹錚為上賓。屆時我在舞廳門口，見徐施施而至，身穿淺藍色陸軍上將制服，頭戴白長纓軍帽，佩寶劍，掛滿勳位勳章。我未開口，只將他拉回艙內，請他改穿「脫克西度」晚禮服，上綴橫條勳帶。徐先不肯，與我反臉，我說：「專使你自己答應的，一切惟我是問！」徐遂啞口無言的照辦。以上僅舉一例，此類趣事，不可勝數也。

卅餘年前風流韻事

當時吾國駐俄使館雇有一位女書記，貌美而多姿，我在莫斯科時曾邀她出外遊宴，約於道左見面，待我遇見了她，上前只說一句俄國話，她便轉身離開，我大失望。問諸吾國大使李家鏊，始知我所說的是「再會罷」，不是「你好麼？」李氏笑我是「天字第一號的魯男子」。李當時年已七十，他是我的「貼膏藥」朋友（按：在北京時，我們同逛韓家潭（即八大胡同）。挨戶打茶圍，每處坐十分鐘，付現鈔一元，李氏稱謂「貼膏藥」，興致甚豪，此即「貼膏藥」之來歷），待我到達花都巴黎，擬往「玻璃房子」觀光，聊發少年狂，我被褚其祥訓斥一通，此議遂寢。這還不算荒唐的事蹟，最荒唐的是在東京帝國旅館，我獲認識阿根廷富翁之女瑪莎，阿根廷女郎最熱情，最誠實，經過一度接吻之後，瑪莎大驚。她說：「在阿根廷，親額親頰是無所謂的，親嘴則表示非娶不可了，我將告訴我的媽媽。」嗣後瑪莎追蹤至上海，我只得逃往無錫以避之！

徐氏在美電張作霖

吾等抵紐約，下榻帕拉柴旅舍，客居無俚，徐氏懷筆疾書，親擬電文，觀瀾讀之，則致東三省巡閱使張作霖者也。電文通篇攻訐楊宇霆一人，分條縷列，自一至十款，擢數楊之罪狀，指其植黨營私，暗爭地盤，遂使新舊兩派，傾軋不已。又責楊不道德、不量力，躐等而擢姜登選，負氣以抑郭松齡，愚佻短略而見逐於孫傳芳，倉皇棄地而貽笑於王永江，視同僚若草芥，奉日人如神明。當是時，國內的情勢是：楊宇霆倉皇撤退，孫傳芳追奔追北，於是，徐樹錚心血來潮，特在美致電張作霖，窺其用意，一使楊宇霆不安於位，逼其引咎辭職。二圖挑撥張學良、郭松齡二人與楊宇霆之感情。三則離間馮玉祥與張作霖。故徐電指馮玉祥為「倚嘯東門之石勒」，直斥其私通外國。徐深知張學良、郭松齡二人乃念念不忘欲殺楊宇霆，故徐曾對觀瀾曰：「張雨亭（作霖）多疑，楊閱此電，必不自安，恧焉怯焉，惟有辭職而已，俟我歸國，楊鄰葛（宇霆）必為我用矣。且彼為我舊部，知我甚深，必能瞭解此電之作用，決非催命之符，要為救生之策，詞雖淩厲，旨含仁慈。」

當時奉張接閱徐電，眾皆錯愕，楊果辭職，張加慰留。於是徐計未獲售，楊命已屬絲矣！匝月之後，郭松齡乃勾結馮玉祥，果以倒戈聞。繼而姜登選被戮，楊宇霆倖免，實由張學良與楊宇霆兩系之仇隙，無法彌縫，且為徐樹錚片言道破。張學良、郭松齡勢成騎虎，為先發制人計，不得不圖一逞以遂其利欲之念耳。曩昔姜維忠心大膽，以一計害三賢，魏室幾遭顛覆，今徐之謀，亦由是也。蓋楊宇霆、張學良、郭松齡三人盡入圈套矣。然徐預言楊宇霆有殺身之禍，而不能自防廊房之變，非當局者迷而何！楊若希徐之旨，毅然解組，亦何嘗不能保其首領哉？要之，郭松齡倒戈之役，實為徐樹錚、楊宇霆二人致死之由。惟張學良欲殺楊宇霆，預謀已久，郭之倒戈則益堅其心而已矣。至於馮玉祥之謀殺徐樹錚，久有此心而迄猶豫不決，因彼思利用徐樹錚以抵消吳佩孚之壓力，詎料日本關東軍素來反對馮玉祥之親共政策，遂使郭松齡功敗垂成，馮乃焦頭爛額，蹈據無所，而反共最烈之徐樹錚，適於此時自投虎口，馮玉祥於張惶失措之際，疑鬼疑神，乃不擇手段，毅然殺徐以絕後患。嗟乎！英雄失智，可長歎也！

忠誠擁段歸心如箭

徐在美國得到報告，謂張作霖之奉軍與馮玉祥之西北軍，內部皆有嚴重問題，此乃段系抬頭之機會，故徐歸心似箭。是時段任執政，無一兵一卒。馮玉祥則以退為進，並豫吞陝，覬覦河北，並駐重兵於京畿，對段則名為保護，暗行劫持。內恃革命軍為奧援；外受共產黨之接濟。惟馮玉祥雖野心勃勃，然有將兵之才而無將將之才，加以餉糈不足支配，故其部下皆離心離德。張作霖乃虎視眈眈於遼寧，渠有將將之才而無將兵之才，一切事權集於楊宇霆之一身。故楊與張學良磨擦日甚，同時奉軍與馮玉祥有利害衝突，於是西北軍與東北軍勢成冰炭，段祺瑞居其間，度日如年。徐欲救段，並為皖系擴軍，故其預定方針為安撫張作霖，聯絡孫傳芳，敷衍吳佩孚，團結奉直皖三系，以討馮玉祥叛國之罪。然後四方圍合，以全力抵禦北伐軍，此乃當時徐樹錚之雄圖茂略也。

見段心切匆匆返京

吾等隨徐返上海之時，孫傳芳特從南京趕來，迎接徐專使，對徐執禮甚恭。此時孫任五省聯軍總司令，東南半壁悉入掌握，是以孫傳芳與徐樹錚之投契，儼係直皖二系之結盟，頗為當世所屬目。日後徐氏被狙於廊房，禍梯即伏於此。徐氏急欲晉京覆命，適奉段執政來電，堅囑留滬，暫勿入京。徐恐「騰笑國際」，寧違段意，實因思念段公，亟欲謀面。重以郭松齡正與奉張相拒於新民屯，此乃千鈞一髮之秋，故赴湯蹈火而不辭也。吾等爰於民十四年十二月十九日搭盛京輪，由滬赴津，船抵津埠，適值黎明，徐專使匆促登汽車，我坐其右，宋子揚在左，此車係自英國駐津總領事署借來，車首扯英國旗，風馳電掣，直指北京。車抵故都崇文門，徐囑宋子揚往見京畿衛戍司令鹿鍾麟，足見吾等對於馮玉祥，未存戒備之念，其故安在哉？茲錄出如下：（一）徐在國外，來電最多者為馮玉祥，對徐甚獻殷勤。（二）段祺瑞與馮玉祥皆係皖人，而皖人向有團結，故馮於段氏表面上甚為尊重。（三）徐馮之間素無正面衝突，徐論及倒戈之事，常言始作俑者為吳佩孚對段祺瑞，馮玉祥聞之而大樂。（四）徐之邊防軍舊部，在馮西北軍供職者甚多，且徐舊部決無不忠於徐者。（五）徐在國外，馮嘗迭次電促返國，就任國務總理，迨徐抵京，馮又來電請至包頭，共商國是。馮並聲明，何以不能離開包頭。時則行人子羽，絡繹於途，職是之故，吾等不虞其有異心也。（六）宋子揚雖屬徐之舊部，實為馮玉祥之代表，馮有蜂蠆之心，而宋未嘗警告徐專使，頗為同列所詬病，然馮詭計多端，宋或蒙在鼓裡，亦未可知。

段徐見面抱頭號啕

是年十二月二十三日上午十一時，車入北京吉兆胡同執政府，府主已得訊，兩廡衛士悉屬鹿鍾麟之部下，對徐行軍禮。徐穿灰色西裝，逕入段氏簽押房，吾隨其後，徐見段時，行跪拜禮，段氏亦屈膝，二人互抱，號啕大哭，跪地不起，可五分鐘，吾甚窘，只能同跪在側，不禁落淚。徐起，危坐一角，容貌肅然，蓋徐對段執禮甚恭，一向如此。徐嗚咽曰：「不見老師，五易寒暑，五年之中，夢寐繫之，不料今日得見吾師，一無善狀。」段搖首太息曰：「又錚！我教你不要來。」蓋徐見段，稱謂不一，或呼老師，或稱督辦，則因段氏嘗任參戰督辦也，自始至終，未提「執政」二字。段氏旋詢家事，徐——答之。繼問考察日俄二國情形，徐僅三言兩語，但云：「樹錚有詳細報告，匯呈督辦。」

徐乃陳述東南形勢曰：「樹錚在江南，浹旬之間，已為吾公做好一樁了不起的工作，孫馨遠（傳芳）無問題矣，樹錚有十分把握，將來得力之處正多。」段云：「好極了！馨遠的兵力到底怎麼樣？」徐答：「馨遠發展得太快，他的部下如陳儀、夏超、盧香亭等，飛揚跋扈，內藏奸詐，孫馨遠成不了什麼大事，他若是真心對待我們，我有辦法幫他的忙。」

徐又討論東北形勢曰：「現今郭松齡倒戈，成敗猶不可知，卻想不到張漢卿起了纂奪之心，郭的失策在與馮煥章聯合一起，而且關外之事，日本關東軍有舉足輕重之勢，不是決一死戰的問題。」瀾按：徐對大局可謂瞭若指掌，時人當時並不知日軍正在助張殲郭也。徐氏繼言曰：「樹錚又想起楊鄰葛來了，他曾做過我的參謀長，目下他的處境危險得很，樹錚很想拉攏他過來，替公出力。」段點首稱是。瀾按徐愛楊宇霆之才，楊則一生摹仿徐樹錚。

討赤命令是催命符

少頃，徐又曰：「郭松齡若獲勝利，公非辭職不可，誠以馮郭二人行同土匪，苟其狼狽為奸，吾輩無噍類矣！郭若失敗，則張雨亭成北方之主流，然彼受此打擊，必可相安一時，而馮羽翼既翦，為各方所集矢，公必乘此機會，使其全部崩潰而後已。」段忸怩曰：「煥章以退為進，仍在包頭發號施令，又錚！你要審慎一些。」徐曰：「馮煥章只怕一個人，那是吳子玉，其他都不在他眼裡。」其意謂馮目無執政也。段作色曰：「子玉一籌莫展，煥章何懼哉！」徐曰：「將來可難說，為人莫做虧心事。」頃之，二人談話已達最高潮，徐問：「煥章待公如何？」段囁嚅曰：「還好。」徐氣極曰：「還好？雲霈之事，馮煥章欺人太甚！」雲霈即曾毓雋，一度遭馮拘押。段答曰：「煥章就是疑心太大。」徐指窗外曰：「公不見府中前前後後都是馮煥章所派奸細麼？」段輕聲曰：「那有這種事？」徐曰：「公怕煥章，一至於此！」段不懌曰：「我怕煥章何來？我若叫他來，他不敢不來。」徐曰：「樹錚在莫斯科，備悉馮煥章與共產黨勾結情事，此獠不去，則吾國軍隊，遲早要受他默化潛移，彼若得行其志，則中國全部赤化，洪水一至，不可收拾矣！我們與馮勢不兩立，乃必然之事，南方孫馨遠與北方楊鄰葛，必為我們後盾，而南通張季直亦因煥章親共，義憤填膺，請公以非常人，做非常之事，明令討赤，以安人心，今日之事我為政，煥章現如強弩之末，其勢不能穿魯縞。」段執政憮然有間曰：「又錚！你又來了，此事非同小可，千萬不要鹵莽。」徐曰：「樹錚思之熟矣，老師不必擔心，待我出府就擬命令，我與眾異（按：指梁鴻志）磋商之後，再請核奪示遵。」眾異時任執政府秘書長。所謂「討赤命令」，儼係徐樹錚之催命符也！

徐樹錚那次晉京覆命，係乘英領事之車，以為有辱國體，深自切責。夫段祺瑞當時以元首之尊嚴，而在近畿竟無法保障大員之安全，豈非咄咄怪事！猶憶汽車駛入執政府時，徐見府內兩翼衛隊，意氣昂揚，皆係馮部鹿鍾麟所派，非綠林之散卒，即驪山之叛徒，名為拱衛，暗實劫持。

馮煥章無所不為，段執政其何以堪！徐氏謁段之際，見段執政恇怯之狀，了無當年英氣，關於用人行政，馮煥章著著進逼，段執政節節退讓，猶恐徐樹錚抱不平，段氏乃力圖緩衝。吾等進府之頃，秘書處闃無一人，可見暮氣沉沉，難以振作。如右所書，皆徐所逢傷心事也。當時吾等酬酢無虛日，徐每以酒澆愁，沉默寡言。吾等見此，遂將公事箱篋原封不動，準備隨時離京而圖南矣。

首屈一指之陰謀家

無何，時局緊張萬分，奉軍郭松齡因怨楊宇霆而倒戈，事前實獲張學良之諒解，張郭二人實皆受馮玉祥夫婦之慫恿。郭松齡倒戈之初，其鋒甚銳，楊宇霆僅以身免，張作霖準備逃走矣。不料當時日本關東軍忽而出兵監視郭部之行動，遂使吳俊升之黑龍江騎兵及時趕到巨流河，郭事既敗，置於重典。張學良則跪地求饒，馮玉祥則如喪家之犬，其國民軍四十萬眾頓呈土崩瓦解之勢。故自（民十四年）十二月廿五日至廿七日，徐樹錚寄宿於執政府，與段密談，亙三日夜，徐之足跡未出北京吉兆胡同，徐乃雙目盡赤，憊甚矣！段亦三日不朝，疑馮將有異動也。

馮玉祥當時聞此，益危疑震駭，不知所措，惟馮詭計多端，實為吾國首屈一指之陰謀家，自古迄今，鮮出其右者。曩昔馮被袁世凱判決：「著即遞解回藉，永不敘用。」結果則馮反得同鄉段祺瑞之迴護，送入保定軍官學校，馮以區區一旅長，敢在武穴獨立，結果則馮反得直系曹錕之提攜，升任常德鎮守使。試觀第二次直奉戰爭，當其倒戈之頃，馮既失歡於吳佩孚，竟能使吳不疑而重用之，以為第三路總司令。倒戈之前，馮發「清君側」之電，反跡已現，然而曹吳不加警惕，聽其指揮前線自若也。及稍被疑矣，又能使吳不加防範而縱任之。馮自熱河悄悄班師，歷時三晝夜，吳竟懵然不察，足見馮玉祥翻雲覆雨之技，洵有出神入化之妙也！

決定殺徐根絕後患

吾輩留京約一星期，延至十二月廿九日，徐忽臨時決定，即日離京。維時郭松齡已告失敗，吳佩孚致電張作霖，願共討伐馮玉祥，指為「反覆無常之小人」。張大感動，乃定聯吳敵馮之策。馮在包頭，進退失據，萬般無奈，乃宣言下野，以兵權讓與張之江，總部設在廊房。惟馮暗中操縱如故，無非以退為進，其勢力仍能控制京畿。馮囑張之江、鹿鍾麟、李鳴鐘三人出面，率其徒眾以投降吳佩孚。吳批「全體繳械」，事遂勿諧。馮覺前途兇險，徐樹錚係其心腹之大患，於是不顧一切，決定殺徐，以為根絕後患之計，其故可得而知也：

（一）徐乃發動討赤之第一人，吳佩孚、張作霖、孫傳芳等從而附和之，此徐致死之最大原因。

（二）馮恐北方吳（佩孚）張（作霖）之聯盟，復懼南方孫（傳芳）徐（樹錚）之結合，四股勢力，合以圖己，必無幸矣。

（三）徐有組織軍旅之計畫，足以妨礙馮氏叛國之措施，且馮幹部多係徐之舊屬。

（四）馮與奉張因爭地盤，幾致火拼。段乃居間斡旋，議定以津浦線劃歸奉軍，京漢線劃歸國民軍。段之於馮，意存偏袒，徐在國外，大不謂然，渠尤反對鹿鍾麟之衛戍京畿。

（五）馮曾再三邀徐至包頭，而徐置若罔聞，馮薦許世英為國務總理，而徐不贊成，此皆表示徐抱敵對之態度。

（六）馮派爭傳徐已借得外債；又傳徐與丁文江合作，正向英國磋商借款事；又傳徐自北京抵津，即將轉往東京，和日本軍閥南次郎，菱刈隆、木莊繁等秘密協約，進兵長江以北。瀾按：此皆無稽讕言，馮玉祥已中共黨份子宣傳之毒，關於徐樹錚之對日外交政策，並無不妥，楊宇霆即走其路線。

密令炸車其計甚毒

馮既決定殺徐，所採步驟，甚為縝密。馮先遣其「特務」哈玉章刺探段徐在執政府密談之內容。哈係海軍部總務司幫辦。哈又利用渤海艦隊司令溫樹德（溫係福建人，與曾毓雋、梁鴻志友善）。又曾私通段宏業（祺瑞之子）之寵姬。結果由溫樹德入執政府，乘秘書處無人之際。盜得機密文件十餘封之多，其中之一係委徐全權辦理交涉事項。馮本探得段執政將與徐專使同車赴天津，馮即預備第二次倒戈，以因段徐與其隨從。嗣聞徐專使不肯乘汽車出京，馮大喜，蓋徐若乘火軍，一切公開，故馮極易探知其行期。隨即以密令付於其部將國民軍總司令張之江，命在廊房、楊村之間，路軌之上，按置炸彈，待徐專車到達，轟然一聲，既可立斃徐專使，復使吾等隨員同歸於盡，事無佐證，計莫便於此矣。無奈當時以沿路兵車太多，時刻欠準，張之江乃不能遵照密令行事。竟在廊房車站硬將徐專使刦下專車轟斃。事後馮玉祥大發雷霆，嚴責張之江曰：「吾定炸車之計，即因兵車甚多，秩序混亂，敵友難判，則不能確定主謀者伊誰。你要知道，段今執政，徐樹錚卻是國際聞名，現徐在汝堂堂總司令部，被我們士兵押赴刑場，將他槍斃，又有他的秘書緊跟在後，目擊一切，他日暴露真相，天下人必囂囂集矢於我，試問你張之江能負此責任否？你縱認罪，試問我馮玉祥能負此惡名否？」蓋馮御下甚嚴，動輒當眾處罰其高級將領，此其失敗之根源也。

車次廊房忽來怪客

觀瀾於民十四年十二月廿九日隨徐氏乘專車離京首途赴津，是日下午九時，火車蠕蠕動，徐氏大有醉意，登花車即呼呼睡著。徐占後廂，觀瀾占前廂，各據一室。前有客廳，後有廚房，諸位同事則占頭等車一節，與花車隔絕。花車在列車之尾，而諸同事之頭等車則近火車頭，最後一節為行李車，吾等報告書與函電檔案在焉。車行甚緩，由於沿路兵車絡繹不絕，約費四小時之久，始達京津中途之廊房，機關車在此加水，擬停十五分鐘。觀瀾耳聞歡迎號角，沿途皆然，故未介意，探首車外，則見車站電光如晝，月臺四周，密佈軍旅，予驚異之，憶及訪問莫斯科之盛況，今夕差堪比擬。車甫停下，即有一戎裝者，帶同衛士二名，匆遽登花車，見予行軍禮，予肅來客上坐，客遜謝，坐於下位，外表陰沉。予乃自我介紹，繼問貴姓？對曰：「姓王，係司令部參謀長，代表張督辦而來。」同時出示張之江名片，張乃奉馮之命為國民軍善後督辦。王係貴州人，官屬少將階級，並非總部參謀長。

馮兵登車劫走徐氏

予與王參謀長寒暄數語，彼此初尚客氣。王接問：「徐先生何在？」予聆「徐先生」三字，知其來意不善。對曰：「徐專使病矣，不能起身。」王似不信，態度稍轉強硬，二人對話聲浪漸高，徐氏在後車廂聞嘈雜之聲而驚醒，摩挲兩眼以出，神識茫然。予謂王君曰：「我說專使不豫，非虛語歟？」王起立，我為介紹，並述其來意。徐乃就予之坐，與王傾談，徐曰：「吾感不適，一路謝絕招待，均未下車。」王曰：「張督辦特開茶話會，歡迎徐先生。」徐不懌曰：「我患烈性感冒，擬請張司令來此晤談。」王仍堅持曰：「張督辦候久矣，請徐先生下車罷。」徐遂怒斥之曰：「半夜還開什麼茶話會，我已派人到包頭，與馮先生洽商一切矣。」予亟插言曰：「馮先生與徐先生都是一家人，無事不好商量。」此時圖窮匕見，徐知不免，依然強項到底。予言未竟，王即起立，揚巾示意，此為暗號，即有士兵十數人，從車外蠭擁而上，挾持徐氏，吾乃大聲疾呼曰：「專使此番出洋考察，進京覆命，各國注意，爾等豈不為國家體面著想乎！」言猶未竟，馮兵以槍柄猛撾我頭，流血涔涔，迄今髮額之際，裂痕猶在！

槍聲兩響儒將畢命

移時又有士兵二人匆遽登車，問我姓甚，我說姓薛，二人同聲曰：「不錯啦！不錯啦！」如獲至寶，捉我之臂而下車，教我不用怕，蓋馮部所募士卒，皆係年幼農民，舂乎若新生之犢，吾云姓薛，彼乃誤聽以為姓徐也。試問威名赫赫之徐樹錚，何能如我那時之年輕，事後人皆認為趣事。無何，士兵二名挾予而馳，步履如飛，予幾顛躓，行約百米，瞥見徐專使在前，由官兵數人推挽而行，月明如晝，寒氣逼人，步點甚疾，塵土飛揚，徐失一履，踐其足，回顧觀瀾者三四次。於是徐公在前，我跋其後，相距不遠，又疾行一里，前面橫一小丘，附近皆係田隴，此即預定之殺人場也。在此呼吸存亡之際，有一軍官，突如其來，問我姓甚？我說姓薛，又問：「是薛學海薛秘書麼？」我曰：「然。」軍官勃然大怒，推開挾我之二卒，以鞮踢其小腹，二卒仆地，軍官乃親自扶持觀瀾，折回原來地點，行逾百武，即聞槍聲兩響，乃徐氏被害於小丘之磡。時為民國十四年十二月三十日上午一點半鐘，吾聞槍聲，潸然淚下，深感一代儒將，已隨此數響而長逝矣！

陸承武奉命演活劇

觀瀾被拘於一陋室，屋頂已圮，全無掩蓋，適值天雨，滴沍而下。至晨二時，始在窗隙窺見諸同事，均被押入司令部之馬棚。頃之，遙見廊房車站之火車亦蠕蠕動矣，黎明七時，予被召往會議廳，甫達廳事，則見諸同寅魚貫而來，相對黯然，吾等站立片刻，驀見破汽車六七輛疾馳而至，蓋陸建章之子承武奉馮之命，甫從天津英租界趕到廊房司令部也。陸承武因欲爭取時間，不及與張之江晤面，直奔此室，踉蹌登演講臺，初不知徐樹錚已於六小時前被害也。當時吾等鵠立池中，形同楚囚，陸穿戎裝，雄踞臺上，衛士佩手槍者約廿餘人，環侍左右，其勢洶洶。承武盛氣致詞曰：「徐樹錚鬼怪其性，狼戾其志，不忠不孝，不仁不義，戕害我父之舉，尤堪髮指，四海之議，於何逃責，吾既橫劍泣血，五年於茲，而今天誘其衷，自投羅網，吾當刮其肉，剜其心，以祭先父之靈。」措詞酷厲，無與倫比，其所列舉不忠不孝不仁不意四款，全出牽強。其實，此皆馮玉祥臨時搬演之活劇，欲將謀害徐專使之惡名，推在陸承武子報父仇身上，其手段之陰毒，由此可見一斑！

逐條駁覆險象環生

此時吾與褚其祥並立臺前，吾低首謂褚曰：「聽陸之言，徐公可能未死，君當抵死駁之。」褚亟搖手，表示不可。愚一時情急，不假思索，且慮軍人暴戾，真有殉刲之舉，乃前行三步，長揖而言曰：「請陸司令原諒，今日之事，本無觀瀾說話餘地，且陸司令所述各節，觀瀾尚有疑問，可否容我一言，感德不淺。」陸氏之衛士乃拔槍示威，齊聲呵止。陸承武注視觀瀾良久，厲聲曰：「你說！」觀瀾乃得侃侃而談，將其所舉四點，逐條駁覆，繼稱「陸老先生之事最為不幸，但徐專使係奉命而行，有案可稽，情有可原，事之起因，要問倪丹忱。今陸徐世家，誤會宜解，苟其冤怨相報，此乃愚昧之行為，非所望於士君子者也。」予言加快，陸之衛士突然放槍一響，秩序大亂，幸未傷人，此劇遂草草終場。陸承武率其徒眾，揚長而去，回天津矣。嗣後楊宇霆評論此事，認為陸建章之事，奉方亦有責任，不可不辯，不辯且有後患，因此薦愚為外交參議，畀以保定官產處優缺，實則觀瀾惑於小兵之言，認為徐或未死，倘有一線希望，必營救之。

由上觀之，張之江若能執行炸車之密令，則馮不必抬出陸承武。因張之江為人道主義，從而變更殺徐之計畫，馮乃不得不施移花接木之策矣。今夫張之江在廊房之所為，係襲抱犢崮流寇孫美瑤劫車之故智，世人記憶猶親，難怪馮玉祥惱羞成怒也。馮玉祥可稱史無前例之陰謀家，所想辦法，惡毒無比，為挽救張之江之失策，竟欲將吾等隨員秘密處死，以掩真相。論律，馮玉祥為主犯，張之江為從犯，謀殺徐樹錚之經過，確曾——收入觀瀾之眼簾。因我與徐專使同車同囚，應否同遭槍斃，張之部下逡巡不決，乃臨時請示於張，幸而張之江信教，係運動家，並非好殺之徒，觀瀾遂得死裡逃生，其中經過十二小時疲勞審問，關於徐樹錚訪俄之行，所問最多。

吳佩孚的快人快語

瀾按：徐樹錚被害之結果，對於孫傳芳、楊宇霆均有不利之影響，孫楊二人皆恨極馮玉祥。至於吳佩孚與張作霖之對於徐樹錚，既無好感，亦無惡意，然馮玉祥殺徐之舉，徒使奉直之間，發生同情，棄嫌修好，吳乃致電奉張，大意謂：「某生平最惡反覆無常之小人，不意敝處有一馮玉祥，尊處亦有一郭松齡，叛亂相尋，紀律無存，此而可忍，孰不可忍！某願悉力相助，共張撻伐，必使通匪叛國之馮玉祥無所逃罪而後已！」郭既覆滅，馮亦魂褫氣奪，徬徨塞北，引咎辭職。此時國民軍處境危殆，張之江乃出面向吳投降，鹿鍾麟亦銜奉馮命，求吳諒解，大旨謂：「煥章固嘗開罪吾公，現已悔禍，決意辭職，直軍之大敵本為奉軍，公之大願定於一，倘能乘此機會，共圖團結，可使山河郡縣半入於提封，將卒倉儲盡歸於圖藉，願公推不次之恩，以啟職等自新之跡。」不意吳大帥奮袂而言曰：「馮煥章尚知有吳子玉耶！吾深怪社會人士，是非不明，正義不伸，縱任鼠輩消遙法外，流毒邦家，尚何言哉！尚何言哉！」快人快語，毫無通融，行人之意遂消，慚愧而退。吳氏固近代忠貞之士也。

合剿之勢有始無終

吳佩孚乘此機會，得在魯豫之間收復其舊部，吳部健將靳雲鶚在魯，與李景林、張宗昌訂約興兵，掃除凶逆。靳氏鋒猶駭電，迅占鄭州，豫省遂入其掌握。亡幾，李景林奮戈馬廠，天津告急，靳持部曲，進駐石家莊，北京震動。馮部奔沮，向西北撤退。當是時，馮玉祥如喪家之犬，其潛遁蘇俄，搖尾乞憐。吳佩孚與張作霖乃先後蒞京，協同聲勢，化敵為友。徐樹錚雖已長逝，其計固獲雋矣！此時段已離職，馮瀕崩潰，乃民國十五年四月間事也。洎乎六月南口之役，直奉會師，合剿之勢已成，馮玉祥部卒轟然大潰，傷夷殆盡，豈非馮惡貫滿盈以致眾怒神怨之故歟？然吾國政事，向務姑息，晏安鴆毒，由來久矣！上述吳佩孚、張作霖、靳雲鶚、李景林、張宗昌等，五路興兵，合攻玉祥，聲威壯甚，迨得勢後，即各自為謀，迄不知把握時機，將馮澈底解決，遂使豺狼野心之馮玉祥，奄有捲土重來之機會，傾覆重器，北祚遂移，言之可為長太息者也！

張作霖由鬍匪變東北王紀實

民國初年，軍閥囂張，犯上作亂，寡廉鮮恥，其中節操較優者，僅有王士珍、張錫鑾、閻錫山等寥寥數人。王能急流勇退；閻知保境安民；張則操守廉潔，猶有老成典型。本篇係述張錫鑾奉命招撫張作霖與馮德麟之事，是為當年北方政局重大轉捩點之一，迄無翔實報導，引起各種揣測，惟愚並未認識張錫鑾，僅從馮德麟口述獲悉一鱗一爪，茲特濡筆記之。

張錫鑾係浙江人，久在東三省任職，諳拳擊，精騎術，故有「快馬張」綽號。年甫弱冠，在鄂省投筆從戎，分發至奉天，受知於東三省總督徐世昌與趙爾巽，與趙更形密切。因張操守甚優，一度曾司度支。辛亥革命，張奉袁世凱命，進攻太原，授山西巡撫。民國成立，直隸省議會選出王芝祥為直隸總督，袁因芝祥在廣西按察使任內，早與民軍通款，對王絕不信任，反對其為直隸都督。國務總理唐紹儀即因此案與袁失和，憤而辭職。袁命張錫鑾為直隸都督，可見二人關係之密切，袁且呼張為「今頗大哥」，可知張氏資格之老，姜桂題等不能及也。

按直督一席，儼為疆吏魁首，覬覦者眾。錫鑾不能安於其位，適張作霖在奉天，鋒芒大露，無人得以駕馭之，作霖曾受錫鑾之招降，感德良深，故調錫鑾為奉天總督，可稱人地相宜。招撫一幕，約如下述：

按自日俄兩國在東三省開戰之後，地方糜爛，馬賊猖獗，民不聊生，廷議勦撫兼施。光緒三十一年，趙爾巽任盛京將軍，張錫鑾充營務處總辦，趙能實事求是，命錫鑾親自招撫海城一帶之馬賊，馬賊又稱鬍匪，強悍絕倫，匪酋三人：張景惠居首，高拱而已，宛如梁山泊中之晁蓋；其次馮德麟，權威煊赫，似盧俊義；又次張作霖，城府最深，似宋江。以下為張作相等，此時招撫對象應屬馮德麟與張作霖。

張錫鑾乘四人綠呢大轎而至，隨從甚少，馮德麟與張作霖出寨跪迎，張景惠膽小如鼠，不敢出面，因李鴻章曾在蘇州盡殺太平天國降將，景惠恐蹈其覆轍，存心觀望。嶹知招撫之事，進行順利，南澳總兵段有恆且為馮德麟與張作霖等作保，馮張以是德之。段有恆為段芝貴之父，芝貴旋任奉天巡撫，又任盛京將軍，實以作霖為護符也。

據馮德麟所述，儼然自以鬍匪首領自居，日俄戰爭之時，鬍匪助日，搖身一變為義勇軍，主其事者，確為馮德麟，有案可稽，張作霖地位較遜，殆無疑問，惟作霖敢作敢為，招撫之際，又敢大言炎炎，變為招撫一幕之主角，此與往後政局大有關係，非但馮張二人之命運從此註定也。

按馮德麟與張作霖受撫之後，初任千總，不久即因軍功授騎兵營管帶，等於新軍之營長。作霖尤能與民眾打成一片，防區之內，路不拾遺，兩年之後，趙爾巽調川，徐世昌繼任東三省總督，奏陞張作霖與馮德麟為前後兩路巡防營統領，張乃巧宦，位居德麟之右矣。宣統三年，趙爾巽回任東三省總督，作霖大喜，趙問招撫之後，作何感想，霖答：「只想陞官發財。」趙嘉其爽直。入民國後，二人結成親家，趙之獨子天賜娶作霖幼女為妻。

按武昌起義之前，趙在東三省整頓軍事，延用蔣方震訓練新軍，新軍將領張紹曾、藍天蔚等，皆日本士官學校畢業生，洎夫武昌起義，新軍皆附革命，藍天蔚自稱關東都督，趙見事急，乃調前路巡防營統領張作霖入衛省垣，作霖如飛而至，大獲嘉奬。藍天蔚避鋒至煙臺，此乃作霖投順第一功，新軍入關，舊軍得勢，從此作霖飛黃騰達，全省在其掌握中。迨民國成立，作霖所部改編為第二十七師，馮德麟部改編為第二十八師，二人皆陞為師長。民國元二年之間，張錫鑾調任盛京將軍，張馮二師長初對老上司，頗為恭順，不久二人羽毛漸豐，態度陡變，蓋欲自打天下，不願再做老上司政治資本矣。旋因移防問題，張錫鑾與張作霖裂痕更深，作霖且致電中央，大意謂：「大總統注意南方，皆霖坐鎮北方之力。……」叛將面目，躍然紙上。蓋在袁項城晚年，北方軍閥已跋扈不可制矣。

民四籌安會成立，中央輪召各省師長入京，徵詢意見。張錫鑾最具老成典型，伊認東三省為遠東火藥庫，日俄皆待機而動，為袁打算，不可造次。此乃金玉良言，而袁以為不忠，轉起厭惡之心，隨召張作霖入京，作霖首見項城，即輸誠悃，回防即上「速正大位」之密電。憶民十六作霖進位大元帥後，觀瀾入京請訓，詢及家世，張大帥正色而言曰：「我生平佩服的人，只有袁總統和趙次帥。」又云：「凡能造福我桑梓者，我都視為恩人。」張作霖由京回防之後，袁氏即下令，著盛京將軍張錫鑾與湖北將軍段芝貴對調，張段二人皆大歡喜，因張錫鑾正與張作霖嘔氣，同時段芝貴被其部下師長王占元所逼，自以離開湖北為上策，殊不知張作霖與王占元皆有野心，不論誰來，皆在反對之列，王占元當時曾表示：「新督到任，我準備辭職。」而北方政府又最怕軍人辭職，卒調張錫鑾為參政，王占元督理湖北軍務，占元尚以未得上將軍為憾，貪婪有如此者。旋封侯爵，占元傳諭呼爵帥，其得意可知。

王占元得逞之後，張作霖食指大動，顧其出身不正，馮德麟又與相持不下，卒不能達到其目的。新督段芝貴之父，嘗有不造於作霖，作霖未便抗拒，異常怏怏，適因醞釀帝制，作霖破格得封二等子，照例中將師長應授輕車都尉，作霖以王占元封侯，憤請病假，段氏踵門視疾，擋駕不見，許以綏遠都統，又不就。彼已偵知段芝貴虧空公帑，又命袁金鎧籌設奉天保安會，實即變相獨立。於是張作霖達到目的，獲任盛京將軍督理奉天軍務，此後步步高陞，由督軍而巡閱使，而蒙疆經略使，而海陸空大元帥，北方戰事，幾無役不與，發言權之高，無出其右，姿睢跋扈，亦無出其右。

予撰奉軍紀略，訝作霖反覆無常，忽而尊段，忽而倒段，忽而借重徐樹錚，忽而驅除徐樹錚，忽而與曹錕聯姻，忽而與曹兵戎相見，忽而聯絡馮玉祥，忽而討伐馮玉祥，忽與中山先生訂盟，忽與北伐軍隊大戰，忽與日人合作，忽拒日人要求。當第一次直奉戰爭時，吳秀才通電全國，破口大罵曰：「作霖不死，大盜不止。」然當作霖炸死於皇姑屯，東北人士哀悼實深，至今盛稱其治跡，是有遺愛於民眾，得不謂為人傑也哉！

按張作霖天不怕，地不怕，日本人亦並不怕。察其平生，只怕一個人，受盡委屈，而且不敢還手，此人伊誰？馮德麟是也。此事奇突，描述於後，以誌作霖率性之念舊。與夫處事之能忍，若易其他軍閥，作風迥然不同矣。民五作霖矢忠於袁，得任盛京將軍督理奉天軍務，但不能節制吉黑二省，因其手下只有一師也。馮德麟被委幫辦軍務，與張同級為師長，惟作霖此時已得楊宇霆為參謀長，楊字麟閣，馮亦字麟閣，故作霖呼楊為參謀長而不名，其內心實乃敬憚麟閣也。無何，馮氏被委為幫辦，憤不就職，亦不賀張，悻悻然曰：「他好意思居我之上嗎？」繼以罵人之土語。作霖聞之，侷促不安，躬往拜會，說盡好話。馮始提出條件，幫辦公署須與督署同樣組織，同樣職權，張自無法接受，馮回廣寧原防，將生劇變，幸張態度軟化，馮率所部抵瀋陽，作霖先來拜會，馮不還拜，為馮洗塵亦不去。作霖喟然嘆曰：「先前張金坡與段香岩所受閒氣，我今加倍承受矣！」

張為討好馮氏，犒賞馮軍，並將第二十八師辦公處大事修葺，迎馮居之，馮仍不肯讓步，條件有增無減，張來拜會，擋駕不見，適袁逝世，張失奧援，誠恐禍起蕭牆，下令架砲瞄準馮師辦公處。馮大怒，提出哀的美敦書，張又軟化，請出吳俊陞作和事老，以論兵力，馮氏迥非張之敵手，以論氣燄，馮佔上風，吳剛說出「將軍」二字，馮即破口大罵：「他是什麼東西，對我擺臭架子，叫他趕快率領全師營長以上到此登門道歉。」作霖知馮條件越來越兇，果然掛笑而來，馮覺過意不去，遂邀張作霖一同打牌，打牌為當時軍閥萬靈之藥，確有意想不到之妙用，事為上海報紙盡情登出，作霖大窘。

誰知馮德麟火氣未消，媾和了無誠意，不久回防，即師作霖對付段香岩之故智，盡拘作霖所委縣知事，令其供出納賄多少，繼率全師官員通電辭職，對張極盡揶揄之能事。作霖謂馮曰：

「二哥！條件都依了你，究竟你要怎麼辦？」馮答：「我要兼任省長，與將軍平行。」作霖忍無可忍，於是雙方備戰，人民團體從中勸解，張允不以武力解決。段總理請出趙爾巽，出關調停，亦無眉目。此時作霖走徐樹錚路線，通款於段總理，為主戰派臺柱。馮德麟因此反段，應張勳之召，晉京參加復辟，復辟失敗，馮喬裝日人，逃出北京，在津東站被捕，勢力瓦解，作霖如釋重負，喜可知也。

從此作霖正式為東北王，遂以孫烈臣任第二十八師師長，另編第二十九師，以吳俊陞為師長，武力擴至三師之眾。不久吉黑二省歸入掌握。先是，馮夫人乞援於張夫人。張示寬大，請段釋馮，以戒煙為理由，旋即開復馮官。

按馮德麟係秀才出身，與吳佩孚、齊燮元相同，乃軍閥中不可多得之上流人物，值得傲睨儕輩。民國七八年間，黎元洪與張勳等，家居無事，乃創辦中美實業公司於北京，馮德麟、馮玉祥等失意軍人，皆屬董事。德麟寄居羊肉胡同王芝祥家，當時觀瀾適掌公司總務處，與德麟不時敘首，德麟脾氣甚大，抑亦嫵媚可親，短小精悍，與張作霖同型，惟其膚色較張黝黑。眼神微露，吃虧在此。常御黑色長袍，腰佩手槍二支，煙癮過足之時，即對愚等追述其一生經過，滔滔不絕，毫無隱諱。據稱伊在家鄉，不堪壓迫，一怒為匪，因通文墨，擅射擊，被推為首領，旋以反對帝俄，被逮入獄，日俄戰爭時，彼為義勇軍首領，張作霖無法與彼抗衡，招撫之時，不敢多言，胡裡胡塗就吃了虧。伊認張作霖不夠義氣，無論如何，應與平分疆土，但於復辟後被捕入獄，吃盡苦頭，作霖為彼開脫，彼深感激，而今化敵為友，自認晦氣矣。

馮云：「我與雨亭鬧翻，幾次皆為添置飛機之事，雨亭是粗人，有些不開竅，可也難怪，然咱們哥兒倆是生死交，立有鐵券，他居然架砲轟我，教我怎麼不生氣！」

又云：「匯東！你可知道我們為何推崇趙次帥，他老人家廉潔可風，跑來調解糾紛之時，他乘三等火車，我們找不到他，原來他坐人力車直奔督署去了。你可知道復辟之役，張紹軒為何一敗塗地，他誤信小徐曾在徐州簽字，他想老段不會反對。」

馮氏所述類此，令人神往。按馮腰纏甚富，伊子馮庸曾在法國研習航空，返國之後，創辦馮庸大學，蜚聲於時。迨民十五，德麟逝世於瀋陽，生前確曾致力於教育事業，造福桑梓，時人歙然稱之。伊雖中阪蹉跎，克葆晚節，塞翁失馬，焉知非福，故濡筆記之。

楊宇霆評傳

一

竊喜楊宇霆之俊朗，茲撰〈楊宇霆評傳〉，鏡鑒人物，辨章得失，要為奉軍記略，而事事皆涉楊宇霆，故全編以楊與張作霖、張學良、張宗昌、徐樹錚、孫傳芳之關係為經，而以予與楊之淵源為緯，以評為體，以傳為用，拉雜書來，不成體裁，惟予質直而言之，悉憑真相，抑亦衷心有感之作也。

楊宇霆字鄰葛，吉林人，日本士官學校畢業。豪爽成性，而聰明外露，此乃東北人之典型。楊習步兵，運籌帷幄，是其長處，操守廉潔，令人欽折。世人以諸葛武侯擬之，楊亦居之不疑。至於大言炎炎，旁若無人，則其學養未到之故也。按楊身材矬短，兩目盼睞有威，光芒逼人，然而眼神暴露，故非吉人之相，平時挺胸凸肚，示其態度強硬，高談闊論，示其內心自大，少露笑容，示其神情嚴肅，聲如洪鐘，示其體格健碩，步履迅疾，示其憨忶性急，頂髮寥落，示其操心過度，對上峯，言不及私，示其忠於職守，對部屬，不讓發言，示其風度猶賒，楊氏節概，犅具於是矣。

楊宇霆據奉系第二把交椅，其地位僅次於張作霖，遠在各將領之上，張之於楊，如驂之靳，楊之於張，似魚得水，二人關係，不可分離。茲故粗述張作霖發跡之根由如次：溯自袁項城逝世後，群雄棋峙，藩鎮闚望，尤以作霖虎視眈眈，逐鹿中原，所居地位，最為重要，歷屆內戰，奉方幾無役不與，中央政事，作霖乃時加干預，故其重要性與持久性，竟能超過段祺瑞與吳佩孚，餘子更瞠乎遠矣。

按清末張作霖崛起草莽之間，以綠林受撫於錫良，辛亥革命之前夕，新軍不穩，趙爾巽授張為第二十七師師長以鎮壓之。至袁醞釀帝制時，特任張為奉天將軍以羈縻之，張遂承資跋扈，進而蠶食吉黑二省，使關外統一，奉系成立，此張善於隨機應變之表示也。綜其一生，以政治軍事外交大權，付於楊宇霆一身，經濟之權交於王永江，知人善任，此其成功之關鍵。惟張私心太重，溺愛其子學良，授以精銳之師，宥其叛逆之罪，此乃失敗之朕兆。善視故舊，善將將，是其長處。沈湎賭博，軍紀蕩然，是其短處。對日外交，允執其中，得保東北安寧，甚有功烈於民眾。然而窮兵黷武，好亂樂禍，則有大罪於國家。一言以蔽之曰：軍閥中之佼佼者也。其在危疑震撼之秋，始終以國家民族為重，不受外人威脅利誘，寧死不與日人攜手合作，可謂忠貞不渝者矣。

二

民國六年，段祺瑞把握政權，張作霖初任督軍，羽毛未豐，而野心甚大。其時奉軍仍屬舊巡防營之底子。作霖自感落伍，頗欲借重徐樹錚之長才，以改組其軍旅。故張折節與段結納，受段翊護，作霖自任安國軍總司令，以徐樹錚為副總司令。此時楊宇霆已任參謀長，權力尚有限，厥後楊調他職，張則始終以參謀長稱之，不呼鄰葛，以示尊重，亦因楊字適與馮麟閣諧音，馮為老張異姓兄弟也。

民十五，愚在保定任職，謁張請訓，張曰：「你與參謀長商量就是，俺不管這一套。」張之副官長楊毓珣在旁插言曰：「參謀長就是楊總參議，老帥兀自弄不清。」毓珣之言，粗獷如此。蓋東北軍人向來不講禮貌也。繼而老張滔滔不絕，盛稱袁老總統與趙爾巽制臺之恩典，張之念舊，非他人可比，言畢即就煙榻躺下，體氣衰矣。

當時徐樹錚之副司令部，設在天津河北區，即在此處，槍殺陸建章，引起軒然大波。或謂此舉出於宇霆之獻議，所見甚湜，日後吾從徐氏語氣，加以推測，楊宇霆得任奉軍幕僚長，係由徐之推轂，二人相得益彰，且有前後同窗之誼，旋因徐之邊防軍，勢力擴至蒙疆，加以人事糾紛，皖奉兩系乃發生利害衝突，張作霖與段失和，遂與直系結合以圖皖，楊則始終追隨張作霖，忠心耿耿，不再與徐合謀，徐故始終不愜於懷，必欲破壞張楊二人之合作而後快。

抑有進者，徐楊二人作風相似，而氣度迥然不同，此因學養懸殊，不可勉強，凡徐所敢言於段者，楊則不敢言之於張，以論信任，則張之於楊，未必遜於段之於徐也；以論忠心，則楊之於張亦未必遜於徐之於段也。然徐對段之態度，遠較親切有味，例如徐對段說：「督辦長懼馮煥章，一至於斯耶？」又云：「反共為吾黨最要綱領，樹錚出執政府，即擬討赤命令，以固人心。」諸如此類，足見段之風格，高出奉張一籌也。

伸而論之，我所敢言於徐者，我不敢言之於楊，言之雖無妨，聽者未必入耳也。譬在渡洋海輪，徐穿上將制服，佩勳章，入餐廳，予亟攔阻，促其易裝，並謂：「如此打扮，西人必以馬戲團小丑視專使矣，須知外邦應酬，服裝皆有固定。」又一日，我等赴法考祭，徐欲觀「蒲萊斯克」浪漫喜劇。予曰：「此類色情劇，女伶幾全裸，專使不看也罷。」徐謂採風觀俗，有何不可？予堅持曰：「演出緊張時，臺下起鬨，萬一記者為你攝影登報，閱者作何感想。」似此諄諄忠告，我迄不能施諸於楊，足見楊之風度不夠，豈能與徐相提並論哉！蓋楊並非不納忠言，因其心好勝，高談闊論，旁若無人，他人縱有建議在胸，遂無機會騰諸口舌矣，此楊絀於涵養，未免予人不良印象也。

三

楊宇霆為東北人，故能見重於張作霖，張只信任東北人，家鄉觀念，牢不可破，對外省人，決不肯授以實權。張宗昌與孫傳芳洵屬例外，至其失敗後，奉方皆拒而不納，故予不願為奉系效力，後往奉天，實為環境所逼，藉表忠誠，非以利祿為重也。楊毓珣係安徽人，會段與孫中山、張作霖，締結三角同盟，楊經段夫人推轂，得張作霖提攜，故能位躋顯要，但楊在奉系，未能把握實權，只為奉系奔走聯絡而已。

竊按徐樹錚與楊宇霆，宏毅忠壯，多權略，故二人作風從同，氣有潛感，惟楊無學問，鋒芒遂遠甚於徐耳。徐氏常懷退讓之心，一讓靳雲鵬，再讓段芝貴，三讓龔心湛。楊則勇於進取，故楊在奉系，黨同伐異；而徐在皖系，並無門戶之爭也。夫皖系無徐，如群龍無首；然而奉系無楊，亦覺氣象薾然，不可振起矣。

予細察之，徐對楊宇霆，視為能員第一級，如王蔭泰、胡筆江等，為能員第二級，姚震、朱文黼等，為能員第三級，於此可見徐氏對楊矚望之殷矣。楊則一舉一動模仿徐樹錚，等於段合肥之悉心揣摹袁項城，之四人者，予能知其心事也。就予所見，楊宇霆治事最勤，宵旰焦勞，力圖振作，自清晨八時開始辦公，常至深夜，公忠任事，言不及私，其一絲不苟之精神，與徐樹錚無異也。

茲論楊宇霆畢生之功過，實為奉系盛衰廢續之關鍵，楊獲成功，則奉系勢隆，楊告失敗，則奉系垂危，蓋運籌帷幄之事，惟宇霆一人任之，茲特分析其優劣各點，亦當時得失之林也，秉國鈞者，尚其鑒之哉。今夫張作霖胸無點墨，而能知人善任，以政治、軍事、外交、交通一切事項，悉付宇霆全權處理，黃永江則掌理財政，初僅財政廳長也。

按楊氏之過失，純在軍事方面，軍事之外，其功績甚為彪炳，故老張倚之如身之臂，誠非他人所得離間也。跡其為才，應以外交方面之成就為最大，夫日人向視東三省為禁臠，凡政府一舉一動，在在受其干涉，是故日人之野心與關東軍之跋扈，與日俱增，委實難以應付，然張統治東北十三四年，並未發生嚴重問題，張之精神，不屈不撓，楊之態度，不亢不卑，斯誠難能可貴也矣。蓋楊遇日人，並無驕蹇之態，高談闊論，常使來者不得要領，楊對日本顧問，尤能籠絡其心，此其成功之秘訣。故楊辦公室，客非簽名，不得擅進，惟日人排闥而入，無須通報。楊乃一面結納美國人，接洽借款事宜，一面則敷衍日人，使彼無所藉口。觀瀾時任安國軍外交參贊，自旁觀之，惟有讚歎而已。

四

如上所述，楊宇霆之功績，以外交方面之成就為第一，不亢不卑，允執其中，吾嘗見楊與日人相對而泣，真感情乎？假惺惺乎？不得而知矣。惟知宇霆心中，對日並無好感，故欲利用美人，以資牽制，與美接洽借款之事，實為宇霆被害原因之一，詳載後文。

今夫楊宇霆處理外交之得體，彰彰可見，斯與張學良作風之笨拙，不可同年而語矣。學良乃反日而又恐日，恐日而又侮日，反覆無常，自貽伊戚，舉例言之，宇霆歿後，學良在津，樸被高臥，拒見日人，日人銜刺骨矣，學良每過皇姑屯，恐蹈其父覆轍，輒先下車，繞道而行，於是喧騰報章，日人竊笑其膽怯矣。易幟之舉，失之過早，未與日人事前接洽，日人得有藉口矣。此皆張學良招侮納尤，自取滅亡之道也。

按楊宇霆之第二項成就，在乎交通事業之發展，楊乃不顧日人反對，完成洮南鐵路，直達黑龍江，於是南北滿貿易與軍事運輸，得以暢通，日後郭松齡倒戈，吳俊陞遂得迅速馳援，且洮南鐵路之一部份，係與南滿鐵路平行，日人大受打擊，無可奈何，此為日人忌楊最大原因。嗣後楊得常蔭槐之襄助，交通事業更有進展。

楊宇霆之第三項成就，為兵工事業。楊氏自任瀋陽兵工廠督辦，以王蔭泰為會辦，努力經營，大事擴充，寖成全國第一兵工廠，實為奉方軍事發展之源泉，楊氏因此握有無上之威權，時人咸以楊督辦稱之。厥後日人偽造兵工廠藍圖，以示張學良，藉此暴露宇霆之野心，可見日人圖奉之亟矣。

楊宇霆之第四項成就，在內政方面。按王永江久任奉天省長，功績自不可沒，然楊可代張作霖作主，東北全部皆受管轄，曩昔東北介於日俄雙方勢力之間，清季盜賊蠭起，民不聊生，歷任總督如錫良、趙爾巽、徐世昌等，都督張錫鑾，皆屬良吏，迄無成效，然自張作霖主政，逐年整頓之後，秩序日漸安定，地方日趨繁榮，人口增加甚速，盜絨幾乎絕跡，當時歐美人士，稱道勿衰，此皆楊王二人輔佐之功也。

用人得當，敷政優優，是為楊宇霆第五項成就。楊之部屬，多幹才，有朝氣，約略言之，文有常蔭槐、鄭謙、王蔭泰、闞澤溥之輩；武有姜登選、臧式毅、鄒作華、邢士廉等，皆屬專門人才，蜚聲於時，此殆張學良與其左右忌楊之原因也。學良左右皆屬紈袴少年，儀型不檢，世人耳熟能詳矣。

五

今夫楊宇霆之功績，不可勝數也。如上所述，僅屬犖犖大者。吾嘗以為楊氏若能圖畫安危，揆度得失，以戢奉張之野心，則東北汔可小康，前途尚有可為也。楊氏若能保境乂民，但守越人安越之見，而傾其全力於內政外交，則楊與張作霖得保其首領，明矣。

況夫日人窺間伺隙，東北久處驚風駭濤之中，楊宇霆負責重大，允宜殫精竭慮以應付日人，則拯墜日於虞淵，完漏舟於駭浪，雖云甚艱，何遽無術！抑今楊宇霆佐張，率領兵將，長驅入關，逐鹿中原，而忘日人之議其後也，愚不可及矣。且奉師不出，段祺瑞未必失敗，段縱失敗。猶有吳佩孚擎天一柱，斯柱既傾，北祚遂移，職由奉軍之介入，遂使段（祺瑞）、吳（佩孚）、馮（玉祥）、張（作霖）遞趨於滅亡之途，是故楊宇霆之過失，全在軍事方面，此為全篇警策之語，必須長而言之，始見楊氏之失智，不啻自驅於罟獲陷阱之中。

竊按奉軍本非勁旅，紀律尤弛，奉系屢次失敗，皆坐此弊。一夕，余叔岩在三慶園貼出《珠簾寨》，此劇每年只演一度，奉軍軍官強佔予座，因此大打出手，一方為奉軍數十人，一方為袁克良喚來總統府衛兵，引起極大糾紛，此非予之過也。按奉軍紀律不佳，由於性格粗暴，其高級軍官貪得無厭，擅作威福，於是上行下效，蠹民實甚，京滬人士，談虎色變，此非楊宇霆一人之過，而楊負責最大。觀其治軍不嚴，非將才也。惟愚所識楊之部屬，如鄒作華、邢士廉等，皆屬後起之秀，品格端正，無可疵議。

當時關外所居地位，等於戰國時之秦國，洵有霸國之資，蓋日人深忌中國統一，願為奉張看守老家，俾張傾其全力，馳騁國內，問鼎輕重，而無後顧之憂，張固好大喜功，夙具野心，日人之議，投其所好，適逢楊宇霆亦屬氣激當關心雄轉軸之人，故二人心合意同，譬如針芥相投，沆瀣一氣。

楊負運籌之責，胸有成竹以為勝則進取，敗可退守，反之，敵人敗固滅亡，勝則無法推進，計莫便於比矣。殊不知兵凶戰危，古有明訓，且日人詭計多端，其言庸遽可信乎！無何，此時北洋軍閥內鬨益烈，直皖兩系，情同冰炭，奉方據形勝之地，儼有舉足輕重之勢，於是張作霖得其所哉，窮兵黷武，以圖一逞，國內戰爭，幾終無役不與，中央大計，幾乎事事過問，楊宇霆則乘機培植勢力，包攬大權，由無自制之心也。徐樹錚謂其「不度德，不量力，專仗威武。暗爭地盤。」非虛語也！

六

如上所述，國內戰事，張作霖幾乎無役不與，而挑釁者常為奉方，實則張與各方，並無深仇，歷屆戰爭，皆可避免，何則，段祺瑞張之上司也，徐樹錚張之同寅也，曹錕張之親家也，吳佩孚張之義弟也，馮玉祥張之同盟也，孫中山張之老友也（老友二字有出典）。叵奈張有好亂樂禍之本性，夙視兵革之事如家常便飯，楊宇霆則助紂為虐，冀為奉方坐收漁翁之利。故愚對於張楊二人好戰之心，了無恕詞。厥後婪婪群雄，皆被翦滅，惟有閻錫山早已與革命軍通聲氣，勢成羈單，於是北方重鎮，只剩張作霖，巍昂卓厲，宜其躊躇滿志矣。然而一方革命軍乘其敝，不予喘息之機會；一方則日人「恭賀大元帥高陞」，意謂張氏既定中原，區區東三省不妨拱手讓日，以酬其掩護之功矣。設使奉直皖三系果能精誠團結，則北方政府可以維持甚久。具見大難當前，最需團結，自相殘殺，無非為叢毆爵而已矣！

按張作霖與段祺瑞之間，並無極大仇隙，段氏尚有迴護作霖之處（詳見拙著〈徐樹錚廊房遇難記〉。）作霖亦有擁戴合肥之意。但至民九直皖戰爭，奉軍公然與直系結合，會攻皖系，此屬冒險之舉，不足為訓。因奉軍實力，虛有其表，直系僅有第三師可用，至於皖系則槍砲犀利，蓄有精銳，其失敗原因，由於戰略不合，諜報不靈，當時若以徐樹錚抗拒吳佩孚，則雙駈對壘，勝負殊難預測矣。

奉軍既在直皖戰爭擄獲邊防軍所喪重砲，大喜過望，聲威大振，張作霖與楊宇霆二人更躍躍欲試，於是第一次直奉戰爭如箭在弦上矣。當時直奉之間，雖起裂痕，然在雙方，並無絕對理由，必須兵戎相見，蓋直奉均勢之局，因吳佩孚任兩湖巡閱使而打破，梁士詒內閣因係奉張推薦而遭吳攻擊，雙方負氣，遂啟戰端。

按曹錕與張作霖本係兒女親家，曹不欲戰，而奉張之意甚為堅決，殆欲試用皖系所喪之重砲也。疇知奉軍腐敗，砲隊被吳佩孚收買，無的而放，徒耗彈藥，同時海軍元老薩鎮冰，親率兵艦，遊弋山海關附近，猛轟奉軍，奉軍接濟斷絕，遂告奔沮。夫薩氏態度超然，久已脫離海軍，何故反奉一至於斯乎？蓋直皖戰爭後，作霖凱旋入京，薩鎮冰時任國務總理，躬率閣員迎張，張乃趾高氣揚，見薩侏儒，不與為禮，薩不能堪，誓雪此辱。於是奉張大吃其虧矣。實則奉張高度，亦僅五尺二寸，是以五十步笑百步也，無乃不可乎。

七

第一次直奉戰爭之結果，奉軍慘敗，張作霖自知軍事上之缺陷甚多，非予補苴不為功，遂有澈底改革之決心，此固無可非議者，惜其目的並非為公耳。奉方將領原分新舊兩派：舊派以張作相、吳俊陞、張景惠為顯要，深荷倚畀，久專軍柄。但自奉系戰敗之後，舊派蹭蹬失勢，由新派起而代之；新派以楊宇霆為首，權傾一切，不久，張學良以弱冠之年，位躋軍長，攀附者眾，於是新派分為士官與軍校兩系。

楊宇霆屬士官系，其下有姜登選、邢士廉、臧式毅等，登選年僅而立，驍勇冠儕輩。張學良屬軍校系，其下有郭松齡、李景林、韓麟春等，韓係一介庸才，惟郭松齡曾任軍校校長，與學良有師生之誼，故軍校系實權，操在松齡手。學良無知無識，畫諾而已。不久學良升任第三軍團長，松齡為副軍團長，奉系精銳，悉萃乎斯焉。蓋張作霖雖以全權委託楊宇霆，而精銳部隊獨歸其子，於是士官與軍校兩系，明爭暗鬥，傾軋不已。而郭性陰鷙，與楊姜交惡最甚，楊乃自恃功高，不以為意，忸心極矣。故遠在民十左右，張學良即與楊宇霆不協，譬如夏葛冬裘之不能並存，楊始終視小張為不肖弟子，三食之輩，何足道哉。

至民十二，浙督盧永祥為皖系碩果僅存者，一面聯粵以牽制閩贛，一面聯奉而脫離曹吳，江浙戰爭，於焉爆發。翌年，盧失敗下野，孫傳芳升任閩浙巡閱使，抑東南戰事既動，革命軍果出兵窺贛，於是奉張嚴電曹吳，勸阻無效，乃三路進兵，發動第二次直奉戰爭，此則事不關奉，張作霖因與段祺瑞、孫中山締結同盟無非為段張目而已。至其宣戰之口實，豈非色莊而中竅實無者乎。

今夫吳佩孚虎視中州，雄冠全國，伊在四照堂點將，連發十道命令，誓欲滅奉而後朝食，實則奉軍虛有其表，焉能與吳抗衡，若非馮玉祥倒戈，則吳真有衝出關外之勇氣，原夫吳之失敗，咎由自取，馮雖蓄意反叛，猶有及時消弭之機會也。馮懷觖望，吳非不知，何不早事防範，而反任為第三路總司令，吳之部屬，如胡景翼、孫岳之流，皆為革命黨員，與馮沆瀣一氣，吳不知也。吳以主帥身份，應鎮後方，焉用擐甲先行，迨馮發出「清君側」之電，反跡已著，路人皆知，然馮當時逗留不進，達兩星期，意存觀望，猶不敢痛下決心，子玉何不迅速班師，夷凶翦亂。凡此錯誤百出，馴致瓦解冰泮，可無長太息乎！據斯以觀，奉軍終獲勝利，不過僥天之功，宇霆之謀，可以傾國，何功之有。

八

據上所述，第二次直奉戰爭，奉軍之取勝，幸也，幸固不可恃為常也。溯自直系失敗後，奉軍之勢大振。於是長驅入關，目空一切，一舉而佔天津保定，斯與馮玉祥發生爭執矣。再進而沿津浦路，直指淞滬，則與孫傳芳大起衝突矣。此時蘇督齊燮元被逼下野，奉軍將領，如張學良、姜登選、張宗昌、邢士廉等，謀奪地盤，相繼抵滬，孫傳芳在浙，大起戒心。既而段執政令下，張宗昌督魯，楊宇霆督蘇，姜登選督皖。無何，張學良落空，張之副手郭松齡，求一都統之職而不可得，此固宇霆門戶之見太深，從此派別之爭，愈益劇烈矣。然而宇霆權傾一切，學良不敵，彰彰明甚。

楊宇霆正在躊躇滿志之際，孫傳芳為先發制人計，不動聲色，起兵討奉，宇霆猝不及防，張皇失措，加以兵力分散，軍紀不良，於是奉軍自蘇皖兩省撤退入魯，狼狽不堪，東南半壁，盡歸孫傳芳。夫楊首次率領兵將，意欲自勒功業，阻遏孫傳芳，遙制革命軍，惜無通盤計劃，不能知己知彼，遂受畢生最大之挫折，此時楊之威望淪於最低潮。

迨楊姜二人失敗歸來，憮墨謝罪，老張大度包容，偕其返奉，以矜全之。於是小張與郭松齡乘此機會，頻進讒言，責楊輕進易退，貽誤大局，張郭以為楊姜之被黜，可翹足而待矣。詎知老張非但不納其言，抑且電斥郭松齡，命其立刻南進，與孫傳芳決戰，此非松齡所願為也。小張與郭始知楊之勢力，根深蒂固，不可撼動，而老張意志，甚為堅定，絕對不容他人離間者也。郭松齡怨望之餘，遂動殺機。

當是時，徐樹錚適在紐約，徐腦筋靈敏，深知奉方底蘊，關於士官系與軍校系傾軋情形，瞭如指掌，徐既獲悉楊宇霆曳甲而遁之消息，遂親自擬稿，致電奉張，嚴劾楊宇霆，列舉十項罪狀，能鉥人所不能道者。予閱電稿，大驚失色，徐乃解釋曰：「楊鄰葛原是我的舊部，膽大而心粗，現其處境甚危，余恐其被人謀害，故發此電，揭破陰謀，以寒宵小之膽，余之本意，不過諷楊辭職，待余歸國之後。鄰葛必為我用矣，我得鄰葛，如虎添翼矣，奉張若無楊鄰葛，如魚失水，余知奉張決無害楊之意也。」厥後奉張接閱徐電，楊果不安於位，再三懇辭，張予慰留，惟徐電明指郭松齡與楊不協，其心叵測，郭不自安，勢成騎虎，徐電無異催其倒戈，此舉於徐本身，大為不利，亦非徐始料所及也。

九

夫有非常之人，而後有非常之事，機括甚微，其成敗利鈍，繫於毫釐之間，非可以常理測度者也。上述徐樹錚在美，致電張作霖，嚴劾楊宇霆，冀得羅致宇霆以翦奉張之羽翼，此固非常之事也。徐願雖未獲償，厥計未可厚非，何則，郭松齡之密謀，徐諗知之，楊獲警告，應知善處，楊若希徐之旨，毅然解職，則日後徐楊二人之生命，容得保全，亦未可知。又徐於返國之後，若遂行其志，埋首治兵，不進都門，北聯楊宇霆，南交孫傳芳，則皖系猶有一線生發之機，而南北局勢，或竟由是而改觀也。蓋徐楊二人若能攜手合作，則以楊之勇，益徐之智，事固大有可為，尤關重要者，二人皆深恨馮玉祥，馮為北方禍亂之罪魁，從此可知楊有覇氣，不易之才也。予故長而言之，另撰「徐樹錚嚴劾楊宇霆」之篇，以貽哲工鑒焉。

據上以觀，老張雖完全信任楊宇霆，而精銳之師，獨歸學良，維時學良有痼癖，實權盡交郭松齡，迨奉戰勝直系，酬庸各將領，而以正統自居之郭松齡，獨無所獲，郭既手握重兵，乃遷怒於楊宇霆，楊則處之泰然，視郭蔑如也。故郭怨望彌深，暗與馮玉祥勾結，復獲張學良默契，學良狡展，陰有篡位之心，將興晉陽之甲矣。郭松齡遂於十四年冬，稱兵犯上，因緣睚眥，誘殺奉系大將姜登選於灤州，姜為楊宇霆唯一親信，楊較機警，未罹松齡之陷阱，蓋松齡以開拔前線為辭，特請楊姜檢閱其軍旅也。

徐樹錚在巴黎，聞郭招賢納士，知其有異志，郭之野心甚大，其最終目的為掌握中央之政權，當其倒戈之際，郭所要求，大旨如次：（一）張作霖下野，郭擁戴張學良繼任其職；（二）楊宇霆之一切職權，移交郭松齡，最關重要者，為兵工廠督辦之職；（三）直隸全省劃歸馮玉祥，以酬其合作之勞績，李景林移駐熱河。

無何，楊宇霆適在瀋陽，調度軍事，進退下可，周旋不能，日本顧問松井七夫少將見事急，自告奮勇，願往求援於關東軍，日人以為關外之事，豈容他人自由行動者，於是關東軍出面阻撓，使郭松齡功敗垂成，被殲於瀋陽城郊，此固日人大有造於張作霖者也。

夫郭松齡倒戈，曾得小張默契，是為盡人皆知之事實。直隸督辦李景林與熱河都統闞朝璽等，即因小張關係，投入郭松齡之陣營，郭既失敗，黑督吳俊陞得勝回來，即以小張附郭經過，直告老張，吳云：「漢卿太不像樣，老帥叫他來，好好教訓一頓罷。」實則吳有迴護小張之意也。

十

黑督吳俊陞既以小張與郭松齡合作經過，直告老張，小張奉召而至，叩首請罪，老張赫然斯怒，然經俊陞緩頰，老張怒即息，省釋學良，不復深究，此屬老張畢生所犯最大之錯誤，自是厥後，小張使氣尚人，益無忌憚，薄人紀，悖正義，安之若固然，蓋叛君父之罪，可置不問，則天道寧論，何事不可為乎！

民國十五年，吳佩孚踞湘窺粵，聲勢復振，惜吳不肯虛心，與各方團結，意氣干雲，亦從其性也。洎夫革命軍攻鄂，奉張貌似與吳合作，陰實不予援助，至吳被困汀泗橋，孫傳芳袖手旁觀，奉張則以假道援吳為辭，攫奪湘省地盤，吳遂進退失據，潛遁鞏縣，此事楊宇霆負運籌之責，不得辭其咎。夫乘人之危，不仁；幸災樂禍，不義，不分敵我，不智；背棄同盟，不信。語不云乎：兔死狐悲，物傷其類。無謂鄰宅失火，於己無關，須知前車既覆，後軫宜戒。今楊昧於唇齒之義，但知爭奪地盤，至吳失敗，敵勢張甚，奉系亦隨之而解體矣。

綜上所述，楊宇霆在軍事上，所負過失，不為不多矣。溯自民國六年至十五年，十年之間，楊典機衡，實負全責，然而輕舉妄動，不知進退，好亂樂禍，不審安危，此奉派所以鄂鄂而興，亦喋喋以崩也。予故概括而論之曰：楊之過，在軍事；楊之功，在外交。盱衡東北，環境特殊，外交之重要且勝於軍事，是故奉系不能一日無宇霆也。厥後宇霆被狙之槍聲，即為東北淪亡之號角，無疑義也。

竊按民國十五六年之交，實為奉派勢力鼎盛時期，時則段祺瑞、馮玉祥、吳佩孚、孫傳芳四傑，遞趨滅亡之途，張作霖碩果僅存，故其威望躋於最高峰。楊宇霆仍握重權，信任有加，惟因見逐於孫傳芳，受逼於郭松齡，不無嬛嬛在疚，英氣大受折磨矣。自民國十五年至十八年，三年之間，奉方軍事，依然過失重重，以致士無鬥志，將有驕氣，此時情形複雜，張氏父子應負大部責任，詳見後文，茲不贅述。

當斯時也。楊宇霆之措置，可謂功多而罪少。例如郭松齡倒戈，楊氏用智，賺得日人之援助，厥後日人山東出兵，楊乃毅然決然拒與合作，在革命軍底定京津之前，奉軍全部得以整旅出關，不受日方之阻撓，又如孫傳芳強佔膠東富庶之區，幾與張宗昌火拼，幸得楊宇霆調停其間，宇霆誠能維繫軍心於垂危，俾奉方將領齊鋒向敵，不為革命軍爪牙如羅鈞任、楊皙子等所離間，此其功績之彰明較著者，觀瀾皆親眼目睹，所下斷語，可資徵信，關心史實者，其鑒之哉。

孫傳芳驅走楊宇霆後，位居東南五省聯軍總司令，威靈赫濯，兵精糧足，暗中與革命軍妥協，互不侵犯，卒使吳佩孚一蹶不振，設使當時孫肯稍加協助，則革命軍兵力單薄，萬無倖勝之理。據孫日後表示，伊心目中，不但無吳，且無革命軍。故其當時措施，只防奉軍之報復，不計其他。孫氏以謂楊宇霆工於心計，而張宗昌近在山東，心腹之患在茲。由是觀之，汀泗橋之役，孫氏按兵不動，亦有其苦衷也。

迨吳奔潰，孫以時機已至，進兵武穴，圖爭中原，然而革命軍領導得人，勢如破竹，此時豈肯妥協。洎夫鋒接兵交，孫之部屬，如夏超、陳儀、盧香亭等，先後與敵通款，使孫蹈據無所。十六年春，革命軍進佔南京，孫退江北，岌岌不可終日，於是單人赴津，謁張作霖，張之承啟處，進遞孫傳芳名片，不載官銜，作霖驚訝之餘，立時延見，傳芳穿藍袍馬褂，戴獺皮帽，綁腿，登雙樑鞋，精神奕奕，見老張，仡仡叩頭，口稱「與大帥拜壽」。張大樂，孫態度自若，未致歉辭，未述苦衷，但云願受指揮，此其英銳過人之處也。

張孫二人皆有煙霞之癖，孫癮尤大，狀如噴火。張則好整以暇，回味無窮。值茲二人吞雲吐霧之際，爰定龍潭反攻之計，說到緊張處，張云：「快請參謀長。」此指楊宇霆，孫亟搖手曰：「大師且慢，我要先去負荊請罪。」老張然之。是年八月。孫得老張接濟，反攻南京，其鋒銳甚。按革命軍不打硬仗，全靠滲透功夫與收買工作，所謂攻心為上，水到而渠成，惟此龍潭一役，雙方皆有孤注一擲之危險，革命軍前敵總指揮白崇禧之司令部，設在無錫車站，白氏宵旰勤勞，焦急異常，誠以兵額與設備，孫師較勝，桂軍則穿草履，面黃饑瘦，似若不堪一擊者。卒以孫師為海軍所厄，舟中之指可掬也，致遭慘敗，命也，運也！

孫既失利，從此依附奉軍，對老張執禮甚恭，張亦刮目而視，對孫既優既渥，孫善交際，能與奉方將領沆瀣一氣，不啻軍團長中之領班。觀瀾常見奉方八將晉謁老張之時，孫傳芳褎然舉首，等於平劇曹營八將之徐晃，最難能者，張作相、張宗昌與張學良等驃勁十足，甘隨其後也。當時予寓孟公府，韓麟春宅適在對門，諸將咸集於此，狂歡達旦，嫖賭無虛夕，獨無楊宇霆。孫傳芳則周旋其間，一若樂此不疲者，此乃運用交際手腕也。

憶昔孫傳芳在蘇，驅迮楊宇霆，毫不留情，而今日暮途窮，投効奉方，孫之處境，甚為艱棘。大凡支餉糈、領軍械、擇駐地、定戰略，皆楊作主，楊若不與合作，則孫無地自措矣。惟楊坦然揚言於眾曰：「論私則吾受馨遠莫大之打擊，論公則我歡迎其以實力來歸，決無留難之理。」是亦快人快語，傳芳聞之，如釋重負焉。

十二

民國十六年三月，國民革命軍席捲起征，已據南京，張作霖坐鎮故都，勢成騎虎。於是分兵兩路，以取守勢：一路扼守京漢線，遣其精銳第三軍團，佈防豫省，一路扼守津浦線，以第一軍團長孫傳芳暨直魯聯軍副司令褚玉璞為前驅，抗拒革命軍於徐州碭山之間。褚玉璞驍勇善戰，勒成膠著之勢。惟第三軍團長張學良與副軍團長韓麟春，耽於逸樂，無心軍事，在汴且受唐生智與馮玉祥夾擊，勢難支持矣。

當南北兩軍在黃河對峙之時，張學良頻受挫折，乃率領東北第三第四方面軍團，由鄭州北歸，一撤千里，同時張學良與韓麟春發出通電，冀與南京國民革命軍妥協，一厢情願，毫無佈置。此電一出，軍心搖動，鬥志愈益鬆懈矣。楊宇霆陰持異議，反對求和，故其他軍團並無響應通電者，然老張惑於其子之言，心如懸旌，自稱為中山老友，願化干戈為玉帛，學良秉此意旨而謀和平，宇霆固無如之何也。盱衡當時北方政府，實蹈末流虛車之弊，文武官員，晏安鴆毒，只求無事，不求有功，此與明末情形，如出一轍，可無遺恨乎！

此時南方寧漢決裂，內部大起鬥爭，北方政府以為可獲喘息機會，不料寧方從津浦路出兵，漢方從京漢路進攻，其勢銳甚。奉張大起恐慌，時則山西督辦閻錫山，陰與馮玉祥結合，且與革命軍通款，遂向奉張提出三項條件：（一）信仰三民主義；（二）改懸青天白日旗；（三）改稱國民革命軍。

關外將領，如張作相、吳俊陞、湯玉麟等，反對甚烈。楊宇霆以為外交堪慮，更不贊成。孫傳芳、張宗昌、褚玉璞等，皆附和宇霆之議，大勢所趨，故張作霖僅允接納第一條，不肯考慮第二第三條，然張妥協之念未艾，特派邢士廉至太原謁閻，閻知邢為楊宇霆親信，未予延見。既而閻錫山出兵正太路，詭稱填防，實與馮玉祥取犄角之勢也。

張作霖既知妥協無望，又懼閻馮為革命軍內應，遂於十六年六月十六日，召集全體將領，在順承王府舉行國是會議，全體將領一致擁戴張作霖為大元帥，涓吉遷入總統府。於是，奉軍改稱安國軍，共設八個方面軍，以任孫傳芳、張宗昌、張學良、張作相、吳俊陞、湯玉麟、韓麟春、褚玉璞八人，吾等以張八將稱之。孫氏應念之詞為「元帥升帳，你我兩廂伺候。」韓褚二人，好似兩個哈迷蚩，但楊宇霆綸巾羽扇，有上高臺之資格。是日孫傳芳穿便服，最與高采烈，意甚得也。張學良服戎裝，手搖馬鞭，嘴哼二黃，神情愉快，觀瀾所目擊也。

十三

張作霖就任大元帥，發表潘復為國務總理，當時孫傳芳與張宗昌，皆止同鄉潘復之舍，潘任總揆，宗昌所推薦也。楊宇霆任元帥府軍事處處長，實仿袁項城時代統率辦事處之制，權傾一切，老張仍以參謀長稱之。楊對張學良、韓麟春之第三軍團與張宗昌、褚玉璞之直魯聯軍，皆無信心，茲以大敵當前，楊故建議，以豫省交於吳佩孚，魯省付與孫傳芳，而以孫吳二人列第一線，予以優位，俾為奉方火中取栗，誠計之得者。惟因人事牽連，此計未能實行。

如上所述，安國軍軍容甚盛，所設八個方面軍，以孫傳芳、張宗昌、張學良、張作相、吳俊陞、湯玉麟、韓麟春、褚玉璞等統率之。張褚聯軍號稱四十萬眾，孫傳芳自稱有十三萬人。十六年六月中旬，八人拜把，轟動一時，結義之夕，名伶余叔岩獻演《定軍山》，取老將得勝之義，楊小樓演《定麒麟閣三擋楊林》，表示南方之敵，僅屬草莽賊寇而已。觀瀾嗜劇，將義結金蘭之事，好有一比，比作隋唐瓦崗寨諸弟兄。按瓦崗弟兄，未可小覷，其中茁成正果者甚多。

孫傳芳可比秦叔寶，窮途來歸，饒有機智。張宗昌可比單雄信，晌馬作風，而有正義感。張學良可比小羅成，器量狹窄，自尋末路，張作相可比徐勣，老成持重，結局最好。吳俊陞可比程咬金，妙解人頤，能化大事為小。湯玉麟可比尤俊達，尤反山東，劫國寶，湯任熱河都統，凡任熱河都統者，其目標皆在行宮之國寶也。韓麟春可比王伯黨，風流自賞，性喜漁色。褚玉璞資格最差，可比王周，然而勇於任事，頗有義氣。上係戲迷之言，讀者請付胡盧一笑。

今天奉方將領結義之舉，惟有楊宇霆不在其內，此其崖岸自高，不肯附和，譬之鶴立虹布，不屑與雞鶩為伍矣。然楊性格，與眾不同，宵旰焦勞，無甚嗜好。娛樂之事，曾不掛懷抱，欲其旦夕過從為歡昵，其可得乎。一日，楊乘京奉路專車，心血來潮，要學京劇《空城計》「我本是臥龍崗」一段，楊以諸葛自命，引吭而唱「散淡的人」，人字念成寅字，滿口吉林土音，刺入予耳，予止之曰：「人字日痕切，陽平聲，發音之際，捲舌作次濁音，次濁者，不輕不重也，最要抵顎收音。」楊咋舌曰：「這一大套，算俺畢業，不必學啦。」張作霖之副官長楊琪山最好勝，他說他要學，我只教他《汾河灣》一句，「猛虎下山要吃人哪」，吃字上口，「哪」係墊音，琪山狂喜，以為余派精髓在茲，從此哼之不已，每天琢磨此一句，無慮千百遍，大抵天下藝術，以余派鬚生之唱法為最奧賾，普通只有四聲，余派要分九聲，本港票友宜加警惕，莫謂觀瀾危言聳聽也。

十四

回溯民國十四年底，徐樹錚考察回國，覆命出京，遇害於廊房，馮玉祥實為主謀。予等隨員囚拘於國民軍總司令部，險遭不測，釋放之後，艱棘百狀，此時陳調元與陳光遠等，雖有羅致吾輩之誠意，然吾等如驚弓之鳥，無復凌雲之志矣。竊按徐樹錚返國之後，早與各方密謀制馮，為國除患，茲事體大，未能及時為之，實以郭松齡被馮收買，奉方元氣大傷，非徐始料所及也，徐歿之後五閱月，張作霖始在瀋陽發難，龔行討赤，由吳佩孚、勒雲鶚、李景林、張宗昌等，取犄角之勢，五路興兵，大破馮玉祥軍，予等見馮失敗，大感滿意，天網恢恢，誠疏而不漏也。

張作霖凱旋入都，奉軍聲威遐振，楊宇霆握宰輔之權，統三軍之政，此時顧維鈞雖任內閣總理，而各部總次長人選，一是取決於宇霆，宇霆素景慕徐樹錚之為人，一舉一動，悉仿效之，爰託外交次長王蔭泰，致意於愚，愚至順承王府謁楊於總參議室，特蒙傾蓋，其情如舊。楊詢廊房事變之真相，予約略言之，楊頗切齒於馮玉祥，此時馮已全軍覆沒，遁入蘇俄，楊云。「狡兔有三窟，馮必捲土重來，吾與馮勢不兩立，當以全力撲滅之。」予旨其言，願竭區區以供馳驅矣。

按楊夙恨馮玉祥，郭松齡倒戈後，恨馮益甚，故有南口殲馮之役，馮由蘇俄直接資助，始獲苟延殘喘，迨吳佩孚二次失敗，馮出潼關，接收靳雲鶚殘部，始獲捲土重來之機會，世人尚有疑其未與共黨合作者，可謂昧於政情也矣。質言之，馮覺有利，始與共黨合作，一旦利盡，隨相媒蘖，出爾反爾，此馮一貫作風也。

居有間，張作霖委任狀下，派愚在總參議廳辦事，辦公室前，有紫檀木製牌匾一方，上刊「紫氣東來」四字，此對老張善頌善禱之辭，老張所居，在三合院中央，總參議廳在其左側，地位偪促，吾等可聞老張謦欬之聲。夫老張豈無家天下之心，會其時之不可為耳！

居無何，愚在順承王府，無事可辦，蓋同寅之中，愚為惟一南方人，相處不易，不久外放，職掌供應軍需，此屬楊氏善意，俾愚收入加豐，儘可自由處分公產，且無審計制度。惟觀瀾任事，雖無可取，然「絜白公正，不許貪墨」八字，係先祖庸庵公家訓，觀瀾始終不敢違背此旨。要於用人之術，楊宇霆之手段，不逮徐樹錚遠甚，昔百里奚，愚於虞而智於秦，遇與不遇之故也。徐樹錚能用人之長，而補直其短處，楊宇霆則事必躬親，對部下所為，不甚措意，然而疑人不用，用人不疑，則徐楊二人具有同感焉。

十五

予在保定任職，將近一年，被召回京，張作霖忽欲收回天津英租界，因此楊宇霆與外交總長王蔭泰，薦愚為外交部特派直隸交涉員，處理此事，因有稅契關係，是為華北唯一優缺。予接任時，並不知之，國務總理潘復，從中破壞，阻予到差，良有以也。

至於楊宇霆勗愚之辭，觀瀾沒齒不敢忘，厥辭冗長，簡述如次：「徐又錚文采風流，倚馬千言，吾嘗心儀其人，君在廊房，不畏彊禦，宜有勇氣以處理交涉事項，其庶幾乎日有益而月有功，效坤蘊山，是君上司，君宜三復白圭之戒，日慎一日，好自為之。」予曰唯唯，敬聞命矣。楊曰：「收回天津英租界事，老帥已與英使藍浦森，磋商一度，君之抱負如何？」予對曰：「職於此事，尚待研究，惟外交之道，直而不挺，曲而不詘，對外人如此，對上司亦如此。」頃之，楊囑根毓珣，陪愚趨謁張學良於懷仁堂，學良啟予曰：「對日外交，最關重要。此須平日下水磨功夫，不可臨渴而掘井。」予甚服膺其言，永矢勿諼。抑外交須以武力為後盾，人力有時而窮焉。

予接事後，始知英總領事傑美森嘗為先祖門生，此人老氣橫秋，予以老伯稱之，收回租界之事，原可順利進行，而英人所索代價，可募公債以償之，惟予鄭重考慮，此時禍挐未解，兵連不息，強敵橫擊於外，百僚貧殘於內，然則收回租界之舉，洵非當務之急者，設使貿然為之，徒為不肖官吏製造機會而已。故予認為時機未至，力主審慎，楊宇霆深以為然，遂寢斯議。

觀瀾初蒞天津，備受張宗昌與褚玉璞之優禮，除交涉使司本職外，尚兼海河工程局，直隸全省會丈處總辦，第二八方面軍外交參贊各職，予今不能盡憶。適值日本出兵山東，戕害蔡公時，進而脅迫奉軍，與日合夥以抗革命軍。故予當時經辦事務，有極關重要者，容當另文詳述之。事與楊宇霆無涉，茲不贅論。惟予執筆至此，不禁感慨系之，蓋以一身兼數要職，最為誤事，且予當時年輕，閱歷未豐，大事雖無差池，小事則疏漏之處甚多，故予慨然謂外長羅文榦曰：「未屆不惑之年者，切莫畀以衝繁疲難之職務，戰國策曰：甘露十二為秦相。觀瀾不能無疑焉。」羅曰：「君言未盡然，宋教仁年未而立，有相才。」予曰：「不然，同盟會時期，宋與孫中山不協，即因年少氣盛故也。」

十六

予在天津供職之時，兼任安國軍外交參贊，隸屬於大元帥府軍事處。軍事處處長為楊宇霆，暗中喜與美國人辦交涉，實有牽制日人之意也。憶昔袁項城身為總統，自任海陸軍統率辦事處處長，僅以黎元洪、段祺瑞等為處員，而以事務之權交於唐在禮，今張作霖實以統率之權暨事務之權，悉付楊宇霆，信任之專，無出其右。惟張學良恃父之寵，悻悻然，有驕色，張宗昌則綰轂北方之門戶，已呈尾大不掉之勢。故宇霆矜矜競競，未能放膽做去。至二張瀕於失敗，楊亦尾絕力竭矣。

由於時局緊張，軍事當先，觀瀾所任外交參贊，迥非掛名性質。此時孫傳芳所率第一方面軍，掙扎於隴海路最前線，楊宇霆乃以第一方面軍與軍務處聯絡事宜，付予職掌。於是僕僕京津道上，耗費甚多時間。直督褚玉璞不懌，謂予不肯盡忠於直魯聯軍，遂聽讒言，與予為難，予受驚險，誠有超出想像以外者。從此可知與軍閥共事之不易也！

按孫傳芳治蘇，深得人心，故予對孫，頗具好感，樂為之助。惟楊宇霆對孫，印象大壞，使予彌縫乏術，煞費周章。某次孫索軍餉，宇霆靳而不予，謂觀瀾曰：「孫馨遠為人，兩面光，又兩頭尖，似雞卵，心則愕愕見鋒刃，他見人說人話，見鬼說鬼話，我楊宇霆料事如神，焉能上他的當。」予對曰：「各人個性不同，如其面也，今孫寄人籬下，焉能不低頭，張少帥要他叫條子，張督辦要他吃狗肉，他有什麼辦法，目下孫軍乃競逐於最前線，在此呼吸存亡之際，饋餉豈可間斷，蓋聞定海內者無私讎，望公勿以前事自疑也。」楊思有頃，遂援筆批示永興軍衣莊，著給五十萬元與孫軍團長。

又一日，楊宇霆專車過津，不擬逗留，孫傳芳稱有要事，囑愚約楊於車廂晤面，無何，孫嗜煙霞成痼癖，因此耽誤時間，我請楊稍待片刻，楊不可，我固請曰：「孫軍團長謂有機密大事，報告督辦。」楊曰：「咄咄，我能猜透其所謂機密大事也。」予仍堅持，少待為愈，楊視手錶曰：「好！我等他五分鐘，我還有要事要見老帥呢。」五分鐘過後，即命開車，孫傳芳隨即趕到，大為懊喪，我詭言曰：「大元帥適以急電召楊，故不能停留，楊督辦云，數日之後，即回來與聯帥晤面也。」我述此事，以示楊氏之鋒芒，厥後不得善終，即由鋒芒太露故也。

十七

一日，楊宇霆以電話召予進京，謂觀瀾曰：「薛參議你瞧！褚蘊山把你刷下來啦。」按楊語調，爽辣而輕鬆，有詼諧成份，臉則一本正經。「刷下來」係京劇中《法門寺》劉瑾之戲詞，意即彈劾一本也。予閱參摺，即請調回保定道，並謂楊曰：「此公當我之面，拔槍轟擊長蘆鹽運使韓某，我可不敢惹他，還是遷地為良。」楊氏奮袂曰：「褚玉璞要參你，不論什麼，都可以，他今參你人地不宜，主張另調他職，我可絕對不答應，我認為你在天津，人地皆宜，我才派你去的，……沒有什麼，照常辦事，好好辦公，待我來教訓蘊山幾句，就結啦。」我說：「我知道了，感激不盡，我在天津供職，而替督辦辦事，故說人地不宜，但請督辦千萬不要教訓褚蘊山。」按楊此類作風，頗似徐樹錚，嫵媚之至，若在劇中，二人應勾紅臉，以示赤膽忠心，眉際厄紋一條，示有威風煞氣而不獲善終也。

又一日，張宗昌大設筵宴，為褚玉璞慶祝碭山之捷，是為直魯聯軍揚揚得意之秋。予得間，預告楊宇霆曰：「今夕公首坐，吳俊陞督辦在次，此因張褚與吳有金蘭之誼也，張褚係怏怏者流，請公以敵體視之，彼必感奮於心矣。」楊氏含笑不言，其意若曰：「你可大大失了眼力了，我楊宇霆在一人之下，萬萬人之上，張褚與我，豈能比肩雁行乎。」大雅云：「既明且哲，以保其身。」今楊氣焰不可一世，非所以揚令名全壽命者也，亦昭然矣。

竊按民國十六年秋，安國軍與革命軍形成相持之局，互有勝負，北方官員，既不樂觀，亦無悲觀，誠以後方擁有百萬雄師，固非束手無術，彰彰明甚。惟楊宇霆典握機衡，深感不穩，外表雖示鎮靜，內心時露焦急。觀瀾在津，稍知底細，與楊具有同感，此時津浦路第一道防線，係由孫傳芳之第一方面與褚玉璞之第八方面軍，負責扼守於徐州碭山之間，實則孫力已感單薄，而孫浮報兵額，尤誤大事。褚玉璞雖在前線督戰，有卞莊之勇，惟一木難支大廈，已呈再衰三竭之勢。革命軍則取「拉布」戰術，渾然而來，遂然而往。使褚疲於奔命，陁及十七年春，褚告崩潰，京師震驚。

張宗昌在魯，把守第二道防線，惟宗昌有三不知，不知其妻妾子女若干人？一也；不知其私人財產幾何？二也；不知其有軍隊若干，槍械若干支？三也。是故張部與革命軍甫一接觸，即如散沙一盤，防禦魯南之軍長名王棟。鎮守濟寧之軍長名許琨，號稱張部精銳，所屬十數萬人，攜槍回籍，不知去向，張部大將徐源泉，恬不知恥，竟向閻錫山部傅作義投降，鎮守膠東要區之劉珍年，則與馮玉祥部韓復榘通款，至於雜牌軍如張敬堯、孫殿英等，原屬烏合之眾，不堪一擊者也。

十八

此時日本出兵山東，攻佔濟南，奉方要人若無國家思想，而以日人為護符，則前途變化，殊難預測矣。蔣總司令麾下北伐軍，乃不顧日人阻撓，終於繞過濟南而北上，解決濟寧許琨部，此屬英明之舉，若稍猶豫，則無成之局肇矣。濟寧既失，則北方崩潰之勢必至矣。

當是時，北方軍人有舉足輕重之勢者，允推張作霖、楊宇霆、張學良、張宗昌四人，應如何打開時局，四人抱有不同之見解，可得而述也。張作霖願與革命軍妥協，以締南北均勢之局面，如其不能，則願退守關外，並令簡任職以上官員，隨同出關，以便異日捲土重來，故老張不肯放懸旗幟，亦不肯向革命軍低頭。楊宇霆認為妥協無望，故其態度較為強硬，實偪處此，退出關外而謀自保之策，即為楊所提出者，至於日人出兵山東，並誘奉軍合作以抗革命軍，則楊始終處於反對地位，誠知引狼入室之非計也。

當時予在天津，亦抱定宗旨，寧讓革命軍統一國內，不可與日人合作，是為觀瀾一生不可搖動之意志，時則日本駐屯軍新井司令，在津提出強硬要求，欲從津浦路運兵至濟南，以期「懲膺」國民革命軍。予嘗援引辛丑條約，抵死力爭，詳載他篇，茲不贅言。

張學良統率奉軍之精銳，夙受閻馮二人之影響，嗣在河南失敗，意志動搖，早即採取投降主義，願易幟，願稱國民革命軍。張宗昌則渾渾噩噩，一時頗欲利用日人，以固其圉，惟宗昌素具忠義之忱，絕對服從張作霖與楊宇霆，故予對宗昌，亦有絕對服從之心。厥後宗昌擬率徒眾，退出關外，竟為小張所拒絕，此乃奉方有負於宗昌，而宗昌可告無罪於奉方者也。

閻錫山軍傅作義部，抵津之前四十八小時，張宗昌狼狽不堪，宿於直隸督辦公署，其左右只有予與褚玉璞、吳光新三人，跬步不離，張敬堯亦來數次，其他直魯兩省文武官吏，蹤跡全無，皆棄張褚如敝屣矣。嗟乎！勢之所集，從之如歸市，勢之所去，棄之如脫遺，世俗然也。張宗昌穿淺色西裝，丰度仍佳，惟因失眠，兩目浮腫，已失威稜。褚玉璞仍穿上將制服，端坐上將軍之側，垂頭喪氣，不發一言。吳光新穿藍袍馬掛，伊為張宗昌義兄，情誼素篤，故戟指詈張曰：「效坤！你真是天下第一糊塗蟲，你為張雨亭獨力支撐一年多，傻氣夠瞧，試問奉軍軍團幹些什麼，……我要質問你，革命軍攻打山東，你的三十餘萬軍隊，跑到那裡去了，到如今，還要跽在地上，看什麼軍事地圖，來不及啦，目下還剩多少兵卒，一個是一個，收拾起來，再作計較罷。」宗昌憮然有間曰：「我張宗昌該死。」言畢，自撾其頭。

十九

據上所述，天津失守之前，張宗昌之親信將領徐源泉等，不事抵抗，早已降敵，故宗昌狼狽不堪，館於直隸督署，其左右只有予與褚玉璞、吳光新三人，其他官員皆已匿跡，不知去向矣。此時褚督辦垂頭喪氣，吳踞客位，切責宗昌，觀瀾則據一桌，暫充秘書而兼副官，為張褚整理文件，應付外事。各國總領事與武官，皆來探聽消息，亦有表示願助張褚者。予謂宗昌曰：「吾等應隨大元帥出關，無須求助於外人也。」

予穿西裝，領帶歪斜，宗昌親手為愚撥正之，予襟染香煙灰，宗昌躬自為愚拂拭之，此時宗昌頗有懺悔之心矣。褚玉璞知予拒絕傅作義之邀聘，謂宗昌曰：「危難之際，文的比武的可靠。」宗昌無言。觀瀾想起最後兩天，我與張宗昌之間前嫌盡釋，無所不談，臨別之頃，不覺悲從中來，然吾在天津任職一年有餘，張褚二督自始至終以奸細視愚也，張宗昌說我私通革命黨，褚玉璞怪我結納楊宇霆，吾仍安全無恙，非奇蹟而何？吾嘗切悲張宗昌，人極德明，粗通文墨，惜其得意忘形而無賢輔，不能順時而謀，卒招破敗之重災，生為世笑，死為愚鬼，不亦哀乎！顧宗昌一生雖無是處，然忠義二字，當之無愧，自其失敗以至被害於韓復榘，所作所為，尚無媿對國家之事，可謂知恥近乎勇也矣！

津濟既失，北京震動，北伐軍長驅直入，掃蕩華北。張作霖居懷仁堂，進退失據，統兵大員，相視褫氣，奉軍四十餘萬，跼蹐關內，而日人犄其後，裝彈弓，佈陷阱，鷸蚌相爭，彼乘其敝，張氏處此，信亦危矣，非獨力屈道窮，亦將無路還鄉。今夫日人困則和順，強則驕逆，天性然也。第一次歐戰之後，歐美各國自顧不暇，日人遂啟覬覦中華之野心，當民國十四年冬，予隨徐樹錚赴日考察政治軍事，則見日本政治紊亂，軍人蠢動，帑藏空竭，官民俱匱，早呈外強中乾之勢，世人懵焉不察而已。此時日本政黨已成強弩之末，軍閥則起重大變化，尤其少壯將校不滿現實，輕中國如草芥，以滿蒙為外府，假天皇以惑眾，視長官如贅瘤。

至民國十六年春，日本軍人之氣燄，如燎方揚，不可遏止，內則臺灣銀行破產，全國經濟有崩潰之虞；外則華北政權搖動，革命軍隊如破竹之勢，是以侵華之舉，如箭在弦，省括即發，田中義一大將出組內閣，時有「侵略首相」之稱，田中自兼外相，干涉中國內戰，以保護居留民為名，出兵山東，攻佔濟南，慘殺蔡公時，阨阻革命軍，田中首相隨即召集東方會議，謀奪滿蒙，徐圖中原，舉世聞名之「田中奏摺」，即於此時實現者也。

二十

按田中首相為長洲軍閥之寵兒，組閣之後，自兼外相，以全權付與外次森恪，森恪主張侵華最力，即行召集東方會議，決乘中國內戰，奪取滿蒙，所上「田中奏摺」，即以東方會議之議決案作為根據，按照預定計劃，北方政權崩潰之日，即為關東軍發動滿洲事變之期限。奉方軍隊數十萬，殆無班師回奉之可能，此為日人攘奪東三省最好機會，萬無放虎歸山之理，亦昭然矣。且日人嘗助張作霖，殲滅郭松齡，自謂大有造於奉方，不意奉張並無感恩圖報之表示，日人固懷恨在心矣。

日人又深忌中國為革命軍所統一，荷天之休，中國強盛，決非鄰邦所願也。故日人願為奉張看守老家者，無非欲張出其全力與革命軍周旋也，張若得志於關內，則日人可為所欲為於關外，此乃神堯驕李密之毒計也。會奉張無意戀戰，急欲退出關外之時，田中首相特命芳澤公使向張發出強硬勸告，同時關東軍對張再三警告，略謂「東北可保無事，中原方急，非大元帥坐鎮指揮不可，豈可輕離北京，而以全國拱手讓於革命黨，況聞革命軍密怖刺客於各地，心所謂危，亦以告也。」此係恫嚇之辭，語弈心兵，傲睨風刺，日人陰謀之心，昭然若揭矣。

既如上述，日軍為何變更計劃，未以武力阻止奉軍出關？張作霖得於六月三日，啟程回奉，而奉軍全部亦得陸續還鄉，其故安在？蓋田中義一深懼美國出面干涉，因此猶豫不決，是則楊宇霆素與美國外交人員之折衝，就大局而論，固有弊而亦有利也。楊宇霆雖不為日人所喜，然日人對楊，外表和協，心存敬畏，彼此常有利用之時也。

安國軍中，日本顧問甚多，內有松井七夫少將與町野武馬大佐二人，最能盡忠於張作霖，松井少將與楊宇霆，關係尤為密切。楊見事急，乃委託松井與町野二人，於五月下旬，遄返東京，效申包胥故事，泣訴於田中首相之前，曉以唇亡齒寒之大義，田中年老心軟，彼與中國老輩，皆有友誼，故一夜之間，將既定方針，全盤推翻，田中即與陸相白川，電令關東軍，中止侵華行動。竊按田中此電，卒使滿洲事變展緩四年，不可不特筆也。

於是關東軍乃白忙一番，少壯將校，對於田中所為，尤表憤慨，故進一步，決定謀殺張作霖，即在皇姑屯炸車，不成則以白刃刺張，此時關東軍司令長官，已易村岡大將，村岡贊成殺張，而不敢違令出兵，於是殺張計劃，交由駐華使館武官建川美次少將，與關東軍高級參謀河本大作大佐，探張行期，秘密進行，遂有六月四日皇姑屯炸車之禍。

二十一

由上觀之，皇姑屯炸車之禍，係關東軍少壯派主謀，關東軍司令長官村岡大將，暗中贊成，而日本駐華武官建川少將推動尤力，此事遂得順利進行。當時愚任外交參贊，準備出關服務，故於炸車之前，接觸頻繁，見聞較多。炸車之後，乃謠諑四起，事轉隔膜。據愚所知，田中內閣迄未與聞炸車之事，蓋田中首相為政友會總裁，政友會嘗費九牛二虎之力，攫取政權，故田中決不肯犧牲其政治生命而為孤注一擲者也。迨張作霖炸斃之後，田中啟奏天皇，天皇大怒，關於田中內閣所採對華積極政策，天皇極不滿意，故田中返邸，即提辭呈，下臺之前，先將關東軍高參河本停職，並命駐華武官建川聽候調用，惟因陸軍方面公然包庇，二人反獲陞遷他職。

按六月四日下午，張作霖所乘專車，經過皇姑屯，重量炸彈發自南滿鐵路界線內，張受重傷，不久氣絕，秘不發喪，恐日人乘機出兵也。同時罹難者有黑督吳俊陞，吳從黑龍江勤王，率領八千勁旅，拱衛瀋陽城，特來郊迎張作霖，遇炸立死。奉系閣員閻澤溥、劉哲、莫德惠等，因在前列，僅受輕傷，日本顧問町野大佐與國務總理潘復因中途在天津下車，幸免於難。竊按張作霖班師回奉之前，猶擁數十萬眾，苟與日人沆瀣一氣，力圖掙扎，則北方政府非無背城借一之機會也。然張愛國家，愛民族，始終不受外人威脅利誘，至死不與日人攜手合作，可謂風軌英邁者矣。

張作霖既死日人之手，奉軍義憤填膺，欲雪此恨，幸有臧式毅主省政，反對動兵抗日，始獲化險為夷。此時奉天耆紳袁金鎧出組治安會，關東軍蠢然思動，東三省危如累卵，然因張作霖枉死，日本天皇赫然斯怒，關東軍惶怖征營，不敢違拗，故其掠奪計劃，暫告收束。是時，奉方二要人，張學良與楊宇霆，滯留錦州，觀望不返，銜聲茹氣，實可傷嗟！

於是張作霖之最高顧問松井七夫少將，推舉楊宇霆為東北首長，松井認為楊宇霆志懷高遠，夙標令譽，且東北事權，向集宇霆一身，駕輕就熟，非楊不可。惟關東軍憲兵司令秦少將則推張學良，秦乃特務首領，認為宇霆狡展，難以駕馭，學良才是張老帥合法繼承人，不推學良，則無以對勞苦功高之大元帥。實則關東軍素抱侵吞滿洲之野心，今欲借子之矛，攻子之盾，自應歡迎張學良，至於奉軍陣營，新派擁護楊宇霆，乃以大局為重。舊派則歡迎張學良，含有情感作用。按此新舊兩派，勢均力敵，於是松井與秦二人，亦相持不下，日方最後決定，乃慫恿張楊二人，同歸瀋陽，再議其他。此時東北局勢，渾沌已極，日人毒螫滿懷，蓋如盤天之鵰，志存擊物，迴旋空中也。

二十二

張作霖以不肯出兵，阻止革命軍統一中原，故為日本關東軍所炸死。張歿之後，張學良與楊宇霆淹留錦州，意存觀望，會有張作霖之親信，顧問松井少將，推楊為東北領袖，關東軍憲兵司令秦少將則推張學良。當時奉方新派將領屬意於楊，舊派將領屬意於張，兩派相持不下。日人乃慫恿張楊二人，同歸瀋陽，即便解決首長問題，歸途之中，張楊惺惺相惜，毫無猜忌，二人皆信誓旦旦，願合作到底。蓋自老張被狙，大廈已傾，內有日人之陵轢，外受革命軍之威脅，張楊二人若不攜手合作，勢必兩敗俱傷，此為時局所逼，二人固非捐棄前嫌不可，誰為東北之主宰，此時猶無分曉。自蒙觀之，楊氏平日若與日人勾結到底，則今日老張之位，可取而代也。

抵瀋陽後，楊見局面渾沌，即公開表示態度，大旨如次：「宇霆一生，夙以先大元帥之意志為意志，先大元帥慘罹橫禍，宇霆之心碎矣，今後更當秉其遺志，以東三省大局為重，宇霆思不出位，只知奉公守法。漢帥為大帥之令嗣，繼承父職，名正言順，吾從漢帥，如驂之隨靳也，願我袍澤毋再齒及宇霆，則幸甚！」按宇霆所言，並非違心之論，獨惜學良未嘗三復斯言也。

東北首長問題，既獲迅速解決，學良遂任安國軍總司令，宇霆仍任軍事處處長兼兵工廠督辦，依然故我，此為宇霆畢生最大失策。蓋首長之職，楊以得勢之新派為後援，可爭而不爭，不爭固為忠貞之表示，無可非議，既不爭矣，則是繼承有人，鼎祚有歸，按諸當日宇霆處境，非急流勇退不可，何以故？夫權臣易世則危，書曰：「毋若火始庯庯，不早撲滅，必至熾盛莫救。」而今怏怏如學良，能無戒懼之心乎？傳曰：「蠭蠆有毒」。而況心如梟獍之張學良乎！夫以老張信任之專，史乘所罕見，小張能如其父乎？且小張之欲殺楊，其機早萌乎老張未死之前，無父無君，而肯不念舊惡乎，諺有之，前事之不忘，後事之師也，昔日小張與郭松齡之叛逆，即以宇霆為對象，今張居楊之上，楊能安於其位乎！

在首長問題未解決時，小張態度故示親切，迨其得志之後，外表對楊和協，陰實疏而遠之，互相猜貳，信不由衷。楊雖稍戢其鋒，事事退讓，然楊個性太強，握權既久，無法善處，豈不哀乎！夫楊在奉，功業彪炳，操守廉潔，鄉使小張稍有人心，應與精誠團結，彼此一心而憂海內之患，縞素以承先人之志，當此之時，守疆安民，則東北一隅，不猶可以為小偈耶？今懷狠毒之心，行自奮之智，無故殺楊，蹶茲驥足，不久遂招「九一八」之禍，斯為倒持戈矛，授鐏以寇者也，悲夫！

二十三

竊按張作霖之炸死，係出關東軍參謀河本大佐之陰謀，此事至民國三十五年，經東京遠東國際軍事法庭證實，始獲公佈於世。然張學良在錦州避禍之際，已知其父慘死之真相，故視日人為不共戴天之仇，其心可嘉，然卒釀成「九一八」事變與西安事變，斯其鹵莽無智，殃及全國。良可哀也！良可哀也！

張學良既任東北首長，楊宇霆恪守原職，在楊之意，以為事事退讓，當可相安無事矣。學良心理則不然，見楊根深蒂固，無法撼動其勢力，張氏家業幾乎不保，此乃心腹之大患，加以舊恨未消，遂有不利於楊之心，而楊懵焉不察，自投羅網，此非楊氏之愚，實係學良手段之辣。蓋學良一生狙詐，居常服膺馮玉祥之為人，故其大膽作風，無非師馮之故智也。

如上所述，日人計殺張作霖，原欲掀風作浪，乘機掠奪，不意天皇大怒，一怒而關東軍不敢擅自行動，於是改變方針，暫與學良謀妥協，分疆而治，各不相犯，實乃包藏禍心，待時而動，良將勁弩，守要害之處，堅甲精卒，陳利兵而誰何！是以隔河分畝，君子知其不終，衷甲尋盟，春秋貶其行詐。頃之，日本政府選派林權助男爵為特使，致唁奉張，林為中國通，嘗任駐華公使有年，昔日袁項城數稱朱爾典與林權助為老友，二人皆為觀瀾所素識，林為老奸巨猾之流，故玩學良於股掌之上。林見學良，大加鼓勵，惟其最大目的為挑撥張學良、楊宇霆之感情，危言聳聽，篝火狐鳴。於是張對宇霆，更加猜疑，日人乃有不利於楊之心，此事可為鐵證。嗟乎宇霆，內有學良之歧視，外遭日人之陷害，處境如此，信亦危矣！

張學良執政後，第一件公事即拒張宗昌率部出關。夫宗昌嘗有大造於奉方，當年戰勝吳佩孚於冷口，殲滅馮玉祥於南口，拒絕郭松齡之合作，抵抗革命軍之攻勢，後雖敗績，情有可原，今奉方以怨報德，遂使宗昌蹈據無所，予為此事電楊疏通，不得要領，方知內情複雜，楊表消極，對於軍事大計，楊蓋不聞不問矣。

當是時，愚蒙蔣作賓先生挽留，仍守原職，蔣為革命軍總司令之全權代表，遲至十七年九月，始獲卸任直隸交涉使之職，距離皇姑屯事變，已逾百日矣，愚因無意戀棧，掛冠而去，竟被北平行營主任閻錫山氏所通緝，遭遇之奇，得未曾有。愚與楊宇霆事先約定，赴奉歸隊，爰於十月杪乘船赴大連，繞道至瀋陽，此在觀瀾，並非嵬瑣干祿，乃不忘舊德，聊表寸心而已。在南滿車上，邂逅老張顧問山崎氏，山崎忠告觀瀾曰：「君要小心革命軍特務人員，現已密佈關外矣。」予對曰：「予不足道也。誠如君言，則楊督辦陷於泥濘之中矣。」

二十四

予抵瀋陽，矍然而驚，物換星移，迥異往昔，此因老帥溘然長逝，學良資望未孚，日人居心叵測，關外難臻安定，是故景象零落，市面蕭條，亦見當年東北四省之安危，實繫老張一身也。夫老張獨霸東北，垂十五年，其所統治區域，兩倍於法國之本土，今張殂化，日人既虎視眈眈，少帥則年未而立，且性情囂張，體氣尪弱，又如京城太叔，倨傲而無腎輔，焉能冀其紹堂構而負析薪乎。

予寓大南門楊宇霆邸，旋遷米耶果旅舍，因予水土不服，需要看護，瀋陽地面遼闊，且與日人雜處，非予所習慣也。惟瀋陽菜館特佳，肴烝甚精，是時王蔭泰、翁之麟、吳晉、朱佛定等皆在奉天，楊乃三日一小宴，五日一大宴，在座者皆屬異鄉之士，有時楊不在座，仍為東道主，予等在奉雖甚無寥，然公館派頗加嫉視，予等益侷促如轅下駒，此時予誠蕭然疲役，深感前途崎嶇，故遒然有脫離鞅掌之思矣。

按張作霖在世之時，楊宇霆之勢力已籠罩東北全區，張逝之後，宇霆職掌猶昔，其勢力依然根深蒂固，故關外人士皆知有楊督辦而不知有張少帥，各方來奉接洽要事者，仍多奔競宇霆之門，少帥有惡焉。然宇霆內心，實抱消極，並無爭雄之企圖，居恒誥誡吾輩曰：「此為東北最危險時候，在我決無絲毫爭權奪利之思想，吾等惟有竭誠擁護漢帥，俾得渡過難關，庶幾東三省不致淪亡於日人之手。」其辭甚多，觀瀾不復記憶矣。按東北之人，素仗義氣，如宇霆者，可謂忠義之士矣。

惟楊個性，不能盡改，兩目眈眈，使人望而生畏，其志嘐嘐然，尚欲佐張整頓兵工廠，採發沿路礦產，開闢葫蘆島港口。觀瀾所任職務，即與荷蘭公司洽商開港事宜，然而姦佞盈庭，薏苡興謗，少帥赫然欲誅之意，未嘗有忘，其左右借此攻擊宇霆，而宇霆避讒無路矣，厥後張殺楊常，誣為叛逆有蹟，學良一生卑鄙，無過是矣！

夫宇霆當局者迷，觀瀾旁觀則清，舉凡張楊二氏之企圖，予嘗盡心細察矣，故謂王蔭泰曰：「楊鄰帥在奉，功在不賞，而有震主之威，夫功高震主則危，主有猜疑則誅，理勢然也，今夫漢帥左右，皆屬紈袴少年，與愚非親即故，論私則有通家之好，論公則我屬楊派，故彼視我如寇讎，吾觀張之親信，害楊之心，無時或釋，陷楊之計，無孔不入，日以繼夜，媒蘖有短，楊處驚風駭濤之中而不自覺，四面楚歌而不聞，何其心怛如是耶？足下職位較高，誠有逼切警告楊氏之必要。」王蔭泰對曰：「君言甚是。予有同感，震主之威，信不虛也，吾嘗再三言之矣，惟楊自信太過，忠言未必入耳，無可奈何！」

二十五

予與張學良之部屬，頗多往還，故知張部皆在處心積慮以圖楊，而宇霆處之泰然，殊無臨深履薄之戒心。歲末，予謂宇霆曰：「頃接家書，家父違和，愚擬乞假，回籍省親，此間空氣混濁，愚為督辦言之數四矣，昔日張老帥之於督辦，道德元同，曲折合符，得失不能疑其志，讒搆不能離其交，此其度量之淵宏，他人鮮能及之。」宇霆正色曰：「少安毋躁，君不知漢卿髫齡，我常抱置膝上，漢卿善哭，我必多方哄之，我與漢卿，情同股肱，非他人所得離間，人言不足畏也。」

予進解曰：「譬諸三日一水石，五日一水石，石雖堅，必然為穿矣，浸潤之譖，亦猶是也。」楊曰：「諾！待我解決二馬之後，當聽老兄之言，解甲歸田，隱於大連。」不料兩星期後禍作，愚與宇霆誠不料禍發如是其速也。又楊氏之言，應加詮釋。蓋楊客廳左側，置一磁罈，上繪二馬，係特製者，二馬指馮玉祥，楊宇霆見客，必輒指二馬而詈之，以消心頭之恨。溯自郭松齡倒戈後，楊與馮玉祥儼有不共戴天之仇。由是觀之，三年以前，徐樹錚若不嚴劾楊宇霆，而於歸國之後，與楊協商，再定行止，則馮有所顧忌，不敢動手，厥後討赤之舉，必可澈底觀成矣。

此事關繫北方政權之廢續，觀瀾復有切身之利害，不覺言之灌灌耳。又張學良幼時，踞楊之膝而雪涕，宇霆對客，時常言之，跡近賣老，決非學良所樂聞也。

茲按十七年六月，革命軍長驅北上，奉軍退守關外，張作霖道殂，關東軍蠢動，此時奉方受內外夾攻，有岌岌不可終日之勢，然而張學良上臺之後，反得苟安於一時，斯誠出乎意料之外者也。蓋日人炸死老張之後，內疚神明，不得不自約束其行動，革命軍則知東北情形複雜，一時難以措手，故所爭者只在關內地域。當是時，北方則有馮玉祥與閻錫山鬩牆之爭，幾有火拼之勢。南方則因國共糾紛，釀成寧漢分裂之局面，不久以後，汪精衛左傾，蒞臨北平，召集擴大會議，革命軍內部形勢，極為嚴重，故南京政府願與小張謀妥協，以得其助力。

是時張學良儼有舉足輕重之勢，各方咸欲爭取之，終是張群、吳鐵城先後代表蔣總司令，傅作義為閻錫山之代表，何其鞏為馮玉祥之代表，紛集瀋陽，皆千方百計，求見小張一面而不可得，何以故？此時張學良痼癖甚深，形似骷髏，與客談話時，間歇性的打著冷顫，談過十分鐘，必需打住，針藥一度，憔悴如斯，焉能檢討國事，各方代表，徒呼負負，良可噱也！

二十六

如上所述，南北形勢，混亂不堪，各方代表紛集瀋陽，以爭取張學良之合作，皆千方百計，求見一面而不可得。因張吸毒，甚以見客為苦事。惟蔣總司令之代表吳鐵城將軍，頗具手腕，伊佔四經路洋房一所，廣事交際，卒獲捷足先見張學良，吳即表示東北仍可畀於奉方，惟表面上必須服從中央命令，日後彼此借重，各得其所。學良既受包圍，俯首承允，遂議定將京津地盤，完全交出，關內奉軍則悉數開拔回奉，由中央任命閻錫山為北平行營主任，張學良為東北邊疆司令長官。關於用人行政，中央概不過問。議定之後，東北遂於十七年十二月二十九日易幟，改懸青天白日旗，於是中國統一，邁進一步。

易幟之事，日人大恨，事出倉猝，不及攔阻，蓋在張作霖時代，日人尚可獲得若干權益，此因日人亦嘗有造於奉張，且楊宇霆辦理交涉事宜，常能開誠佈公，圓滑應付，惟至緊急關頭，楊則絲毫不讓，詳載下文。現張學良對日態度，純打官話，視日人如孩提，故愚謂學良，反日而又恐日，恐日而又侮日，其亡可立而待也。易幟之前，學良作豪語曰：「我是中國人，東北是中國的，我並不接受日本人的命令。」日人聞之，遂起極大反感。

迨易幟後，日方代表兒玉趨訪張學良於舊帥府，實有問罪之意，楊宇霆並不在座。是為學良失檢之處，何則，學良應知日人對於宇霆，尚存幾分敬畏之心也。雙方寒喧數語後，日代表即質問學良曰：「老帥張作霖曾允給日人許多權利，貴司令（不稱長官，即不承認南京政府）必須加以承認才是。」學良曰：「請試言之？」日代表曰：「好！第一是建築朝鮮通至吉林的鐵路。」學良曰：「我對這些權利，一點也不曉得，假使所說不是虛話，請你到南京去，與外交部交涉。」

日代表變色曰：「不過我們並不想到南京去，我們也不希望你和他們站在一起，我們要你澈底明白，以免將來後悔莫及。」此屬威嚇之詞，萬分嚴重，學良咬緊牙關，無辭可措，於是日代表繼續侃侃而談曰：「假如你和國民黨分開，仍懸五色國旗，那我可以保證，敝國將準備對你加以援助，不然的話，任何時期，當我們的權益遭受損害時，我們決計依照自己所認為適當的去做，你要負一切後果的全責。」言畢，日代表揚長而去，情形尷尬，從此以後，學良在奉，不能高枕而臥，只得盤桓平津，等候日方定時炸彈之爆發矣！綜上所述，日本代表之談話，詳載當時瀋陽日文報紙，觀瀾僅記片段而已。

二十七

民國十七年十二月二十九日，張學良在東北易幟之後，日人即予嚴重警告，學良不諳外交，一意徑行，日人憤甚，故日本作家所寫「滿洲國」歷史，涉及易幟之舉，稱為「張學良的反日運動」，此係日本小學生必讀之書，可見日人之怨毒深矣。未滿三年，遂有「九一八」事變，此乃東北與吾國國內團結之週年紀念日，日人以鐵路被毀為藉口，進寇瀋陽北大營，事變之夕，張學良適在北平觀梅蘭芳劇，自始至終，抱不抵抗主義，因其平日不修武備，而瀋陽兵工分廠數所，早已改建為民用工業也。夫學良雄長關東，矜豪傲物，與日人有不共戴天之仇，故其易幟之舉，情有可原，至於「九一八」事變之不抵抗。則雖儀秦不能為彼辯護矣。質言之，既不抵抗於後，即不應輕慢日人於前，似此末流虛車之弊，豈非亡國之鑒乎？

綜上觀之，張學良毅然易幟，誠有稗於國家之統一，就道德而論，應無異議，但為本身利害計，為東北安危計，甚至為國家前途計，學良易幟之舉，非惟不合時宜，且冒極大危險，不啻自驅於罟獲陷阱之中，蓋日人向視東北為禁臠，其享受特權久矣，所抱野心大矣，吾國鞭長莫及，無如之何！故學良所採償強之姿，決非妥善辦法，誠以日人礙於天皇之命，未便出兵干涉，此非吾人意料所及，亦非學良所能預知者也。時若張作霖在世，決不肯貿然易幟，以招日人之侮，必俟日方承認南京政府，始可考慮此事，斯可斷斷言也。

楊宇霆熟悉東北之外交，深知日人之心機，對於易幟之舉，認為失之過早，蓋楊以為東北此時，只宜退求自保，斷不可與聞關內之事，楊已覺悟，歷來東北參加內戰，無論勝敗，都與東北不利，除龐大戰費外，東北軍對關內，在經濟上，有給無取，遂使東北建設事業，大受打擊，宇霆悔之晚矣。

惟張學良早有覬覦平津之念，其政策重心，不在關外而在關內，故與宇霆意見相左，裂痕愈深，易幟之舉，寖假而成殺楊之導火線。自易幟後，兩星期內，楊宇霆即飲彈畢命矣。然如上述，自張學良登臺之後，楊氏即處驚濤駭浪之中，學良赫然欲誅之意，未嘗或忘，其左右皆有滅楊而後朝食之心，張學良之西籍顧問多名，最有潛勢力，亦受張部之煽惑，而信宇霆之不穩，各方代表來奉者，對楊俱無好感，得機即進讒言。而最關重要者，日人既欲瓦解學良之勢力，必先翦除楊宇霆，此乃必然之勢也。大抵日人可分兩派：一派視楊為親日，重光葵等是也。另外一派則視楊為反日，內田康哉與林權助等是也。蓋楊內心反日，而態度親日，至其政策亦以安撫日人為主體，故與張學良之懷抱，大異其趣矣。

二十八

張學良主政之後，楊宇霆處境危殆，既如上述，茲將日人恨楊之理由，分析如次：（一）張作霖不顧日人反對，毅然決定退出關外，日人因此遷怒於宇霆，蓋彼以為凡張所為，楊應獨負其責；（二）當老張定計撤退之際，日方使者嘗多方勸阻，願供軍火，俾張繼續作戰，老張乃不假思索，凜若嚴霜，謂日使曰：「俺們自家人打仗，狗咬狗，兩嘴毛，與日本有什麼關係？」此言大義懍然，惜非外交詞令，譬如以水投石，莫之逆也。日人既殺老張，懼楊伺機報復，故有斬草除根之意；（三）奉方建築洮南鐵路，迭經日人抗議，楊宇霆不肯讓步，致招日人之大忌；（四）在張作霖時代，日嘗屢次要求建築鐵路之特權，其主要目的，係自朝鮮通至吉林省，此從軍事觀點，日本可迅速運兵以侵佔東北，在經濟方面，日本可利用此線，與奉方所築鐵路，互相競爭，故日人未得老張同意，逕自敷設此線，但至東北邊界，老張卻拒絕展至中國境內，於是，日方築路工作，被迫停頓，從此糾紛不已，而交涉之際，楊宇霆適首當其衝，日人益以怨結，楊乃立足於枳棘之林，（五）楊宇霆奉老張之命，隱與美國進行借款事宜，事機不密，日人大起反感，認為是「楊宇霆的反日行動」；（六）宇霆畢生傾其精力於兵工廠之發展，凡百訏謨，皆親擘焉，奉方實力，胚胎乎斯，惟自張學良把握政權後，因欲剷除宇霆之勢力，對於兵工廠種種計劃，掣肘愈甚，日人窺知張楊不協，乃乘隙離間，嫁禍於楊，甚至偽造藍圖，以示楊有異心，不可任其滋蔓，蔓難圖也，要而言之，學良先有疑楊之心，日人始得騁其譎詐之術，蘇子論范增曰：「物必先腐也，而後蟲生之，人必先疑也，而後讒入之。」旨哉言乎！

張學良為何殺楊，予嘗往復言之矣，今當敘述張學良如何殺楊，此一富有戲劇性故事，言人人殊，有謂張學良親自動手者，有謂高紀毅拔槍轟楊者，有謂楊常因公事被召而與學良起衝突者，有謂小張擲幣以卜楊常生死者，類皆學良詆人之言，迥非真相，觀瀾所述，因歲月悠遠，容有微誤，但大體準確，可資徵信。茲擬粗述學良之個性，以及當時之環境，讀者庶知殺楊之舉，勢所必至，理有固然，學良為我舊長官，至今我對學良，並無絲毫惡感，我對宇霆，亦無特殊好感，本文所述，不過就事論事，以昭公允，所言皆親所睍，決非根據傳聞，若謂予屬宇霆舊部，因有偏袒之意，則觀瀾誠蒙不白之冤矣。

二十九

溯自民國肇興，張作霖在東北一隅之勢力，可謂根深蒂固，東北之人對張擁護之心，可謂始終不變，按作霖出身農家，適值日俄戰爭，作霖遂在遼寧家鄉起事，暗助日本，開始只有三十餘人，集成一股，俗稱紅鬍子，予以賈家樓三十六友戲擬之，與張同時起事者，尚有張景惠、馮麟閣等，而首領實屬張景惠，據馮麟閣在王芝祥家語予，渠與張作霖最為投契，景惠多智而無英氣，至受東三省總督錫良招撫之時，景惠阻怯，不敢出頭，遂被張作霖捷足先登，從其本鄉開始，恢拓洪業，其勢力竟擴大到全東北，而其影響則及全中國。

按張作霖之出發點，雖屬封建性質，但其立足點，卻是維護人民，進而捍衛東北，當作霖以自衛隊形式在本鄉活動時，在其轄區，任何一家失去一物，必為設法找回，作霖曰：「否則對不起供養我們的老百姓。」故當作霖統治東北之時，頗能致力於設建事業，無論市政交通，教育兵工，遠非內地所能及，東北人士以是德之。按作霖生前並無貪污之跡，亦自有其生財之道，伊在前清任巡防營統領之時，即在奉天經營糧食店，軍稍仰給於此，寖成關外最大糧店，獲利甚豐，迄共黨進佔東北時，此店猶在，嚴格而論，此屬官僚資本。

張作霖雖然識字無多，但能知人善任，此其最大長處。予於一篇之中，三致意矣。凡屬人才，作霖皆能重用，無間親疏，例如粵人梁士詒、葉恭綽、羅文榦之儔，皆為奉方所羅致，號稱遠東第一之瀋陽兵工廠，全係楊宇霆所規劃者，楊由日本返抵瀋陽，首次與張作霖晤面。所上條陳，深合張意。張即決定委楊籌辦兵工廠事，楊由士官學校畢業生，一躍而躋特任職，外無微介，內無請謁，終張之世，掌握東北之大權，靡事不咨，無疑不質，由此可見張作霖用人之有膽識，吳佩孚與馮玉祥之流，遠不及也。

綜上所述，張作霖深得民心，亶其然矣，洎其為國捐軀，東北人士益痛悼之，故學良繼位之後，得父餘蔭，東北之人咸寄厚望於學良焉。按張作霖內寵甚多，而五姨太最得寵，作霖有子四人：長學良，次學銘，與學良同母，嘗任天津市長，三弟學善留美，在聯合國機構任職，四弟學思，嘗任共產黨遼寧省主席，現下落不明，可能在蘇俄學習。

張作霖富有封建思想，故重視其長子學良，呼為「小六子」，此依張氏大房中排行也。東北人士則呼學良為「大孩子」，貶之也。「大孩子愛玩」，乃東北人士一致結論，所謂愛屋及烏而有憾焉。按學良天庭飽滿，眉目清秀，鼻梁端正，嘴唇傾斜，又兩目無神，稜成三角，談話之頃，左右後顧，此示善疑而多詐。

學良髫齡早慧，不喜讀書，自幼好亂樂禍，狂悖成性，故於雙十二事變後，學良自云：「我幼年即任性，家中無人管束，只對五姨太稍有忌憚，卻給五姨太不少麻煩，我歷來敢作敢為，想做就做，做過算數，決無懺悔。」學良又云：「一生誤我是聰明。」依愚看來，學良所作所為，如畏敵求和，冒險易幟，附和郭松齡，槍決楊宇霆，其愚不可及也。聰明云乎哉！

竊按張少帥驕罔無匹，喜發狂言，志在炫鬻其能，似此性格，當與「自視過高，鋒芒太露」之楊宇霆，格格不相入矣。少帥見客，滔滔不絕，「九一八」後，常駐北平，逢人必述何以不抵抗之故，又斥李杜與馬占山，如何「濫出風頭」，客問：「假定他人要動手，你打算怎樣？」張氏必云：「我在這裡，那個小子敢動手。」此乃少帥口頭禪，客知其妄，無可救藥矣。

嫖賭之時，張喜拔槍威嚇，一日在孟公府韓麟春宅，張拔手槍，抵住楊琪山之胸，楊本粗獷，竟大聲曰：「你有什麼稀罕，無非靠你老頭子。」學良啞口無言，十足表現其外強中乾之個性，誠如吾友汪希文先生所云：「賭牌九時，學良下注二萬元，負則加至四萬，再負則押八萬。」全憑口頭，此非無賴行為而何？要而言之，學良之狂妄，積習已深，皆其父親放縱之咎也，尤自郭松齡叛變之後，直迄西安事變，學良所犯種種過失，張作霖應負極大責任。學良現年五十有五矣，被政府看管十九年於茲，前塵昔夢，久付飄風，退而思過，必能痛革前非，愚所馨香禱祝者也。

如前所述，張作霖以實權付與楊宇霆，而以奉軍精銳歸其子，學良年甫弱冠，即統第三軍團，於是新派之中，分為楊宇霆之士官系與張學良之軍校系，壁壘分明，勢成冰炭，遠於民國十年左右，學良即有驅迮楊宇霆之意，誠以柏松之下，其草不殖，喻物莫能兩大也。至民國十四年，郭松齡因怨楊而叛變，張學良隱助松齡，乃有殺卻楊宇霆之心，何以故？忌楊權力之在其上，妬楊才智之在己前也。迨老張道殂，學良得以繼承父職，隱實取決於關東軍，時在東北軍中，宇霆呼聲甚高，益招學良之忌，遂有先發制人之心，此時宇霆不知進退，戀棧不去，宇霆必死無疑矣。

三十一

張學良主政之後，窮凶極悖，棄其先人之法，如掃塵而鑠凍也，半年以內，就予所見，學良迭犯重大錯誤，不啻自掘墳墓，日人則以內政關係，始將滅張之期，一再遷延，然而一旦禍作，奉方竟毫無戒備，北大營為防守重地，僅駐王以哲一師，王不抵抗，反獲重用，成為西安事變要角之一。茲將學良最初失著，列舉於後：（一）信任奸佞，百端俱廢，馴致風紀敗壞，政治脫節。尤其接近左傾份子，誤事最大；（二）易幟之舉失之過早，遂予日人以藉口；（三）不務睦鄰，不修軍備，反將兵工廠重要部份，改建民用工業；（四）繼位之後，立即大興土木，此與秦二世所為，如出一轍，豈不悖哉！

按張作霖所建大帥府，在城內大南門，其主要部份，係雕花三層大廈，用作辦公廳，前面有假山圍牆，迎面則是張作霖親筆所題「天理人心」四字，出口處有一匾額，上書「慎行」二字，藉此可覘老帥之哲學，對上司，憑天理，對民眾，得人心，對強鄰，須慎行，斯誠霸國之權輿也。辦公大樓之左側，兩處庭院係仿故宮，具體而微，兩處四合院為老帥住所，光線稍差，學良與其夫人于鳳至、如夫人趙四小姐，後居於此。據予所知，二位夫人住在一起，並無爭吵情事，于氏夫人，生有兩子一女，皆住美國，此子今年二十五歲矣。

如右所言，帥府規模，可謂宏偉，其四周房屋櫛比，共一百五十間，衛隊所居也。然學良繼位之後，隨即經營新帥府，凡五幢紅色三層大樓，竣工之後，學良未及遷入，即遭「九一八」事變，遑遑新居，變為日本兵營，門窗地板，全被卸除，學良復在北陵風景區中，建一新式別墅，以備跳舞之用，日人固深恨學良，將其別墅改為馬廄，迨光復時，只剩一片瓦礫矣。

學良欲誅楊宇霆，又恐楊氏發覺，於己不利，故有先發制楊之心，學良左右希其意志，敦促不已，張仍躊躇不敢動手，因楊潛勢力甚大，且無罪狀可據，楊則我行我素，毫無戒備之心，更無不利於張之企圖，於是吾等進言機會，越來越少，見楊不感興趣，惟有緘口不言，此為民國十七年冬季一般情形也。

吾欲大書特書者，循至十二日十九日，楊宇霆之尅星抵奉，遂然而來，無人注意及之，其為宇霆之尅星，迄今無人知之，此人伊誰，即澳大利亞人端納是也。

三十二

民國十七年十二月十九日，張學良之澳籍顧問端納抵瀋陽，來自南京，不自知其為楊宇霆之尅星也。先是，端納曾任南京政府顧問，因其性情暴躁，微起齟齬，遂至瀋陽，投効張學良，頗得學良之信任，迨東北失守，學良避至國外，端納遂返南京，充任蔣委員長之顧問。按西安事變發生後第三天，蔣夫人即偕宋子文、戴笠、端納等由京飛往西安，營救領袖，端納之功，不可沒也。

竊按端納喜奉承。傲骨非凡，懷有優越感，因患宿疾，性情暴躁，時或愛之欲其生，惡之欲其死，伊與英籍官員，概無好感，天津稅務司辛浦森因與端納有隙，大受挫折，竟遭暗殺，然端納深知迎合府主之意，勤勤懇懇，忠於其事，故寧奉雙方皆欲爭取之，惜其不明華人之個性，亦不知吾國政治之背景，純以外人心理，參預中國大計，辟為顧問，誤事大矣。

舉例言之，端納來自南方，對於東北情形，一無所知，故彼輕信學良之言，而不知其受紿也。慫恿學良易幟，而不知日人之議其後也。贊成學良之殺楊，而不知東北安危繫於宇霆一身也。輕責蔣公無信，而不知西安事變動機之有嚴重性也。茲予公正施評於端納曰：「其心無他，人地不宜，要之，澳籍顧問端納之於張學良，猶之美籍顧問古德諾之於袁世凱，非有惡意，計則左矣。」

試閱端納之主張：（一）東北應與國民黨聯繫，故須立時易幟；（二）但張學良務必鄭重主張，其他黨派應與國民黨享有同樣權利；（三）對日交涉，應取嚴正態度，不可絲毫讓步；（四）將來東北勢力，應介入平津區域，閻錫山與馮玉祥若採敵對態度，不惜出以一戰。凡此端納之獻議，實與學良之企圖，不謀而合，但與楊宇霆所抱方針，大相逕庭矣。

端納所撰西文回憶錄曰：「一九二八年十二月廿日，我在舊帥府第一次見到張少帥時，使我大吃一驚，我雖知其吸食鴉片，但還料不到坐在我前面的一個青年統帥的體質，壞到這步田地，臉龐削瘦，兩臂似柴，在談話中，間歇性的打著寒噤，談話不到一刻鐘，他就要歇下來，去抽煙了，從失望之餘，我感到大大沮喪，我想這個人已是沒望的了，對自己和國家，都沒有希望了，我馬上去找少帥的私人醫生羅文鈞，他說：『我曉得的，但這正是你手上的工作呀。』我沒有話說，只得繼續留在東北。」從此端納竭其全力，勸張戒煙，端納之功，不可沒也。

三十三

澳籍顧問端納第二次見張學良時，詢其為何吸毒，抑何毒深如此？學良對曰：「一九二六年夏天，對馮玉祥作戰時，我在前線軍中，指揮戰事，異常辛苦，遂上煙癮，無法擺脫，我父親麾下有一員上將，名曰楊宇霆，勸我改服白麵，不料毒性更厲害了。」端納勃然變色曰：「此員上將是有謚殺將軍之心！」從此端納對楊大起反感，豈知宇霆生平，最惡吸毒，張學良狡詐成性，諓諓巧言，此其代表作，未來之變，不可勝窮矣。

端納抵達瀋陽後，即為學良部屬所包圍，處處被人利用，猶自睡在鼓裡，此時謠诼四起，皆與楊宇霆、常蔭槐二人有關，楊為兵工廠督辦，常則負責管理東北之交通，而東北交通事宜，實與政治軍息息相關者也。嚴格而論，常氏並非宇霆之私人，允稱老將麾下之幹才。

端納對楊宇霆，既起疑慮，遂謂張學良曰：「在我離開上海到北方來的前一天，有人找我，懷中取出二千金鎊的支票一紙，據說是楊宇霆與常蔭槐二位奉軍將領派來的，要我趕快回到英倫，商量一筆一千五百萬鎊的借款，拿來開發東北。」學良曰：「你怎樣答覆呢？」端納曰：「我說沒有可靠的保證，這是絕對不可能的事情。」學良曰：「此事十分嚴重，我全不知，你去會過楊常二人之後，煩你作一報告。」

竊按端納之言，甚為突兀，我提四點疑問：（一）楊宇霆與端納從未晤面，何竟貿然託某接洽借款事項；（二）常蔭槐係交通總長，並非奉方將領，且與奉方借款之事，根本無關；（三）楊宇霆奉老將之命，僅與美國人磋商借款，以鐵路資產為抵押，有政治作用，迄未成功，亦未聞楊向英人議借金鎊也；（四）此事諒係張學良之部屬所為，以期陷害楊常二人，但學良是否知情，觀瀾未能肯定，要之，端納受人之紿，彰彰明甚。

端納往晤楊宇霆，初通款襟，未臻歡洽，蓋二人意氣甚豪，個性難合，且雙方疑鬼疑神，各懷戒心，宇霆不明端納之來意，端納亦不解宇霆之抱負，至於端納所攜通譯員，實為張學良之親信，宇霆又不懂英文，豈非受累無窮，惟宇霆確無異志，端納乃始終不得要領。事後端納自述：「我初次會見楊將軍後，疑慮未減。」頃之，端納又奉學良之命，遠征齊齊哈爾，往晤常蔭槐，突如其來，蔭槐大驚，常聆端納之言，如墜五里霧中，常既不諳英語，通譯員遂得騁其詭譎之術，端納以為常氏之言，大露破綻，據其自述：「常將軍神經緊張，舉止失措，顯有醞釀叛亂之企圖。」

三十四

如上所述，端納會見楊宇霆後，對楊疑慮未消，嗣至齊齊哈爾，晤常蔭槐後，謂常神經緊張，顯有顛覆張學良政權之陰謀，今按端納身為客卿，而以「莫須有」三字，誣害兩賢才，是亦妄人也已矣。吾茲公正執言曰：當學良殘殺楊常之際，楊常二人，並無醞釀叛變之企圖，但學良狠毒無比，不能容物，張楊之間，終久必有火拼之一日，殆無疑問，今夫學良之視楊宇霆，猶之劉邦之視韓信，宇霆求為蕭何而不可得，又不能效法張良之高蹈，身死孺子之手，夫復何尤，此以見大難當前，首貴團結，凡挾嫌以排異己，踐忿而亂大謀者，適足以自招滅亡，如學良者，可為前車之鑒矣。

端納返抵瀋陽，時已向暮，在車站上，端納之通譯員忽而神經緊張，謂端納曰：「適才所見軍官，係代楊常二將軍傳話，請你務必加入他們的團體，端納聞之欲嘔，此屬學良翻戲行為，不值識者一哂，然而端納深信不疑，匆遽回到酒店，繕函一通，拒絕參加楊常二人之革命計劃，據予所知，楊宇霆迄未收閱此函，端納自述：「我寫完信後，步至酒店餐廳，但見張少帥的親信官員數人，在遠遠的一個角落裡，交頭接耳。不曉得談些甚麼，我直覺地感到，瀋陽將有嚴重的事情發生，這天晚上，我翻來覆去睡不著，思潮起伏，煩惱極了。」嗟乎端納！被他人玩於股掌之上，非自尋煩惱而何哉！

此時東北已經易幟，日人蠢然思動，張學良與楊宇霆，在意見上之衝突，益趨白熱化，學良遂決計殺卻楊常，以除心腹之患，楊欲忍此小嫌，同揆大局，故冒風波於險塗，歷謗議於當時，執志彌堅，毫無戒備，況楊深得東北人士之信心，又獲新派將佐之支持，而國府要員如白崇禧、楊永泰等，對楊期望甚殷，學良深知殺楊之舉，可能引起嚴重後果，故欲卸其責任於外籍顧問，以端納緩衝其間，尤以端納嘗任國民政府顧問，且為中央所信任，宜其見重於張學良，學良所以處之，蓋有算矣。

端納會見楊常後，所作報告，大不利於楊常二氏，張學良喟然歎息，謂端納曰：「我實說了罷，若干時日以前，我父親的舊部對我說，楊宇霆和常蔭槐要發動政變，打算元月二十二日在瀋陽動手，預定把我殺死，再與日人妥協，我對於楊常陰謀的情報，在初是不大相信，我決定容忍下去，仔細察看，因為我與日本人有殺父之仇，尚未報復，在團結內部來對付外敵的時機中，我不曉得應該用什麼手段來處置楊常兩人的事情，但看後來蛛絲馬跡，楊常兩人定期叛變的企圖，是確有其事的了。」

三十五

上文所述張學良之言，作者確有根據，按端納所撰西文回憶錄，斑斑可考，端納所言，雖僅一鱗半爪，然其真實性則誠無可獻疑，吾故長而言之，用示學良之狙詐，兼志楊常之沉冤，是為民國初年重要史實，未可等閒視之。

張學良竊告端納曰：「楊宇霆和常蔭槐，打算元月廿二日在瀋陽發動政變，預定把我殺死。」學良此說，絕不可靠，茲提疑問數點：（一）當時予在楊幕，獲知機密，宇霆若有任何圖謀，觀瀾不致一無所聞，宇霆歿後，我問王蔭泰曰：「宇霆果有可殺之道乎？」王悽然曰：「君不云乎，宇霆有震主之威，宇霆罪狀，盡於是矣！」（二）常蔭槐職掌交通，勞績昭彰，遠在齊齊哈爾，竟受株連，死得更冤；（三）按照學良之言，楊常二人擬於一個月後，發動政變，誰知定計之後，立被學良發覺，學良遂得充分時間以籌處置楊常之辦法。嗟乎楊常，何致愚昧如此！學良之言，不近人情，無非螢惑視聽而已！（四）殘殺楊常之舉，主動者為張學良，其左右在旁吶喊，無非迎合張意，肩隨而已！

學良所言，既如上述，端納如何措詞，觀瀾無從稽考，但知學良與端納當時意見一致，決定從齊齊哈爾召回常蔭槐，然後由張學良分別延見楊常二人，蓋學良作此決定時，已下殺害楊常之決心矣。

民國十八年元月八日清晨，常陰槐應召至瀋陽，常且不知所為何事，問我易幟之後，外交方面，動靜如何？我說：「外地內張，前途堪慮。」是日，張學良先後延見楊宇霆與常蔭槐，據學良自述其經過：「我照預定計劃，要楊宇霆報告兵工廠的情況，楊推說報告書沒有帶在身上，要在下次帶來，隔些時候，我問常蔭槐要鐵路機關的報告，常也說要下次帶來，楊常二人口齒一樣：使我好生懷疑，他們的態度，已顯出對我的輕視了，從此以後，我便下了從來未曾有過的決心，要處置他們兩人了。」

揆諸實際，鐵路與兵工廠皆屬龐大機構，報告書焉能帶在身旁，此非短時期所能擬就。楊常所答，並無不合，欲加之罪，何患無辭，厥後學良謂端納曰：「我向楊宇霆索取兵工廠的報告，楊傲然說，我正在主持這兵工廠，臉上毫無笑容，我又詢問常蔭槐，關於東北鐵道的報告，常昂然說，少年人懂得什麼鐵道，我聽了此話，直跳起來，他們簡直把我當做大孩子。」學良言時，軒然有得色，端納顧問亦深信不疑，由是觀之，張學良言行之幼稚，超出想像以外，觀瀾欲評無從矣，伊在東北，本有「大孩子」諢號，然而大孩子所統治地區，其面積等於德法兩國之總和，中國之事，尚何言哉！

三十六

元月八日，張學良以巨猾手段，分別延見楊宇霆與常蔭槐二人，楊常不知不覺，入其彀中，學良自承，與楊常會面之後，乃痛下決心，其言曰：「這是從來未曾有過的決心，我要迅速處置楊常兩人了。」蓋自民國十四年底，郭松齡倒戈失敗之後。學良欲誅楊宇霆，早下決心，念念不忘者，三年於茲，而今一切佈置，俱已就緒，殺楊之機，省括即發矣。

按張學良恃其狙詐，肆彼殘虧，關於殺楊之計劃，縝密異常，學良言行，雖似幼稚，所採手段，甚為辛辣，日人心照不宣，張益勇氣百倍，伊對楊常二人，不動聲色，尚以甘言啗之，對新派將領，則於事前事後，施以威脅利誘，使其不敢出面支持楊宇霆，對端納則誣楊常為叛將，由於端納驕傲成性，易墮魔障，學良遂得盡其蠱惑之能事，使人信為殺楊之舉，純出端納之主張，而端納初至瀋陽，亟欲炫鬻其能，別有會心，竟以楊常為禽犢。是誠楊常之不幸，迥非吾等始料所及也。

元月九日，形勢緊張，學良之親信，奔走駭汗，勸其及早動手，以策萬全，惟宇霆辦公如常，並無諜報工作。此時學良嗜好甚深，形容甚曜，膏火自煎，精神恍惚，茲因殺楊之舉，定在刻漏，學良遂感心緒繁亂，傾側不安，汗出如瀋，捱一刻，似一夏，在百無聊賴中，學良忽從衣袋掏出銀圓一枚，凝視片刻，下榻謂趙四小姐曰：「一荻：你瞧！這一銀洋，我以紙條粘在兩面。上面寫的『拘捕』二字，底面寫的是『槍決』二字。此事非同小可，我要判決一下，請你做公正人。」

這些小玩意，本是學良拿手戲，「大孩子愛玩」，學良也確有小聰明，可使觀眾瞠目結舌，但是趙四小姐司空見慣，聽完學良所說，微點其頭，頭也不抬，手做女紅，若無其事，學良很興奮地說：「一荻：抬頭觀看！」接著便把這銀圓拋入空中，掉下來，伸手一接，竟是底面，一連三次都是如此，學良欣然說：「不出所料，槍斃定了。」

我很早就認識趙四小姐，她的父親趙文華，做過京張鐵路局長。那時她梳孖辮，圓姿替月，左目微瞟，英語很好，後在天津國民飯店，我和趙四小姐跳舞過一次，也許是趙二小姐，我記不清了。趙四小姐是廣東人。聰明透頂，她聽學良所云，雖然不知槍決何人，卻能料到三分，於是不慌不忙，曼聲對學良說：「大令：也許這銀圓是一面重一面輕的吧，上面不是紙塊嗎？」

三十七

學良拊掌曰：「對！這件事非公平不可，讓我改過明白。」說罷即將紙條更換，換就謂趙四小姐曰：「一荻，你要看清楚，這次底面是拘捕，上面是槍決。」接著又把銀圓拋上去，三次了，還是上面，學良搖頭說：「這小子運氣壞透啦！不是天意是什麼？」誰知「小六子」緊張過度，身體支持不住了，於是急忙躺下，喘息不停，神經比前更錯亂了，非乞靈於藥石不可，實則趙四小姐所料，不差毫分，學良故弄玄虛，一拋一接，而且紙塊畸輕畸重，就擲三十次三百次，結果還是一樣。照上所述，張學良對婦擲幣之事是有的，學良與端納，皆曾提到此事，可惜只有寥寥幾句，不著邊際，若說學良擲幣以占楊常二人的生死，那就謬以千里，愚同端納顧問了。

前面已經講過，張作霖側室甚多，最得寵者是五姨太，學良從小受她撫養，對她頗存敬畏之心，五姨太為何不能扶正，其中有段悽惋的故事：回憶民國三十六年五月，東北元老莫德惠到達臺灣清泉，專訪張學良，下山的時侯，帶回一批信件，其中還有學良寫給太夫人的家信，太夫人就是五姨太，目下是否健在，觀瀾無從稽考。

自從張作霖炸死後，五姨太哀毀過度，妨礙健康，她的唯一嗜好是方城之戲，因此張學良邀約親友，天天陪她打牌，使她忘記皇姑屯的禍事，楊宇霆與張作霖夫婦，相處最好，是以宇霆常為座上之客，學良也是牌手之一，打不動時，就由于鳳至夫人代替，于氏夫人原籍遼寧，一個聰明的女子，可稱相夫有道。

常蔭槐掌握重權，也是帥府牌局的老搭擋，他在元月八日到達瀋陽後，學良就特別關照楊宇霆與常蔭愧，最好公事完畢，馬上就到舊帥府，陪老太太打牌，三人順便，亦可商量大計。學良措詞懇切，楊常二人自表贊同，元月八日和九日，都到帥府內室打牌，學良特別客氣，他對楊常的態度，看來非常融洽，楊宇霆稱他為漢帥，有時直呼漢卿，論其關係，幾與家人無異，但這兩三天內，學良為欲處置楊常二人，怎樣積極地安排陷阱，前文已經詳加描寫，然而楊常兩人毫無覺察，楊常兩人的部屬，同樣蒙在鼓裡，這你不能不佩服張學良手段的毒辣了。

三十八

元月八日，常蔭槐從齊齊哈爾到達瀋陽，張學良早已接到端納顧問的報告，於是開始處置楊常二人的工作，學良當面與楊常約定，每天晚上，一齊到帥府陪五姨太打牌，使她忘卻皇姑屯的禍事，楊常二人認為學良孝心可嘉，他們樂於奉陪。八、九兩日，張學良親自招待，大家盡歡而散，是以十日下午六點左右，楊宇霆與常蔭槐又聯袂到帥府四合院，準備陪同老太太打牌。

此時天色晦暗，氣候嚴寒，楊常兩人俱戴貂帽，所穿中山裝，又似軍裝，神采奕奕，二人一高一矮，有說有笑，毫無心事，毫無戒備，上樓一片寂寞，與往日氣氛，似有不同。張少帥渺無影蹤，楊常相對而視，只得退到左側廂房，佇立片刻，等候主人的邀請，這一廂房是黑洞洞的，堆積箱篋，塵埃滿室，決非招待客人的場所。

楊常二人等候良久，杳無音信，亦無僕從送茶遞煙，微覺不妙，此時常蔭槐探首門外，瞥見侍役一人。常就開口說：「時候已經不早，老太太等久了罷，長官到那裡去了？」按學良此時已奉國民政府命令為東北邊疆司令長官。所以常蔭槐如此稱呼。至於楊宇霆嘴裡，從來沒有稱呼張學良為司令長官。這可表示張楊二人的政見，並不歸於一致。

常問「長官到哪裡去了」，話剛說完，忽在前面閃出一員軍官，帶領衛士兩名，這三人手中都有手槍，從何方向而來，不得而知。據我事後推敲，他們是早埋伏內室，並非臨時從樓梯走上來的，故與常蔭槐照個對面，這一軍官是高紀毅，當時任警衛旅長（事隔多年，作者不敢確定），他負臨時處置楊常二人的責任，這與西安事變，張學良以劫持統帥的責任，付於師長唐君堯，一般無二，學良本人是不出面的。

高紀毅帶同衛士二人，雄糾糾，氣昂昂，其一當場喝住常蔭槐，破口大罵說：「哼！陪老太太打牌，你也得配。」話未說完，槍聲已起，常蔭槐倒仆地上，這是衛士之一動手的，此人乃是軍中神射之手，特別挑選出來的。楊宇霆見狀，大驚失色，他曉得自己的末日來臨，還很倔強地，想阻止高紀毅，他說：「這是幹麻？」話猶未了，善射的衛士，已經對準楊宇霆，轟發一槍，楊氏立仆，俯視之，已氣絕了。蓋衛士所發兩彈，適中楊常二氏的要害，楊宇霆的下場如此，這是他一生忠於東北的結果！常蔭槐僅是陪綁，死得更冤，這是他掌握肥缺的緣故。試問少帥部屬怎肯放鬆呢。

三十九

如上所述，張學良設計誘騙楊宇霆與常蔭槐，去到帥府陪他太夫人打牌，乘此機會，張派衛隊將楊常二人轟斃，地點在四合院樓上左邊廂房，楊常好似甕中鼈，束手待斃。當時張學良隱在內室，並未出場，動手的時節，既簡單，又快捷，稀疏的兩槍，當晚外面毫不知情，張學良的處置方法，委實毒辣無比，野蠻之極。

第二天早上，這是十八年元月十一日，還沒有天亮，端納的通譯員匆忙跑來找端納，他是學良選派的，說了一大堆謠言，端納不曉得相信那一個消息好。跟著，又有一個人氣急敗壞的跑來找他，原來就是張學良的戒煙醫生羅文鈞，他對端納說：「人命事件發生了，楊宇霆和常蔭槐兩個將軍，在少帥府邸中被槍殺了。」端納將信將疑，他想事出有因，但是不會幹得這樣快的，因為這事情太嚴重了，端納推窗探首四望，瀋陽的街道，仍然是這樣沉寂，難道少帥槍殺了兩個東北最有權勢的軍人，竟會一點反響都沒有麼？

端納覺得有些奇怪，馬上去找少帥，希望從他口中，探到真實的消息。到了帥府，經過副官通報之後，少帥立刻延見，第一句話就邀端納同坐轎車，一起去兜風，名為兜風，實有大功告成，慶祝一番的意思。二人坐上汽車，作一會心的微笑，風馳疾駛去了。

少帥吩咐車夫，先到大南門內楊宇霆的住宅，這離帥府不遠，建築並不考究，少帥就在楊宅周圍巡視一番，看來毫無動靜，也沒有出入的人，少帥對端納連說幾遍：「可憐的楊宇霆，他曾經擁有這些物業的。」少帥係講英語，但是他的英語並不高明，端納說：「將軍：我覺得你是用過去的動詞，來形容楊將軍的擁有這些物業。」少帥喟然嘆息說：「不錯，楊常兩人已成過去的人物了。」端納驚訝地說：「我想不到，你的意志竟是這樣堅決。」少帥很興奮地說：「我曾告訴過你，楊宇霆和常蔭槐，打算元月二十二日在瀋陽發動政變，預定把我殺死，所以事情很簡單，不是我死，就是他們死。昨天晚上，我在帥府召見楊常二人，要他們交出報告書，不料他們非但違抗我的命令，而且出言不遜，藐視於我，我當場怒不可遏，就把他們槍決了。」

四十

張學良於元月十日晚上，殺卻楊宇霆與常蔭槐後，深怕楊常部下的公然反抗，所以第二天清早，他與端納同乘汽車，出外視察當地的情形就在車中告訴端納，昨晚他召楊常二人到帥府議事，提到報告書，楊常出言不遜，乞人憎，他就立予槍決，以消心頭之恨。端納插口問道：「那麼，是誰執行槍決他們呢？」學良很天真地說：「當然是我親自處置的。」端納追問：「哦！是你親自動手的麼？」學良說：「你聽我說，當我聽罷常蔭槐傲慢的答話，我直跳起來。轉身到後面，把房間的後門打開了，幾個軍官蠭擁進來，他們是我父親的忠實幹部，一連串的射擊，把常楊二將立刻槍殺了，這樣，就是這個可悲的事件的結束了。」

觀瀾無須評論，學良所說的話，全是欺騙端納，隻字都不可信，這時汽車已達郊外駐防地區，端納開口說：「昨晚曾經發生了這樣轟動的事件，難道常楊兩人的部隊絲毫沒有動手的象徵麼？」學良回答：「我已經把一切不穩的部隊說服了，他們再亦沒有頑抗或不服的打算了。」

按學良治軍，不能以德服人，專仗兇焰，所以西安事變學良被囚之後，東北軍將領毫無團結一致的表示，其中如呂正操、張學詩、萬毅、郭維城、車向忱、閻寶航、高崇民、徐壽軒、陳仙舟、于毅夫等，都先後投降共產黨了。車向忱現充遼寧省副省長，閻寶航現充河北省副省長。徐壽軒現充吉林省副省長，都無實權，不過暫時羈縻而已。

按照上面所說，自從張學良統治東北後，他的政治路線，犯了重大錯誤，所以他的部下早被引入歧途，使他自食其果，但從槍殺楊常之後，在端納的協助和鼓勵之下，學良開始戒烟了，這是艱辛的工作，端納和他常在鄉野地區散步，或打高爾夫球，或在田野間馳馬打獵，漸漸的把學良在少年時期的浪漫生活糾正過來，這是端納的功績，值得一提。

以上幾段，作者都採白話文，這因當事人的說白很多，作者都有根據的，說白之外，還有很多小動作，我以白話文平鋪直敘，只想保存真相而已。歷來書報上面，關於楊常二人被殺經過，大都語焉不詳，更無嚴正的評論，然而楊宇霆在北方政府的重要性，決不亞於吳佩孚、馮玉祥之輩，他的事蹟似有詳細報導的價值，自從皇姑屯慘禍之後，楊宇霆的主張變成穩健的、積極的，他認為東北形勢危殆，不宜與聞關內的事情，更不可參加內戰，必須埋首建設，增進實力，嚴守邊疆，不使敵人有機可乘，這與張學良的計劃，大相逕庭，彰彰明甚。

四十一

茲於結束本篇之前，特將張學良必欲誅楊之理由，覆述一遍，僅撮犖犖大者，約有下列十項：

（一）張作霖富於封建思想，故以實權授楊，而以精銳部隊歸於學良，因此，宇霆與學良迅即分裂為兩系，爭權奪利，勢同冰炭，嗣後老張對楊，信任益專，惟小張忌視之心，則亦與日俱增；（二）按學良所有實力，向為郭松齡所把持，郭為學良之親信。求為熱河都統而不可得，恨楊入骨，郭乃興兵叛變，陰與學良通款，誘殺楊部大將姜登選，郭既失敗，學良畏罪，於是嫉楊益甚，數進讒言，其父不納，學良勢絀，其心不能無憾焉，憾而能眕者鮮矣；（三）楊宇霆任奉軍總參謀長，兼兵工廠督辦，全權在握，對於第三第七兩軍團之供應，不能使張學良與韓麟春滿意，此屬必然之事實，觀瀾自旁觀之，奉軍之中，功歸老張，有咎則楊任之，故楊任勞任怨，實與皖系徐樹錚相同。（四）日籍顧問松井七夫少將，潛勢力甚大，迨老張逝世後，松井乃推楊宇霆為東北首長，奉軍新派將領附和者甚多，小張心竊懟之，於是舊仇新恨，交識胸中，上臺之後，一發而不可收拾矣；（五）日本特使林權助與國內各方所派代表，窺間伺隙，對楊不懷好意，益堅學良殺楊之念；（六）東北易幟之舉，宇霆認為過早，殺楊之機，實萌乎斯，張學良為欲背棄日本而與國府密切合作，非先翦除楊宇霆不可；（七）常蔭槐長於經濟交通，實為張作霖得力幹部，亦屬楊宇霆唯一助手，平日言寡尤，行寡悔，然其職守，非常重要，東北收入，大部在其掌握中，學良故欲誅之，以剷楊氏之勢力，而攫常氏之地盤；（八）十二月中浣，澳籍顧問端納抵瀋陽，是與旬日後易幟之事有關，端納不知東北內幕，學良認為奇貨可居，乃多方以紿之，使彼誤認楊常為叛黨，無幾，端納所作報告，遂為楊常二人催命之符；（九）當時學良嗜好甚深，張脈僨興，神經失常，是為戕害楊常之重大原因；（十）學良自幼根性太壞，輒視綁架擄劫為家常便飯，楊宇霆則個性大傲，鋒芒畢露，張任司令長官後，宇霆對張禮貌，不加隆重，時或「漢卿，漢卿」，騰諸口舌，學良有悳焉，當時各方來奉接洽要公者，仍多出入宇霆之門，學良更有憾焉。

今夫楊宇霆宵旰焦勞，忠於職守，伊在老張面前，從無離間其父子，時或庇護小張，代為緩頰。迨小張登臺，宇霆雖與政見不合，態度消極，然對學良，並無反抗行為，亦無陰謀跡象，處處以東北大局為重，事事以忠於老張為前提，原夫學良之繼其父，有累卵之危，無橫草之功，渠若稍有人心，自當和衷共濟，與楊共挽危局，其庶幾乎三年無改於父之道，疇知學良揞克為雄，窮兇極悖，徒以前嫌未釋，必欲置楊於死地而後快，譬若芟刈股肱，獨任胸腹，浮舟江海，捐棄棹櫂，觀者為之寒心，而學良訑然自得，以為慶封已除，莫予毒也已，豈不悖哉！

我所知道的「田中奏摺」之秘

關於「田中奏摺」之真實內容，世人議論紛紜，迄今仍疑信參半，實則確有其事。日人河本大作曾寫過〈我殺死了張作霖〉。篇中敘述「田中奏摺」之來龍去脈至詳。河本曾任駐華大使館武官兼關東軍高級參謀，侵華期間，有「山西王」之稱，其言可為鐵證。厥後「九一八」事變、「七七」事變，以及第二次世界大戰日美之爭鬥，皆與「田中奏摺」一脈相貫，其重要性可想而知。關於「田中奏摺」之前因後果，茲就觀瀾所知，約略述之如左：

一九二五年余隨徐樹錚赴日考察之時，卜居帝國旅館，來賓之中，獨多陸軍將星，戶限為穿。將星之中，赫赫有名者，憶有閑院宮親王、田中義一、白川義則、武藤信義、林銑十郎、南次郎等。盱衡大將之中，以田中義一最居顯要。伊以軍閥前輩充任政友會總裁，此際已有出任首相之呼聲，時則日本正在醞釀政變，軍人蠢動，帑藏空竭，少壯將校，不滿現實，日本政府早呈外強中乾之勢。當世之人，懵焉不察而已矣。

到了一九二七年春，日本政黨已如強弩之末，軍人氣燄，如燎方揚，內則當時臺灣銀行破產。全國經濟有崩潰之虞；外則眼見中國北洋政權搖動，革命軍隊如破竹之勢。尤因臺銀破產，促成侵華之舉，若箭在弦，省括即發，於是，是年四月廿日田中大將出組內閣。時有「侵略首相」之稱，田中自兼外相，干涉中國內戰，以保護居留民為名，出兵山東，攻佔濟南，慘殺蔡公時，此當年蔣總司令所以痛心疾首於日人之暴行也。

溯自日本提出二十一條後，東北民眾反日最烈，泊夫郭松齡倒戈，奉張賴日協助軍械，始獲轉敗為勝。日人以為奉張不知感恩，而楊宇霆向美進行借款，日人尤表不滿。時則北伐軍已臨徐蚌，直指冀魯，此是日本軍人實行併吞滿蒙之機會。於是，六月廿七日田中首相召開東京會議，先後舉行五次，出席者有外務部政務次官森恪、常務次官出淵、情報部長小村、亞洲局長木村、歐美局長崛田、駐華公使芳澤，駐瀋總領使吉田茂、駐滬總領事矢田等，此外，關東軍司令武藤信義、陸軍次長畑俊六、參謀次長南次郎、參謀部第二局長松井石根、軍務局長阿部信行、關東廳長官見玉秀雄等均列席。

東京會議之中，所訂條款，縝密驚人，不必備述，概括如次：

「要征服中國，必先征服滿蒙；要征服世界，必先征服中國。」進而列舉征服之方法，以及征服地之資源，舉世聞名之「田中奏摺」，即於此時實現，可謂千準萬確，然世人不知其為東京會議之議事錄也。由於吾國情報人員蔡智堪君之努力，當時國府得知其全部內容，予以公佈，然因內容過於荒誕，國人昧於日本政情，多不置信，良可慨也！夫謂國人無發憤之心，官吏無憂國之意，坐以待斃，豈不宜然！

東京會議之時，關東軍司令武藤與外次森恪，實為主要人員。武藤主張武力，先取東三省，森恪以為出兵機會，稍縱即逸，故附和之，遂獲決議。而由田中繕摺，奏呈昭和天皇，關東軍旋即發表「滿洲維持治安的聲明」。以為進軍張本，並阻奉軍還鄉，此亦森恪之錦囊妙計。同時森恪又往大連，召集與東北有關軍官和官憲，舉行大連會議。部署既定，出兵之舉，勢在必行。由此觀之，「九一八」事變應於一九二七或一九二八年發生，後竟遷延三四年，其故安在？當時觀瀾適充安國軍外交參贊，參預密議，稍知底蘊：

一九二八年春，北伐軍長驅而入，掃蕩華北，張作霖居懷仁堂，進退失據，統兵大員，相視褫氣。奉軍三十餘萬，跼蹐關內，而日人犄其後，裝彈弓，佈陷阱，鷸蚌相爭，彼乘其弊，張氏處此，信亦危矣！非獨力屈道窮，亦將無路還鄉。楊宇霆雖因向美借款之事，不為日人所喜，然日人對楊，外表和協，心存敬畏，此時日人顧問有松井七夫少將與町野武馬中佐，頗能盡忠於張。楊見事急，乃密議委託松井與町野二人，遄返東京，效申包胥故事，泣訴於田中首相之前，曉以唇亡齒寒之義，二人號陶大哭，田中大為感動，彼與中國老輩皆有友誼，一夜之間，便將東京會議所訂方案全部推翻，立即會同陸相白川與鐵相小川，命令關東軍「中止既定方針」，關東軍乃白忙一番，少壯將校大不謂然。此時關東軍司令已易岡村，暗中贊成殺張，故派諜赴北京，探張行期，駐華武官建川協助得力，遂定皇姑屯炸車之策，不成則以白刃刺張。據說張景惠允作內應，六月四日張作霖炸死之後，日皇震怒，田中辭職。要之，炸車之禍，田中固不知情，然軍閣專政。實自田中開其端。一發而不可收拾，禍結兵連，不得中休，天亡有徵，幾於泯滅，吾等赴日考察之時，已盡窺見其端倪矣！茲誌其梗概，以補正史之不足，而貽哲工鑒焉。

馮玉祥為何送我清宮磁器

馮玉祥初出茅廬之時，為我的朋友，迨其飛黃騰達後，又為我的敵人，人事變幻，往往如此。蓋馮氏首倡倒戈，背叛故主，一變而為顛沒北方政府之主角，再變而為傾覆國民政府之罪人，而其部下如孫殿英、楊虎城等，皆以畔嗲聞，非綠林之散卒，即驪山之叛徒，此我所以腐心於馮玉祥也。

馮任董事、我當處長

馮玉祥安徽巢縣人，祖籍河北，行伍出身。其人磊呵而英多，故能角立傑出於其時。民國八年馮氏任第十六混成旅旅長，駐軍北京南苑，聲華藉甚，已有勁旅之稱。當時北政府派其率部入閩，但為閩督李厚基拒而不納。馮雖憤憤然不自得，已為時人所矚目。民七年伊在武穴防次宣佈自主，反對皖系，曾獲革職留任之處分，此其生平第一次倒戈。我於民國八九年開始與馮玉祥認識，彼此甚為投契，吾寓北京盔頭作，馮曾一度來訪，隨從一人，樸實無華，誰能料到其為全國風雲人物哉！

是時黎元洪與蒙古王公塔旺布加拉等合辦中美實業公司，黎氏任董事長，張勳為副董事長，王芝祥任華人總裁。我以通曉英文，得任總務處長。馮玉祥亦加入資本，列名為董事，馮氏每遇公司開會必到，到必早。觀瀾察其用意，純在聯絡蒙古王公，尤與奈曼王巴林王貢桑諾爾布等，情深意密，大起作用。此時馮氏不過一區區旅長，已有窺窬西北之志，眼光甚遠，允稱一時之雋楚。

一日公司開會時，馮氏謂觀瀾曰：「薛先生，你每天要到外交部，又要到匯文大學教書，如何分身得來？」我答：「我任匯文體育主任，專教田徑運動，我且樂此不疲。」

馮欣然曰：「我與匯文老校長頗有淵源，因此我信奉基督教，齋務長劉俊卿是我好友。」（老校長是美國人，故俄人始終疑馮親美也。）

我說：「好極了！本星期六，匯文與清華作田徑對抗，馮旅長可去參觀否？」

馮答：「我一定來參觀的。」

屆時馮果守信而來，與運動員潘作新、尹商屏等──寒喧，運動員都說：「馮旅長可愛極了！」

我當時對馮玉祥云：「我將薪金移贈窮苦運動員，我教運動，則以軍法部署，近來北京各校風紀大壞，故我教授之時，必請老校長坐在一旁，以便隨時施罰，因此運動成績，得有驚人進展。」馮點首稱是。想不到我的作風與馮治軍之術不謀而合也。

是日兩校之田徑競賽，清華大學以一分之差，敗於匯文，可謂破天荒之舉。頗予馮氏以深刻印象，厥後我在廊房遭難，馮氏肯饒我一命，實與此次運動會大有關係。

對待部屬、嚴厲過度

馮氏體胖，身極臃腫，硃砂臉，眉橫一字，煞氣騰騰，酷似黃巢，其顴頳，威重也。其聲喑，情偽也。滿口新名詞，不登大雅，是固炫鬻以取名當世者。然其態度嫻靜，言語中肯，顒顒卬卬，溫恭如也。吾輩對馮，皆存好感。蓋馮氏常坐馬車，隨從甚少，戎裝簡樸，不類軍官，斯與當時風氣背道而馳，有足劭者。此後馮氏督陝督豫，升遷甚速，惟在河南與吳佩孚爭衡甚烈，馮氏欲得熱察綏巡閱使，吳佩孚靳而不予，授以陸軍檢閱使，乃閒散之職。馮對曹吳，恨之切骨。當江浙戰事將起，馮請纓，援蘇齊（燮元），吳又不准，馮大怨望。國民黨即乘此時派人遊說，馮氏遂告動搖矣。

第二次直奉戰起，吳佩孚於北京四照堂點將，計共下十道命令，有先聲奪人之勢。蓋吳氏牧野鷹揚，中州虎峙，結綬金馬之庭，高議雲台之上，中央授之以旄鉞之重，元首付之以專命之權，乃統領步騎，四十萬眾，躬行討伐，士氣奮竦，詎知馮玉祥心懷叵測，在南口遽行倒戈，使吳軍轟然大潰，晨夜捕遁。奉軍張作霖遂得死裡逃生。

馮氏既具蝙蝠之性，卒之無人敢與深相結納，厥後吳佩孚、張作霖、靳雲鶚、李景林、張宗昌等五路興兵，驅逐馮氏，馮獲蘇俄接濟，藉得苟延殘喘。迨吳佩孚為革命軍所敗，馮從潼關出兵，如虎出柙，國民政府畀以重要位置，然其野性難馴，卒叛國府，凶終隙末，實可醜也。

查馮氏失敗之由，在於部屬離心，而馮部下，良材實多，若以誠信相孚，事固大有可為，惜馮氏對於部屬，嚴厲過度，雖高級將領，偶忤意旨，懲罰不少留顏面，茲舉數例，以概其餘：

張之江以國民軍總司令之尊，因在廊房謀殺徐樹錚之舉，不能依照馮氏之命令行事，馮氏怒斥張之江，罰坐營門外，使張氏無地自容。

韓復榘已升軍長，偶因小愆，馮竟罰其荷槍而站列車之旁，使其當眾出醜。

祖墳得保、送我寶物

至於石友三、孫良誠等，所受懲戒尤多。要之，馮軍之中，有類似特工之組織，軍官之間，易滋猜忌，結果大家皆師馮故智，相率倒戈。夫蘇俄與馮勾結，原欲借之以為侵略中國之工具，馮親蘇俄，無非利用於一時，以解倒懸之急。我在莫斯科時，已得聞其詳情矣。然馮本為基督教徒，又營菟裘於美國，實招俄人之大忌。且於國民黨清黨之際，中國共產黨員未能獲馮氏庇護，而蘇俄人員經馮氏防地返國者，馮亦淡漠遇之。旋馮由美赴俄，船泊敖德薩，因放電影，當場焚死，馮殆死於蘇俄特工之手，可謂自食其果者矣！

馮雖皖人，祖墳在保定，而曹（錕）吳（佩孚）二人則在保府有極大潛勢力，此因曹（錕）

在光園駐節甚久，故馮氏於直奉二次戰爭中倒戈之後，保定民眾怒吼，議決剗毀其祖墳。當時我任保定道道尹兼戒嚴司令，適在廊房事變之後（編者按：馮玉祥當年在廊房謀殺徐樹錚時，薛觀瀾先生與徐氏同時被逮，險遭毒手。）乃代為設法疏通，以德報怨，馮之祖墳得以保全，事後馮甚感德，囑其孫副官轉贈磁器一大箱與我，皆大內精品，我只允收三件，聊以示謝：一為萬曆年製麒麟送書花瓶，高三尺；一為乾隆五彩大花瓶；一為慈禧太后御用冰盤，所繪三英戰呂布，康熙年製，工緻非凡。蓋皆馮逼宮之時所攫取之清宮御用品也。據孫副官云：馮軍在察哈爾一帶，糧糈匱乏，悉恃寶物為挹注，諒係實情。

迨至民國十七年夏，北洋政府解體，我辭直隸交涉使之職，但由於天津領事團之挽留，拖延三月不得交代，為之五內如焚。蔣總司令所派來之代表蔣作賓，謂我在北洋政府時代曾救過伍朝樞夫人一命，勸我打銷辭意，我因矢忠於北方政府，決無戀棧之心，不得已而登報聲明，表示再經旬日之後，我當掛冠而去。於是，閻錫山、馮玉祥與南京國民政府外交部長伍朝樞各派一人來天津，死力以爭此數一數二之優缺，使我無所適從，幾經考慮，我決承認國民政府所派者。馮玉祥不懌，來電切責；閻錫山為此，竟對我下通緝令，措詞甚烈，然我每日仍從小白樓到署辦公，且須經過傅作義所據督轅，閻之通緝令未予執行，頗出意料之外。綜上所述，可見閻馮二氏摩擦之一斑。

輪上焚死、太過離奇

嗣後閻馮合作，與中樞對立，失敗之後，馮乃遁居泰山五賢祠，待時而動。對日抗戰時，復與蔣委員長合作，初任第三戰區司令長官，指揮淞滬戰事，但其部下多受中央節制，馮氏尸位而已。旋調第六戰區司令長官，馮大喜，因所屬韓復榘、宋哲元、龐炳勛等皆其舊部，孰知韓宋皆不再與馮氏合作，且不與馮謀面，馮派參謀長鹿鍾麟赴濟南晤韓，被韓軟禁，馮遂憤而辭職。不久武漢淪陷，馮終未得要職，因此馮玉祥懷恨在心，自請出國考察水利，私心又別有所圖矣！

此際馮對中共已發生幻想，愈益反對中央。抵美之後，發表謬論，並著書攻訐蔣主席，離美前且致函李濟琛，辭曰：「只要你不和共產黨合作，美國可以支持你掌握中國政權。」不料此事大傷共黨之心，實與馮氏在俄輪上遭到慘死最有關係。據我所知，當時馮氏先已購法國船票，退去之後，始改乘蘇俄郵船布加泰號，駛往歐洲，馮氏此行乃秘密上船，美國密探竟被瞞過。蘇方卻要馮氏全家赴俄，馮無計可施，只留其子在美，與妻女共上俄輪，輪啟椗後，駛抵巴東與奧台薩之間，馮氏在輪上放映電影時，竟與其女同時焚死。最離奇者，當時火勢不大，從失事到撲滅為止，僅費幾分鐘，俄輪船主迅即宣佈馮氏父女業已舉行海葬，此與航海習慣，大相逕庭，不知俄人何以自圓其說也。

質言之，馮玉祥為人，志趣雄奇，器幹英峙，惜其拔跡草萊，愚佻短略，譎觚非常，未嘗學問，直似袁紹，志大而智小，忌克而多疑，薛篤弼氏曾批評馮氏云：「馮氏練兵，畢竟是一好手，如果他不談政治，就好了。」旨哉言乎！

溥儀由遜位到復辟那幾年

民國元年二月廿五日清廷宣佈遜位之時，關於優待皇室條件，係於一月二十日，由南方議和代表伍廷芳提交袁世凱內閣核定施行者。清帝溥儀得保皇帝尊號，仍居清宮，由民國政府待以外國君主之禮。清宮經費每年四百萬元，亦由民國政府撥給之。如此優待條件，可謂出人意表，蓋此時南京臨時政府亟欲清帝退位，以免夜長夢多。隆裕太后則因革命黨炸袁之舉，深信袁世凱為「大大忠臣」，退位問題始有水到渠成之勢。而北方當權者皆屬小站派，如袁世凱、徐世昌、趙秉鈞、馮國璋、段祺瑞等，對於清室，皆存好感，無可諱言。尤在袁項城秉政時代，其與清室聯歡之事，斑斑可考，「大中華民國大總統謹致書大清皇帝陛下」，諸如此類，數見不鮮。

孫黃對清室無惡感

吾嘗潛心觀察，清末民初，袁氏並無反對清室之心念，但伊不願清廷呼之即來，揮之即去。又恐戰勝革命軍後，功在不賞，且罹大難。至於與革命軍則始終背道而馳，從無合作可能，此乃時代背景使然，未可厚誣之。先知先覺如孫中山、黃克強者，能有幾人？按中山先生大氣磅礴，宅心醇粹，民元秋季，其進京目的在引袁入國民黨，同時表示革命之宗旨，端在融合漢回蒙滿藏五族而成為大中華民國。因此中山先生曾與醇親王載灃互相拜會，隆裕太后大受感動，特命清室太傅世續開放頤和園，以隆重歡迎此一民國偉人。

繼之黃克強亦到北京，參加建設會議。袁與黃克強最為投契，有事實證明，清室在金魚胡同那桐花園歡宴孫黃二偉人，溥倫代表皇室致詞，略謂皇太后久仰孫先生仁德，盼望五族一律平等。黃克強致答辭曰：「共和成功，皆由孫先生數十年之領導，然非太后明哲，其成功必不能如此之速。」不久陳英士亦到京，參謀部特假頤和園歡宴黃陳二偉人，世續作陪，黃問宣統起居，世太傅云：「已剪髮，每日讀寫甚勤。」綜上所述，可知國民黨之於清室，並無芥蒂，同時袁欲籠絡國民黨，然因政黨內閣問題，卒肇二次革命之危機。

隆裕太后喪禮隆重

民國二年春，值隆裕太后壽辰，袁派公府秘書長梁士詒為代表，私下猶以臣禮自拘，此亦時代背景使然，迥非局外人所能瞭解其心情。袁氏又命國務總理趙秉鈞率領全體閣員，以外國使臣禮往賀，行三鞠躬禮。一星期後，太后患水腫病逝世，孫前總統與黎副總統皆有唁電，袁佩黑紗，下半旗一天。文武官員服喪廿七天，報喪電報悉由國務院代發，內有「大清」字樣，袁且致函醇親王，請封瑾妃尊號曰「端康皇貴妃」，撫養年方八歲之溥儀。自是瑾太妃取得主持宮闈之地位。

按隆裕太后即光緒皇后，其喪禮隆重異常，全體閣員致祭之後，國民哀悼大會舉行於太和殿，由眾議院議長吳景濂主祭，釋服之期，全國陸軍開哀悼大會，領袖人物即屬電促清帝退位之段祺瑞。此時張勳通電，竟稱「國喪」。清廷下諭，滿族賞穿孝服百日，漢人加入者，有陸潤庠、徐世昌、陳寶琛、袁勵準等四人，堪稱異數。惟慶親王奕劻隱居天津，開設人力車廠，不肯應召至京，遺老之輩大恚。外交總長孫寶琦西裝革履而至，靈前三鞠躬而退，被梁鼎芬痛罵一場。梓宮奉移，袁世凱命攝影紀念。端方之子繼昆侯想起前事，大發牢騷，伏地痛哭，蓋於慈禧太后出殯之時，昆侯親自攝影，端方因此革職。又於隆裕太后做壽時，辜鴻銘以職小不得入賀，竟在宮門伏地痛哭，此皆大煞風景之事也。記之以博一粲。

階是為觀，北方風氣，守舊異常，民六張勳復辟，並非駭俗之舉，彼且誤認袁有歸政之心。因此鑄成大錯。洎民國四年十月，將改國體，勳乃電請維持清室優待條件，勿廢宣統帝號。袁囑政事堂覆示：「優待條件，永不變更。」因此，清室召開御前會議，決定去帝號，移居頤和園，瑾太妃與世續相對而泣，袁初擬封溥儀為懿德親王，並以第七女許配溥儀，此係實情。清室方面極願玉成其事，惟袁此時心如懸旌，動輒內疚神明，事遂寢。

遺老遺少形形色色

茲將復辟前宮闈情形，簡述如次：按隆裕太后與瑾太妃皆有儉德，且識大體，故民初清宮之事，有條不紊。惟宮女太監乃有一千四五百人，無法遣散。袁世凱曾命趙秉鈞，撥銀三十餘萬兩，俾易縣崇陵得以竣工，此即光緒帝后之墓。故袁與清室感情素洽，清室經費亦有著落。洎袁歿後，宮中經濟遂形拮据，逼得內監偷賣寶物。予在名伶余叔岩家中買到無數字畫，間有大內精品，如名妓顧眉所繪仕女，蔣廷錫之花卉，文徵明行書等等。小皇帝年已十二三矣，南面稱孤，優遊自得，漢官威儀，猶存典型，賜謚鬻爵，趨炎者眾。溥儀幼時聰穎，性稍浮澆，讀書習字，略有成就，書法採趙孟頫體，陳寶琛、劉延琛、袁勵準等教中文；英人莊士敦教英文。取名亨利，最喜英語，發音頗為清晰，亨利性本好動，然彼不能擅離宮門一步，耳目所濡，對其身心，皆無益處。

此時清室官員地位，最高者為太溥世續，掌禁衛者為皇叔載濤。至於民國政府高級官員同情清室者幾佔半數，總統黎元洪於辛亥年位僅協統，故與清室無特殊淵源，惟京畿軍警首領，皆有擁護清室之傾向，當時步軍統領為江朝宗，警察總監為吳炳湘，尤態度明顯，居常穿黃坎肩以代黃馬褂，文人擁清者有康有為、王國維、辜鴻銘、柯劭忞、萬繩栻、阮忠樞、江亢虎、朱祖謀等；軍人擁清者有張勳、倪嗣仲、張敬堯、馮德麟、雷震春等，而北洋要角王士珍與馮國璋，內心亦不反對。肅親王善耆為宗社黨首領，升允、鐵良佐之，以積極綢繆復辟之舉，遺老不可勝數。如瞿鴻禨、袁大化、趙爾巽、陳夔龍、張人駿、朱家寶、梁鼎芬、勞乃宣、鄭孝胥、張鎮芳等，各有潛勢力；尚有垂辮遺少，如劉公魯等，形形色色，光怪陸離！

張勳跪處在最前列

按清室遺老有其特殊作風，例如學部大臣唐景崇，請得謚法始瞑目而逝。翰林宋育仁援春秋大義，請袁世凱稱公，虛王之位以待溥儀，甚至內閣要員如李經羲、梁敦彥、孫寶琦等，亦並傾向清室，孫父貽經嘗為同治帝師，孫任國務總理時，溥儀特賜紫禁城騎馬，故吾輩居京華者，輒視紫禁城為國內之國，此時復辟運動，確臻成熟階段矣。

民國六年七月一日破曉，警察按戶敲門，囑掛龍旗，街上滿佈張勳辮子兵與馮德麟鬍子兵，人民團體與各商店，倉猝之間，競向大木柵欄各戲院借用鐵公雞旗幟。

先是康聖人乘三等車，喬裝進京，計劃已妥，於是復辟前一日，張勳與康有為、陳寶琛、劉廷琛等，在清宮開御前會議，此時瑾太妃與攝政王，態度猶豫，不敢贊成，惟小皇帝甚為興奮。謂張勳曰：「卿之忠勇，朕所夙知，王爺膽小，咱們要瞞著他幹。」張自宮中退出，胸有成竹，先往江西會館，出席歡迎大會，午夜看完楊小樓《安天會》與梅蘭芳《迴龍閣》（或許是《嫦娥奔月》，已記憶不清），即返南池子私邸，派一副官邀請軍警當局王士珍、江朝宗、陳光遠、吳炳湘等議要事，此乃鴻門宴，滑稽而含緊張，雷震春、張鎮芳、萬繩栻、李進才等亦在座中。張勳態度嚴肅，對王士珍不甚客氣，又瞟江朝宗一眼，命王江二人即速下令開城，讓定武軍進城佈防。繼即率領全體十三人馳往清宮，陛見溥儀，儀雖年幼，甚有體統。張勳跪在最前列，此歷代領班軍機大臣所跪之方磚，光可鑒人（據袁項城稱，彼入軍機，班在最後，須為前列五人打門簾，嗣後那桐加入，始獲替身）。勳與溥儀密斟片刻，即起立，捧黃綾匣退出，時為七月一日寅時也。

五月十三大不吉利

匣中所藏上諭，係康有為所擬，約如下述：「據張勳、馮國璋、陸榮廷以團體動搖，人心思舊，合詞奏請復辟，以挽生靈。又據瞿鴻禨等奏請御極聽政，以順人心。又據黎元洪奏請奉還大政，以惠中國。不得已，准如所請，於宣統九年五月十三日臨朝聽政，與民更始。……」

瀾按：黎元洪之奏本，係受脅迫，不足為訓。又：五月十三，西俗認為不祥之月日，此後上諭甚多，首封張勳為忠勇親王。黎元洪、馮國璋、陸榮廷為一等公。張為直隸總督，馮為兩江總督，陸為兩廣總督。曹錕、張作霖、譚延闓、張懷芝、倪嗣沖等皆為巡撫。盧永祥、張敬堯、龍濟光、陳光遠、吳光新等為提督。又拜瞿鴻禨升允為大學士，張人駿、周馥為協辦大學士。梁敦彥、雷振春、李盛鐸、朱家寶等為各部總長。徐世昌在前清已贈太保，今任弼德院院長，為遺老領袖，甚不得志；岑春煊、趙爾巽、鐵良、陳夔龍等為弼德院顧問大臣。最關重要者，乃授張勳、王士珍、陳寶琛、袁大化、梁敦彥、張鎮芳等六人為議政大臣，儼同軍機，竟無滿族。康有為僅獲頭品頂戴，故無人注意及之。

總統黎元洪因與總理段祺瑞鬥法，免段職，召張勳入京，鑄成大錯，不啻何進之召董卓，元洪悔憤交集，逃往日本兵營，先以衣帶詔授張國淦，尅日赴津謁段，勸其復任國務總理，負責討逆事宜。段無把握，猶豫不決，其僚屬亦意見不一。丁士源不願與黎再度合作，梁啟超與徐樹錚則皆主張接受黎之任命。梁謂武昌起義，民軍曾以一旅之眾推翻清廷。段意遂次，顧無可用之兵，納悶之至。直督曹錕屬直系，段固不加信任，於是異想天開，擬赴金陵乞援於馮國璋，會第八師師長李長泰駐馬廠一帶，既非勁旅，亦非段嫡系，李妻好貨，遂為段所利用。

紫禁城裡投下炸彈

段祺瑞行事敏捷，七月二日，即詣馬廠誓師，聲討張勳，以段芝貴、曹錕為東西兩路司令；梁啟超、湯化龍、徐樹錚、李長泰等四人為參贊；曾毓雋、劉崇傑、葉恭綽、丁士源等四人為處長。組織龐大，先聲奪人，蓋段氏發動討逆，大出張勳意料之外，張部主力，仍留徐州，張勳僅攜二千入北上，馮德麟之二十八師，亦在關外，是故兵力單薄，一戰失廊房，再戰而兵臨北京城下，討逆軍復在紫禁城投下一枚小炸彈，此乃內戰引用飛機之第一次。清宮大懼，辮兵迅即繳械，張勳遁入荷蘭使館，康有為與李經羲化裝逃出北京，雷震春、張鎮芳、梁敦彥、馮德麟等皆被逮捕，一幕喜劇，遂告結束。

由上觀之，歷屆吾國內戰，雙方鮮有把握，俗諺所謂「西洋鏡不能戳穿」。是故吳佩孚能以一師兵力橫掃全國，趙恒惕嘗以二旅殘兵驅逐「驍將」張敬堯。今論復辟之役，張勳頭腦簡單，徒知獵取權位，軍事方面，毫無部署，又恐倪嗣沖狡黠生變，故留張文生於徐州，當時彼若盡拔精銳，攜七千人抵京，置重兵於廊房與蘆溝橋，加以馮麟閣之奉軍，素稱驍勇，必須出動主力，段氏於倉猝之間，必不敢貿然討逆，吾國歷史殆有重寫可能。夫段氏堂堂以北洋軍閥之首領自居，一旦軍事發動，兵源如此枯竭，調動如此困難，令人難以置信。洎直皖兩系分裂後，段猶斷斷然欲以武力統一南北，不量己力，自貽伊戚，不亦傎乎！

湯化龍問安乾清宮

張勳既告失敗，清室內務府總管繼祿咨行國務院，一切罪歸張勳，偽諭概不承認。段氏亦掉以輕心，自詡三建共和之功，躊躇滿志，對於復辟罪魁，網開一面。同時徐世昌在津，致函世太傅云：「保衛聖躬為第一要義。」徐之潛勢力甚大，故清室保存帝號如故，安居宮禁如故。當溥儀復位之頃，一度盛傳將封徐世昌女為后，實則徐女早已許嫁項城第十子矣。不久張勳恢復自由，在京作寓公，對於復辟之企圖，仍未死心。

復辟之役，黎元洪引咎辭職，馮國璋於八月一日抵京，代任大總統，清室派紹英為歡迎代表，馮入公府第一事，即派內務總長湯化龍詣清宮答謝，侍從武宮張宗昌隨行，溥儀特命世續迎湯至乾清宮，湯坐黃韁四人籐轎，溥儀穿黃紗袍，青團龍馬褂，帽嵌東珠，頸懸翡翠朝珠，危坐寶座之上，湯行三鞠躬禮，代大總統致謝詞，敬問康泰，皇帝且不答話，世太傅趨前跪伏，低奏數語，帝始啟口答稱：「敬謝盛意，回問安好。」禮成，湯總長退至客廳，醇王載灃出迎，與湯握手，由此可覘馮國璋之親善態度。

洎民國九年七月中旬，直皖戰爭爆發，奉軍入關，逕與直系聯合，打倒段祺瑞、張作霖處於舉足重輕之地位，意氣之豪，不可一世。爰與曹錕召集天津會議，討論分贓辦法，張為主角，曹為配角，兩湖巡閱使王占元為掃邊老生，國務總理斯雲鵬飾蔣幹腳色，打躬作揖，卻被曹銳曹四爺羞辱一場，此乃新群英會，演來有聲有色。一日演唱堂會，張作霖特點余叔岩演《擊鼓罵曹》，曹錕不悅。會靳母做壽，直系要人特點梅蘭芳演《鳳還巢》，以作報復。奉張大怒，幾釀巨禍。

二次復辟謠傳京師

總之，此時張作霖發言權最大，中央政府完全仰其鼻息，至八月初，北京東站鋪灑黃土以迎奉張。吳佩孚特遲到一天，以避其鋒。作霖寓於張勳私邸，二人義結金蘭，並通婚姻，情深意合，不言而喻。作霖乃力保張勳為長江巡閱使，不得通過，保為陝甘巡閱使或熱察綏三特別區巡閱使，連保三本，政府不得已，授為熱河林墾督辦。張勳大怒曰：「我可不會做古怪種樹的官，我要把復辟實錄一冊全部發表，裡面有各方代表簽名，還有贊成復辟的通電，誰都有一份兒，看他們臉子往那兒擺。」可惜說完此話，此冊已不翼而飛，張勳遂一無所得。

此時報章喧傳，張作霖與張勳協議之後，行將進謁遜帝。於是，第二次復辟之謠，傳遍京師，此因作霖一向藐視輿論，初無闢謠之企圖，且彼所帶隨員，有金梁、袁金鎧、商衍瀛等，皆屬著名復辟派。商係遜清翰林，曾任張勳總文案，據稱「人心思舊，毫無疑問，上次復辟，佈置失當，否則不會失敗」云云。

居有頃，張作霖果穿藍袍馬褂，欣然進宮，此人城府甚深，進宮必有所為。時則清室人員分為兩派：文官派主張用籠絡手段，抬舉作霖，可得其死力；另有一派，對於作霖出身，甚瞧不起，指為當代悍帥，應以威儀折服之。當年張勳就範，即因陛見之時，全用老套，使彼惕服，不敢衡視。蓋人心無不戀舊者。此時溥儀年僅十六，究無成人之修養，而作霖對於清廷繁文縟節，又根本不懂，亦不諳外交使節三鞠躬禮，既見溥儀，倉皇一鞠躬，舉目四矚。溥儀大不韙之，心想「當代悍帥」一點不錯，山林之雄，誠不堪造就耳。

溥儀開頭即以教訓口吻，謂作霖曰：「盛京是祖宗發祥之地，又是陵寢所在，你要特別小心，不可疏忽。」作霖唯唯，他本不擅詞令，寥寥數語而退，卻似聽訓而來。差幸攝政王大事敷衍，氣氛轉佳。事後溥儀說：「張作霖賊頭賊腦，東張西望，有失臣下體統。」因此，作霖逢人便罵：「溥儀乳臭小兒，擺什麼臭架子，俺姓張的不受這一套。」從此復辟之謠頓息。（瀾按：溥儀所云，張作霖東張西望，有失體統，我乃想起民四，張任奉軍師長，袁總統在居仁堂破格召見之，張行跪拜禮後，亦左顧右盼，對於府中陳設，無不嘖嘖贊美。袁不耐，掏出金錶一看，張乃目不轉睛，盯視此錶。袁遂順手贈之，作霖極口稱謝，袁不覺大笑。）

我在天津與遜帝溥儀一段淵源

編者按：關於遜帝溥儀之事蹟，觀瀾先生在生前共遺稿三篇，悉係真相，絕無渲染。第二篇為清朝歷代建儲考；第三篇為復辟前後之形勢；本文為遺稿第一篇，專述遜帝寓居天津時之生活。

觀老在本篇中首先指出：遜帝在清宮之地位，曾有一次搖動，即於隆裕太后被逼，決下退位詔後，恭親王溥偉，鎮國公載澤與陸軍大臣鐵良等，聯袂至旅順，與宗社黨首領肅親王善耆會合，擬在東三省獨立，以溥儀年幼，缺乏號召力，擬擁戴恭王為皇帝，即任東三省總督趙爾巽為內閣總理大臣，疇知恭王無意於此，事遂寢。

此時舊官僚之勢力，籠罩北方，對於清室皆存好感。至於軍人方面，對於共和政體，更無絲毫認識。玆舉數例，以概其餘：（一）甘肅都督趙維熙，不肯剪髮，大老徐世昌亦不肯剪髮，新疆都督袁大化不肯除去頂戴；（二）民元二月，奉天將領馮德麟、張作霖、吳俊陞等電請維持大清帝號，電文有云：「麟等始心悅誠服，永無異言。」此電證實瀾觀所言，馮之地位在張之上；

（三）禁衛軍軍統馮國璋令南城居民撤去五色國旗，誠恐兩宮觸目生感；（四）張勳任江蘇都督時，恢復清代官制，禁懸國旗，禁用「前清」字樣；（五）徐世昌任國務卿時，端節進宮，翎頂輝煌，匍匐稱臣，以見溥儀。

此皆清室復辟之朕兆，可稱中華民國之怪現象。最可怪者，自復辟失敗後，政府仍無戒備之心，縱容如故。清室更無悔禍之跡，傲睨一切。而疆吏之中，如倪嗣沖、張敬堯、馮麟閣等，若行其道，勢將再度復辟，豈非咄咄怪事！

鹿鍾麟封閉清宮

噫嘻！請亡久矣，猶不自斂，平日亂贈誥命，濫加封典，詔書一至，猶有垂涕跪誦者；不得君寵，竟有伏闕痛哭者。因循至民國十三年九月，第二次直奉戰爭起，馮玉祥倒戈，班師回京，局勢大變，此時馮氏內與國民黨默契，外與蘇俄共產黨勾結，其思想與清室柄鑿，勢所必然，爰命京畿衛戍總司令鹿鍾麟封閉清宮，澈底消滅小朝廷，鹿以迅雷不及掩耳之手段，率領國民軍進宮，其勢洶洶，一面下令妃嬪內監即日遷移，一面先將外府太監五百餘名給資遣散，每名僅獲遣散費十元。瑾瑜兩太妃抵死不肯遷出，幾經勸解，卒亦就範。

馮玉祥云：「現已五族共和，溥儀應與漢人同樣待遇，斷不能享受特權，加之清室私產以外，所有寶器，皆屬人民公有之物。」斯誠快人快語，馮氏此舉，值得讚揚。伊又組識「清室善後委員會」，檢查故宮物件，然而歷代珍寶，從此多所喪失，或以贋鼎易真，或入馮氏私囊。嗣後盜寶掘墓，層出不窮，故馮此舉，大為世人所詬病。此時清封金梁與費樹楷二人為少保，官場現形，笑料甚多。鹿鍾麟搜出金梁密摺，內保李石曾、江亢虎等，金復主張先用人才，再圖復辟。鹿將此摺印刷流傳，清室大受打擊。國民軍既佔領清宮，溥儀不得已遷居醇王府，又有國民軍荷槍實彈，把守門禁，名為保護，實行監視。溥儀不得越雷池一步，大感狼狽。幸有梁敦彥、聯芳、善耆等暗中設法營救，梁敦彥與聯芳為清外務部尚侍，肅王善耆為前京師警察創辦人，且與日人有默契，乘冬日嚴寒之夜，溥儀喬裝，乘人力車，從側門匆匆逃走，先奔東交民巷德國醫院，旋由日本駐華公使芳澤謙吉派員迎至日本使館。芳澤乃騰出兵營一部以居之，歷來北方政治性事件，日人無有不參預其間者，其處心積慮，匪伊朝夕，吁可畏哉！

天津張園小朝廷

此時段祺瑞匆遽入京任執政，忙於調解奉馮兩軍之糾紛，對於溥儀出走之事，可謂漫不經心。實則此事大起政治作用，吾國政府亟應根據約法，徙置溥儀於頤和園，萬不可任其逍遙於外國租界，同時應將「待以外國君主之禮」一款，澈底取消，不妨酌給優待費，方為合理。自溥儀托庇於日本使館後，一班舊臣，較前更為起勁，終日營營，叩賀請安，上奏疏，求封贈，鬧得烏煙瘴氣！使溥儀不遑寧處，日使認為不妥。凡舊臣所作所為，皆牴觸國際公法，於是定計徙置溥儀於天津，即在前門水站上火車，溥儀好動，欣然就道，此其平生第一次得見火車也。（按日人全盤計劃，係照「田中奏摺」行動，譬諸中日爭棋，溥儀乃一「烏龍」妙著，日方借此吃掉東北一角也。）

溥儀抵津，寓於張園。張園在日租界，為張彪之物業，張彪係張之洞家丫姑爺，清末在湖北武昌為第八鎮統制，是為全省軍事首領，洎武昌起義，總督瑞澂逃登兵輪之後，彪亦棄職而遁，雖受革職處分，然彪始終忠於清室，故溥儀積欠租金，彪亦置諸不問，僅享隨時謁見之權利。無何，張園又成清室小朝廷，各種組織如奏事處、侍衛室等，應有盡有，僅較清宮具體而微。於是一般舊臣，麕集津門，英日兩領事館爭相結納，溥儀精神為之一振。至民國十五六年，日本對華態度，益形露骨，即欲假張作霖之力以阻革命軍北上，既見革命軍得勢，乃思攫奪東三省，溥儀在彼掌握中，隨時可加利用，而北方政府忙於軍事，始終未加注意也。

溥儀請我當翻譯

溥儀初至天津，頗覺愉快，因較北京宮闈生活為自由，繁文縟節，刪減不少。居常習字念英文，偶召藝人彈唱故事，以資消遣，公眾場所則不見其蹤跡。光陰如駛，來津瞬將二稔，溥儀自稱「悶得發慌」。年青人心自外騖，焉能足不出戶哉！

十六年春，愚在保定，受任直隸省特派交涉員之命。慶親王奕劻之子載掄來晤，謂觀瀾曰：「皇上在津將有許多酬酢，臣下無諳外交禮節者，若與外交團來往，請君從中照拂，免乖禮儀。」戴掄為載振之弟，清末封輔國公，現充遜帝侍衛內大臣，地位在載濤之下，其妻為孫寶琦次女，貌寢而賢，掄所納寵，即鼓姬小蘭英，有「天津美人」之稱，掄女為愚義女，慶王府之韻事，可寫小說一部。

我當時年青，勇於任事，毅然允之，載掄大悅，尋以遜帝個性昭示於愚曰：「皇上喜與年青人接近，最不喜歡老頭兒，惡其思想頑固，不合潮流，皇上則頭腦新穎，詞鋒滔滔不絕，你亦不妨侃侃而談，但對人稱呼，皇上極其認真，說話小過節兒，可也特別仔細，你若出岔兒，露馬腳，皇上要瞧不起你。」

我說：「我盡義務而已，我可不管他瞧得起或瞧不起。」又問：「皇上與外國人接談，講英文乎？需翻譯乎？」掄答：「八成兒講國語，您得翻譯，您可不用替皇上耽心，咱們滿洲人，沒有再比皇上英明的了。」事後始知載掄所說，並非過甚其辭，且與溥倫所言相同，倫貝子係恭王奕訢孫，清末任資政院總裁要職。光緒病危時，那桐、袁世凱等議推溥倫入承大統，惟西太后屬意其甥溥儀，事遂不諧。入民國後，溥倫嘗任參政院長，與袁過形密切，不為溥儀所喜，然清室宗人皆稱溥儀英明，事非偶然。

奇特的外交宴會

予抵天津，拜會各國總領事後，領事團例須設宴，賀愚上任。地點假利順德酒店，主人為領事全體及其夫人。當時領袖領事為荷蘭總領事王爾德，此人略通漢文，外交團中可謂鳳毛麟角。日本總領事為加籐外松，喜予幼女，收為義女，取名百合子。加籐後在駐法大使任內，跳樓自殺。英國總領事傑美遜爵士，資格最老，性情怪僻。按英國使領，界限分清，爵士無可再升，只能坐待告老，因此滿腹牢騷。美國總領事高思，舉止安詳，與愚最稱莫逆，旋遷駐華大使，不愧為外交界之星鳳也。

此次宴會，甚為奇特，予之同寅，一概不請，非禮也。是夕貴賓為遜帝溥儀，非禮也。此乃×國總領事所建議而通過領事團者，幕後策動之人為遜帝之師莊士敦，惟莊並未隨從赴宴，藉免他國之猜疑耳。予於宴會之前，先到張園，始知欲見遜帝，必先登記後聽候召宣，少時奏事處人員謂觀瀾曰：「今晚皇上准八時到，請你先到利順德，多多照料，感謝得很。」我問：「皇后同去否？」對曰：「皇后不去，隨從者為攝政王。」

八點以前，四輛汽車魚貫而至利順德酒店，最後一輛為醬色奧斯汀轎車，只載遜帝一人。司機未穿制服，隨從者除攝政王與濤貝勒外，尚有八九人之多。事前亦未開列名單與主人，不知外交宴會，坐列先後，綦關重要。予只認識鐵良一人之面貌，此人方面大耳，體格健碩，即於光緒年間任陸軍部尚書，而奪去袁世凱兵權者。當時滿人之中，鐵良、良弼號稱軍界二傑，至於載洵、載濤、毓朗、蔭昌、鳳山之流，皆無用之輩耳。

行三鞠躬的大禮

是晚，遜帝幸而早到，諸事得有準備時間，吾乃匆匆告荷蘭總領事曰：「清帝隨員之中，有攝政王與濤貝勒，餘皆近支宗室，最低為部長階級，故席次須在清帝鄰近，方為得體。」荷領稱謝。遜帝下車之後，先至客廳休息，端坐中央，意象沉著。攝政王坐其右側後面，濤貝勒等坐在遠處，有站立者。愚先進見，穿燕尾服，佩二等嘉禾章，頸懸三等文虎章，行三鞠躬大禮，因無引見人員，只得自報官階，繼即介紹內子，內子前在英倫熟悉覲見禮節，屈膝行西禮，似通非通，亦隨機應變而已，似較握手為得體。

予向攝政王行一鞠躬禮，禮畢，遜帝命予與內子坐其左側。帝穿玄色馬褂，深藍色暗龍夾袍，腰繫荷包一件，頭戴尖頂瓜皮小帽，正面綴珍珠一粒與紅寶石一方，足登快靴，帝身材瘦小，逸態超越，御墨晶眼鏡，目光仍奕奕有神，天庭甚濶，鼻樑端正，故有九五之尊。惟下顎尖削，上下不稱，故非載福之相。頻年顛沛流離，職是之由也。

遜帝儀表精明，態度溫和，手長而瘦，肌膚白嫩，惟因久居室內，無紅潤之色，髫鬚刮得乾淨，臉上有小疙瘩，酷肖其父，亦肖光緒帝。攝政王身材較大，默不作聲，時或與帝低語，一望而知為純厚之輩，知識不高，清朝雖亡於其手，然入民國以後，復辟之議四起，醇王獨主審慎，遜帝受其影響至大。

愚在應對之時，頻稱「皇上」，戴以高帽，遜帝大悅，遜帝端坐時，雙足交疊，屹然不動，談話姿勢與技巧，純熟而又自然，且富幽默性，此固旗人天才，遜帝尤為顯著，從容中節，喜談政事，提及先祖庸庵公，稱為「老先生」，許為中興名臣之一。提及袁項城，帝呼袁總統，語氣之中，對袁毫無惡感。提及其他總統與政要，一概連名帶姓，語含譏諷，遜帝慨然而言之曰：「一代不如一代了，咱們中國人真不爭氣！」

滿面春風入餐廳

入席之前，各國領事與夫人由領袖總領事唱名引見。遜帝起立，來賓之中，尚有駐華公使數人，——與遜帝為禮，情形紛亂，領事不諳禮節者甚多，領事夫人之中，有握手者，有屈膝者，有忘卻攝政王者，有以西語問好者。最近英國太后接受教師聯合會慈善捐款時，其中男教師一人，見大隊婦女行屈膝禮，不知不覺，前進一步，亦行屈膝禮，見者笑不可仰，頓成花邊新聞。此夕情形，彷彿似之。當時予等心目中，僅以遜位君主視之，等於今日之法魯克，呼為陛下，良心微起責備，疇知數年以後，溥儀乃第三次稱帝，在位將近一紀，此實超出予等想像以外者。

入席之時，遜帝與內人為第一對，把臂而入餐廳。遜帝態度自然，滿面春風，一若甚有樂趣者，此因久受莊士敦之薰陶，西法皆合其脾胃。帝坐席之中央，英姿颯颯，我在其側，但任翻譯。帝舉杯談笑，皆甚得體，飲酒極少，交談多用國語，短句英文偶亦脫口而出，例如帝問領事夫人，所佩手錶是否瑞士所製。惟樂隊奏吾國國樂時，遜帝不即起立，愚頻促之，殆因不辨其為國樂耳。吃完水菓，例上一盌清水，遜帝低語觀瀾曰：「我真眈心濤貝勒把牠呷了。」其好幽默類此。

宴罷，主人多名趨前為觀瀾曰：「清帝和靄可親，誠予吾儕極好印象。」予即轉告遜帝與攝政王，遜帝禮數甚周，臨別之際，謂觀瀾曰：「今晚我很覺愉快，煩你代我致謝主人的盛意，你與夫人可隨時到張園來，不必掛號，你務必要來。」遜帝登車，我車尾隨其後，帝猶頻頻揮手，伸一食指，以示「務必要來」。我深感動，從茲我對遜帝，印象特佳，下情豈勝嚮往之至。

稱呼皇上的風波

按此時華北為張作霖張宗昌二人之世界，我等文員受盡折磨。作霖本有復辟思想，惟於民九進宮，大受奚落，恝然不能忘懷。張宗昌與褚玉璞二人，則對遜帝印象不佳，是受作霖影響，彰彰明甚。此時我兼會丈處總辦，因保障居民稅契之事，與褚督辦大起衝突，褚遂進京嚴參一本，說我「人地不宜」。又說我呼溥儀為皇上，有玷國體。我對外長羅文榦說：「清帝遜位之時，吾國政府允以外國君主之禮優待之，載在約法，我不喚他皇上，喚他什麼呢？當晚各國使領，皆以陛下YOUR MAJESTY稱之，我在倫敦，適葡皇曼努遜位赴英，外交團體亦以陛下尊稱之。」羅氏係法律專家，伊認觀瀾所為，並無不合。瀾按：羅鈞仁、王亮疇、顧少川三人為酒友，羅能一口氣喝啤酒兩打。直系內閧之時，伊任財政總長，琅璫入獄，非其罪也。

我在北京警告戴掄曰：「張褚二人，態度不妙，你要勸告皇上，停止酬酢，方為妥善。尤其河北地帶，皇上千萬不要去。」我見沈瑞麟時，亦提及此事。沈氏前任外交總長，嗣在清廷擔任職務，允將鄙意轉陳攝政王。

我在天津，遲至中秋節前，始往張園謁見遜帝，伊在家中見客，亦戴墨晶眼鏡，御長袍坎肩，開頭即問觀瀾曰：「朱兆莘為什麼要造反？」此乃遜帝一字一字說出者。觀瀾所述，隻字不差。當時我吃一驚，因此消息，報上尚未登載，朱為駐義公使，此時忽領銜通電，擁護南京國民政府，等於晴天霹靂。令人憶及清末，奏請退位第一砲，係由駐俄大使陸徵祥等所發出。

「大徐」與「小徐」

當時予對遜帝曰：「朱兆莘是廣東梅縣人，清賜舉人，早已傾向革命，原任駐英代辦，會徐樹錚考察抵英，將在英國皇家學院演講中國音樂，觀瀾擔任翻譯，徐氏視此舉為畢生榮譽所繫，當時朱兆莘致介紹辭曰：『此即吾國小徐。』聽者一怔，按朱本意，係稱徐世昌為大徐，徐樹錚為小徐，惟樹錚異想天開，認係南唐徐鉉昆仲，小徐精音律，樹錚以小徐自況，沾沾自喜。因此，與朱兆莘相得，保陞駐義公使，足見天下事全碰運氣。徐樹錚若知朱兆莘本意，則朱受革職處分無疑矣。此次朱兆莘所發附敵通電，外交部迄今猶守秘密，皇上何以知之？」

遜帝面有得色曰：「世界各國的大事，我總得先知道，這是師傅莊士敦的責任。」我心想：你的口氣好大。

提及徐樹錚。帝詢廊房事變之真相，我僅約略言之。伊對馮玉祥，不免懷恨在心，旋加評語曰：「你的國語真是不太好，徐薛兩字，差些送命，冤哉冤哉！」遜帝富於幽默，更喜幽默性之故事，他說：「你講，褚玉璞怎樣揹他的老母下車。」

我答：「那天文武官員排班伺候，褚玉璞穿上將制服，揹母下火車，樂隊奏樂，軍隊舉槍，外國記者爬到電線桿頂，攝影而去。」遜帝咋舌，我只說：「這是褚玉璞的孝心，外國人也不會取笑的。」帝曰：「話雖如此，畢竟不成體統。」

一問一答趣味多

遜帝又問：「張宗昌拘捕女革命黨，為什麼交你看管？西報用極大標題，你得從頭說起。」此指香港何啟爵士之女伍朝樞夫人一行，險遭鎗決。我將內情——告之，此事所含滑稽成份最多，遜帝大悅，認為聞所未聞。諸如此類，，發問甚多，予已不能盡憶。

遜帝問我到過幾國？且云：「很想出國遊覽。」我曰：「皇上若能遊歷歐美各國，必有極大益處，當年徐樹錚考察回來，前後胸襟，判若兩人，設非中途隕折，必為社會服務。」遜帝曰：「我喜習英文，出國之後，英語定有進步。」噫嘻，英語何足道，遜帝志量何其小耶！

談及皇室優待費之事，遜帝慨然言之曰：「不用提啦！項城時代，每年四百萬元，尚有著落，然最後幾年亦有短少，此後斷斷續續，點綴而已。至民國十一年後，分文沒有領到。」瀾按：段祺瑞與徐世昌秉政期內，國庫雖絀，猶有點綴，洎徐下臺之後，此款全無著落，宮中雖極度撙節，仍感捉襟見肘，莊士敦除為師傅外，兼管庶務與度支，一般情形稍為改善，然如遜帝所云，「巧婦難為無米之炊。」自遜帝遷居張園後，大宗收入，恃有田租，大宗支出，約有兩項：一為各處物業維持費；一為舊臣生活津貼費。如梁鼎芬、王國維等，一貧如洗，帝固不能不維持其生活者也。

臨別之前，彼此談話，愈益投契，予始婉轉陳述不宜多事酬酢之理由。遜帝垂詢於愚曰：「日總領署慶祝天長節時，我可否親詣道賀？」我說：「皇上可派濤貝勒代表前往。」遜帝曰：「知道了。」屆時遜帝果未親臨，所派代表為攝政王載灃，此在山東交涉使蔡公時被戕之後，我對日人深惡痛絕，故當是年天長節，我乃竭力攔阻褚玉璞躬往道賀，日人大恨，迄今思之，褚固非去不可，觀瀾此舉，實屬踐小忿而悞大事。愚與加籐總領事交誼素篤，茲後日總領署與駐屯軍司令部，與愚處處留難，吃虧者非我本人，而是中華民國。

並不似國亡之君

臨時之別，遜帝又再三叮囑：「你務必再來，咱們談談心，很有意思。」說老實話，遜帝在家，悶得發慌，極願與外界接觸，以廣見聞。我對遜帝，印象甚深，聆其輕鬆口吻，我感極大興趣。但張宗昌與褚玉璞畢竟是我的上司，我怕他們冷言冷語，不敢再往張園。

我覺遜帝秀外慧中，丰度颯爽，其父攝政王有弟兄三人：兄為光緒帝，弟為載洵載濤。泛論遜帝之個性，頗似載濤之瀟灑，而無攝政王之呆滯，又有載濤之爽朗，而無光緒帝之猶豫。惟伊天性穎悟之中，微含神經質，例如坐定即問朱兆莘為何造反。聆其談吐，措詞得體之外，最富幽默性，此乃旗人本色，事非幽默者，彼似無甚興趣，聽到酣快淋漓之際，咋舌鼓掌，無復嚴肅氣氛，故任何人見他，無須害怕，只是稱呼要當心，此亦旗人個性。他雖尊稱袁項城，你卻應呼袁世凱。又若尊稱張褚為督辦，他會竊笑你不成體統。

而今不妨說老實話，我在大津利順德酒店初見遜帝時，還說過：「學梅（編者按：學海即觀瀾先生）世代受恩，學海是清廷選派出洋的。」他才提起我的祖父，讀者諸君必定笑我沒出息。誠然，但欲彼此發生好印象，非用心機不可，我固無求於遜帝，我覺此人聰穎絕倫，且能從善如流，若獲良輔，容非亡國之君。遜位期間，得一客卿莊士敦，諸事皆上軌道。惟因久居宮庭，與外隔絕，款啟寡聞，故乏毅力與阻識，且受宵小包圍，易滋慚德，此仍環境使然，非有超人魄力，不能自拔。是故歷代帝王，什九庸闇而自作聰明，遜帝亦自不免。

我所知道的宋子文

編者按：薛觀瀾先生於抗戰勝利後，以與宋子文氏向乏淵源之人，而為宋所殷勤延攬，挽參密勿，直至宋氏去國時為止。薛先生與宋，相處之時日固無多，但賓主之間有相得之情，所以本文寫成後，薛先生即自謂無形中流露知己之感。

宋子文半生事蹟，彰彰在人耳目，讀者諸君固已耳熟能詳。是篇所記，多為薛先生與宋共事時之細微末節，且多獨特之見，是固出於薛先生之一片私誼，但可信其必有所本也。

我所以寫宋子文，係因《春秋》主編姚立夫兄知道我和宋氏相處過一段時間，要我就所知所見，據實寫一點出來。但因事出倉猝，提筆屬文時，並無典籍可稽年月。

我寫宋子文，決無精采可言，因宋氏一生事蹟甚多，而我相隨之日甚短。

我寫宋子文，係就所見所知，拉雜言之，全憑直覺，決不作違心之論，事雖瑣碎，從小可以識大，糾察已往，其中隱寓褒貶。

我寫宋子文，另一目的在欲揭穿共黨之陰謀，藉使國人知所警惕，而不墮於其彀中。知我者其惟讀者諸君乎？

「花生米」與「四大家族」

觀瀾並非國民黨員，自知疏慵成性，只期苟全於亂世，不求聞達於四方。猶憶民國卅六年，予以私誼由京滬跟隨宋氏至廣州，當時國步阽危，予愈益僭心政治，發覺兩件侅事，時人不甚注意，卻於國家前途大有關係。

（一）正在徐蚌會戰開始時期，予在美國《柯利亞雜誌》上看到論文一篇，係史迪威將軍所著，千言萬語，無非袒護共黨政權，痛詆吾國政府，而且謾罵蔣先生為「花生米」，全篇提到蔣先生概以「花生米」字樣代之。似此悔辱友邦，同時誣蔑上司，可謂荒謬絕倫，史無前例！然而美國朝野均有贊成史迪威之傾向，不久，國務卿艾契遜果然發表白皮書。夫以觀瀾自幼留學美國，先後去過四次，皆有回到老家之感覺。然吾以為中國所受白皮書之打擊，更甚於共黨軍力之壓迫，此一事也。

（二）正在國共協商會議決裂之前，共黨為動搖人心計，特由陳伯達撰著《四大家族》一書，此又一事也。陳伯達係「謗書」專家，經常為毛澤東撰稿，兼任宣傳工作者，現充任中共政治局候補執行委員。其書指「蔣、孔、宋、陳」為四大家族，並謚為「豪門」。此乃利用大眾盲從之心理，實為分化國民黨之毒計。淆惑觀聽，莫甚於此！蓋陳立夫職司黨務，孔祥熙、宋子文則先後掌握經濟，三人皆得蔣先生之倚畀，故欲打倒蔣先生，必先攻擊陳孔宋等，彰彰明甚。抑有進者，若任高官便為豪門，則在今日大陸，毛澤東、朱德、周恩來、劉少奇可稱四大家族，豈非當今之豪門？

繼廖仲愷出任財政部長

觀瀾初不認識宋子文，雖早在民國三年，我即在波士頓上海樓菜館常常見到宋氏，但彼此並未交談，等於不認識。我進哈佛大學讀過極短時期，此時適在我國二次革命後，宋氏雖在哈佛肄業，卻已名聞全國。宋歸國後，先在上海漢冶萍煤曠公司任職。迨民國六年，孫中山先生在粵發起護法運動，成立大元帥府，宋已嶄露頭角。民九中山先生自滬返粵，翌年五月五日孫組非常國會，就任非常大總統，反對曹吳，舉行四省聯省政務會議，任胡漢民為秘書長，汪衛精為參軍長，即以宋子文擔任財政，伍廷芳擔任外交。

民十四國父逝世於北京，七月國民政府成立於廣州，宋任廣東省政府商務廳長。八月廖仲愷遇刺，宋氏繼任財政部長。即與各軍將領協商，務將以往截持之稅款交回，方能驅逐滇桂軍，肅清陳炯明殘部，進而策動北伐。宋又召集財政會議，決定統一財政，劃清國家稅與地方稅之權限，分別徵收，禁止賭捐，改革弊政，獎勵儲蓄，於是民國以還紊亂十餘年之財政，漸上軌道矣。

由創設央行說到稅警團

宋氏在政壇多年馳騁，人或以「洋氣太重」病之，然宋氏做事能挈大綱，富於朝氣，知之者反而不多，首以國府創設中央銀行而言，因央行之創立，得使全國金融趨於統一，宋所規定之人事制度，固然不壞，所惜者終不脫官僚作風。宋令外國行家付稅，必用央行支票，從此央行基礎，固若金湯矣。宋又令萬國儲蓄會等洋商企業，照章納稅，斯於國庫收入，裨益匪淺。

至於宋氏設稅警總團，實仿美國財政部所轄稅警之體制，此乃緝私最有效之辦法。故於「一二八」抗日之役，稅警總團亦參預軍事行動，而稱精銳。但為了稅警搜查毒品之事，宋與當時上海租界內黑社會份子遂起磨擦，因此宋在上海北站曾遇狙擊，兇徒放三槍，誤中宋之秘書唐腴廬，唐傷生殖器而損命，宋見兇徒放槍，即將所戴白色草帽擲地，兇徒遂失目標，人皆稱其有急智。

民廿五年西安事變，當時京中大員皆主張討伐，惟有蔣夫人與宋子文力持異議，兄妹二人突赴西安。此時宋與中央政見並不合協，所以當宋氏抵西安見蔣先生後，張漢卿曾開玩笑地說：「蔣哭了，因看到不甚投契的人反而來了。」

與張學良、龍雲的私交

蓋宋氏與張學良私交殊厚，因日人攫取東北之當時，錦州戰役吃緊，宋子文特往北平，曾竭兩日夜之力張羅糧糈，以助張學良，學良以是德之，宋張二人遂成通家之好。所以宋在西安曾云：「漢卿方面我有辦法，我和蔣夫人可與蔣先生商量，夫人掌握得住。」此語頂示蔣可平安脫險。未幾，張學良果有悔禍之心，願親送蔣先生返京，蔣不贊成，爰遲延一天逕從洛陽飛京。蔣先生並囑漢卿遲飛一小時，以便佈置張之安全。先是，漢卿畏罪，欲自殺，欲入山為匪，後卒與宋同機飛京。當在洛陽候機時，張對宋云：「我自幼敢闖亂子，父親不管，我給五老姨太不少麻煩，往往做了再說，不顧一切」云云。抵京之後，張學良由宋陪同出席軍事法庭，判禁十年，楊虎城奉命出洋考察。我在行政院供職時，得見楊虎城從歐洲來電，請宋協助准其回國，宋婉止之，並云：「惟有張漢卿之事是我今生唯一負債。」宋又感慨地說：「我乃八面不討好，除了避免一次戰爭外，我們沒有做出什麼！」蓋因政局關係，漢卿終不得釋，宋常引為憾事。宋與龍雲之交誼亦至厚，日本投降之頃，滇軍大部出征在外，中樞認為撤換龍雲之時機已至，遂調盧漢為滇省主席，並派杜聿明至滇執行。不料龍雲踞五華山省府頑抗，自率衛隊，與杜聿明相持三日，事態惡化。宋子文為龍摯友，出面調停，龍始就範，入京就軍事參議院長之閒職。

不願簽字於中蘇條約上

民國卅四年二月十一日，英美蘇三國在雅爾達訂立密約，此時羅斯福總統身攖重疴，只聽史達林之擺佈，從而犧牲中國之權益。四月宋子文（時兼外交部長）率代表團赴美出席舊金山聯合國大會，共黨代表董必武隨宋出席，民青兩黨曾以去就力爭。宋氏被推為大會主席，此殆吾國聲望最高之剎那。宋攜吾國對蘇談判方案至美，始知美蘇兩國已有合議，故在莫斯科中蘇談判中，吾國不得不作極大讓步，承認外蒙自治，長春鐵路共同經營，宣佈大連為自由港，旅順由兩國共同使用，蘇俄允以軍需物資供給中央，以東三省為中國一部份，並訂蘇軍於日本投降後撤兵期限。上述條款，蘇俄皆未遵守施行。八月上旬宋以行政院長資格被派赴蘇訂約，蔣經國等同行，宋在莫斯科與史達林頂撞甚烈，宋謂：「非友即敵。」史達林說：「我不想支持中共的。」宋知其用騙術而已。宋既不願簽字於條約上，遂以外交部長兼職讓與王世杰，結果由外長王世杰簽名。

在中國銀行第一次晤宋

宋氏自莫斯科回到上海，召我至中國銀行見他，此時我尚未正式認識宋氏。我卻久已絕意仕途，歷年在家鄉董理豫康紗廠，但宋召我時，大地回春，中國有復興之景象，任何人皆覺身心愉快，感到前途樂觀。我穿棉袍到中國銀行，辦公室內只有宋氏一人，宋極客氣，並無官架子，予我印象特佳。他掏出煙盒，敬我三九牌香煙一支，略問數語，就說：「你可願意跟我到南京去麼？」我說：「我不是國民黨員。」他說：「毫無關係。」我說：「我已離開政界十多年，在此期間，始終未講一句英語。」他說：「英語用不著的，日本人去了，你可以出來做些事，你的身體好否？」我說：「不好，我的痔疾厲害。」宋問：「什麼叫痔疾？」我就講給他聽。蓋宋體重一百八十餘磅，面色黝黑，茁壯無病，此其一生最大得力之處，宋又約我第二天再去見他。

對於懲治漢奸力生審慎

翌日，我到中國銀行，會客室中候見宋先生者紛至沓來，其中有一美國《紐約時報》記者，與我談及宋氏，美國記者云：「宋博士是你們中國第一主人翁（Boss）。」我說：「你的話大謬不然，吾國當今第一人是國民政府主席，宋博士不過責任甚重而已。」該記者搖首，猶強辯不置，足見外人對於吾國之事，大率隔靴搔癢，莫明真相。我第二次見宋氏時，漫談古今，留下履歷，由尹仲容兄當面錄下，觀瀾鄉音未改，兩鬢已催，當我說到「一隻手」（手讀如休，陽聲）。宋捧腹大笑。宋云：「無錫話夸得可愛，你與令弟壽萱永遠改不了。」我說：「這是無錫人保守的性格，也可以說是笨拙的表現。」當晚宋在靜安寺路寓所，請我晚餐，香港李樹芬醫師亦在座。飯後戴笠（雨農）來見，以日本大將岡村寧次所獻倭刀送呈宋氏，聊作紀念。

那時戴雨農常與宋氏同進早餐，戴穿青灰色中山裝，體格瘦弱，恂恂儒雅，貌似中學教師。戴宋二人當時對於懲治漢奸，皆主審慎，觀瀾尤抱同樣意見，閒嘗以為政府還都以來，懲治漢奸不無過嚴，反而招致貪墨之風，如陳公博、梁鴻志、褚民誼之輩，不妨貸其一死。卅四年九月，觀瀾隨宋氏至南京，寄寓行政院宿舍，宋派我在政院秘書室辦事，我在蔣夢麟先生領導之下，核閱案卷，列席會議。同事有朱中道、尹仲容、朱光沐、許詩荃、江季平等六七人，彼此相處甚得。前年尹仲容在經濟部長任內為揚子木材公司一案所牽累，我在報端力辯其操守甚優，蓋紀實也。未幾，觀瀾兼任最高經濟委員會專門委員，支薪約六百元，此時翁文灝為行政院副院長兼最高經濟委員會秘書長，蔣先生對於「經委會」事務，異常注意，每屆「會報」之期，必先殷殷垂詢，誰知翁文灝坐領薪津，一事不辦，吾輩無人領導，情同尸位素餐，如翁氏者，盛名之下，其實難副，且視公職如兒戲，不知是何居心！

北極閣私邸書室最宏壯

宋氏始終以客禮待我，不時邀我至南京北極閣私邸與家人聚餐。宋之夫人張樂怡女士美秀而能，事必躬親，英語純熟，周旋中節，誠宋之賢內助也。其北極閣私邸之建築，係仿西式鄉下總會之模型，內部並不華麗，惟書室宏壯，可俯瞰全城。室內張一虎皮，宋顧觀瀾曰：「此餓虎也，觀其頸毛聳起而知之。」我曰：「方今餓虎甚多，安得獵者而殲除之。」宋氏笑鰈言鯖，甚有風趣，伊遇孔庸之（祥熙），郎舅之間，常開玩笑，孔庸之則一本正經，不苟言笑，大抵孔曾答應送畫一幅，故宋與見面，輒追索之。宋對書畫亦有研究，我曾送他一幅翁方綱的直軸，他說：「巧極了，我最愛翁方綱的字和郎世寧的畫。」我說：「這幅字是馮玉祥送給我的，當年我署保定道尹，不讓民眾掘他祖墓，馮說我能以德報怨，所以送我很多古物。」又宋設宴，每次皆以西餐，一湯、一菜、一布丁而已，故其日常生活，夫人所管，井井有條，殊無奢侈可言。

宋批閱公事並不用英文

世人多以為宋批公事係用英文，其實不然。觀瀾每次簽陳意見，宋皆以中文批示，所批且甚簡覈而恰當。吾見宋氏時，亦從來未以英語談話，是故謠傳之言，切不可信。宋之書法係學孫中山，雖非佳妙，亦自成一體。瀾按：宋任首揆之時，適值國共雙方劍拔弩張之秋，軍費浩大，國庫支絀，通貨膨脹，繼之以金價波動。夫巧婦難為無米之炊，當時宋之處境，險惡極矣，於是行政院遂不得不與各部會個別商議，冀能削減預算，力求撙節，在削減預算之下，以交通部所受打擊最大，如成渝鐵路、贛湘鐵路等建築費，皆被宋氏一筆勾銷，宋之遭忌，有由來也。

編者按：宋子文當年在美與胡適之之間的一段不愉快經過，世人知者不多，此次薛觀瀾先生在本文內據實書而出之，將可一新讀者之耳目。

至於本文對宋氏一生從政經驗及性格之描述等，因薛先生隨宋有年，彼此既相得，觀察亦深刻，所以一字一句，皆為有所見、有所感而發。在薛先生筆下，使吾人對宋子文氏獲得更多之認識矣。

抗戰勝利後，宋子文任行政院長將近兩年，各部部長皆屬一時之選，如：內政張厲生、外交王世杰、財政俞鴻鈞、國防白崇禧、教育朱家驊、司法謝冠生、交通俞大維、經濟左舜生、農林周詒春、社會谷正綱等。宋氏與同僚相處，亦甚相得，部長亦無更動。考其去職原因，係受當時立法院之排擠，使彼無法執行其職務所致，此與最近俞鴻鈞拒絕監察院邀請到院應詢而受申誡，初無二致。

不會說官話立法院挨罵

回憶當年。孫科為立法院長。宋氏既為首揆，可隨時被召至立院，報告政情，且備質詢，或受譴責。宋氏之口才本不好，官話簡直不會說，宋與各部長所受譴責已有很多次。某次宋在立法院起立答辯，甫開口說道：「剛才姓張格委員所說……」某立法委員聞之，立即阻止宋氏再說下去，並且破口大罵。蓋伊認宋氏語氣有失端莊，有故意藐視之意，此雖小誤會，卻演成大問題，宋實冤枉之至，從此宋遂不肯出席立法院會議，兩院關係愈趨惡化，結果，由傅斯年撰文一篇，題曰：〈這樣的宋子文不可不去〉，其中大部份實係捕風捉影之談。

吁嗟乎！傅斯年何為其然耶？此有詳述之必要。蓋在民國廿七年，傅氏之師胡適之先生為吾國駐美大使，翌年，宋子文以援華機構之董事身份赴美活動，實負有重大之使命，宋抵華府後，與胡氏接觸日多，詎知宋胡二人因政見不同，個性不同，無形中引起磨擦。胡適之先生主張不宣傳、不借款、不買軍火、不辦救濟事業。宋子文則竭力主張之。胡氏為中外知名之哲學大家，而非外交人才，在美任大使時，不脫書生本色，仍然到處演講。宋氏則不甚贊成。到了民廿八年，宋猶在美活動，白宮請客時，吾國大使館開去之名單，竟置宋子文之名於秘書之列。宋自不懌。宋當時欲訪問羅斯福總統與國務卿赫爾，財政部長摩根韜等，大使館亦未為辦理手續。亦從未為宋開過鷄尾酒會。由此可以想見宋胡二氏當時並不投契之一般。

宋與胡適之格格不相入

循至民國卅一年，宋出任外交部長，仍留華盛頓，由援華機構之董事一變而為胡適之大使之頂頭上司。迨珍珠港事變發生時，日駐美大使野村與特使來栖被美國務卿赫爾以「不守信義」斥出客廳。美國記者特為此事至我大使館訪胡氏探詢消息，胡當時方盥洗於浴室，匆匆之間，對來訪之記者，竟順口以「向無所聞」四字為答。翌日宋氏看見報紙，對胡適之先生之答覆大表不滿，並且當面向胡搶白一頓，語氣憤激，自然談不上客氣。胡氏為一純粹學者，對宋氏這樣的質問，怎能受得了，遂一怒而提出辭呈。結果，蔣先生手批「勉為其難」，力加挽留。胡氏接得中樞電文，持以示宋，宋亦不為已甚，胡氏仍任大使如故。但當時我國外交部與宋來往電文，例須先由大使館蓋印，有時收發之時間亦有滯遲情事，何況當時國際局勢微妙，我國抗戰亦正陷於最艱苦階段，宋乃請胡多談世界政事，少談考據文學。此在胡氏之氣質與個性而言，自然置之不理，實為無可如何之事。不料宋亦一怒而行文通知大使館，大意謂：凡屬政治性演說與文稿等，事先須經宋之同意以顧全整個國策。宋氏此一措施，雖係國際常規，無如適之先生曾在世界各國得過三十六個博士學位，名滿寰宇，欲求胡氏拋開本位，而去做一個面面俱到、上下圓通的外交官，可謂戛戛乎其難矣！

傅斯年開砲內裡有原因

終是，適之先生亦大發學者脾氣，公開質問宋氏讀過幾本中國書，讀過幾多本英國書，有何資格看他的英文稿？宋胡二公鬧到如此地步，已無彌縫之餘地，胡氏乃決心掛冠而去。結果由魏道明繼任駐美大使。以後，胡適之在北方演說時，嘗云：「我做了六年駐美大使，沒有與美國人簽訂什麼條約，沒有借過款，沒有談判政事。……」當時在場聽講者，對胡氏之言，雖如墮五里霧中，但揆諸以上事實，方知確是實情。惟宋胡二公此一段不愉快經過，外間知之者可謂絕少。

宋胡雙方雖有一段不愉快存在，但宋氏於抗戰勝利之頃，在接受出任行政院長之前，即與胡氏捐棄前嫌，並且與胡約定「有福同享、有禍同當」，宋胡二公早已言歸於好。此點外間知之者更少。然胡適之先生友好甚多，彼等對宋之行事，不無耿耿於懷而存有反感。傅斯年當時對宋氏開大炮，即為最顯著例證之一，傅氏當年自謂「勇於道義」，共實其中實夾雜有若干極其微妙之恩恩怨怨在。筆者今日將此中內容和盤托出，純係據事直書，決不含絲毫意氣，維讀者察之。

繼羅卓英為廣東省主席

話說回頭，卻說宋氏當時因與立法院齟齬而辭職，我以旁觀者地位，看得甚清楚，我曾對宋說：「此次少數立委借端集啄，你一方面的理由，亦應公諸於世，不可默爾而息，若夫引嫌畏議，蓋亦非閣下所自許也。」宋答：「還是相忍為國的好，公道自在人心。」我說：「現在學校裡、官場中、社會上，盲從者眾，人云亦云，還說公道自在人心乎？」宋乃矍然易容，無詞以對。到了民國卅五年，馬歇爾回國。共黨立即破壞停戰令，攻入長春。中立者發起反美運動，美乃撤去北方美軍，停止對華軍援。卅六年七月四日政府下令動員戡亂，宋曾捐出部份資產。

未幾，宋繼羅卓英為廣東省政府主席，宋因敬恭桑梓，欣然奉命。他在上海召我至其祁齊路公館，問我願意去粵否？我很誠意地說：「我有家累，未便遠遊。」宋說：「廣州地方好得很，你沒有去過，還是跟我去罷。」於是，隨宋而赴粵者，有鄒琳、李茀侯、許詩荃、朱光沐、何德奎與觀瀾等七八人。宋夙主張以粵人治粵，故以大埔人鄒琳為省府秘書長。予等皆任省府顧問。

宋派我核閱公文，並囑我拆閱一切函件，其私人圖章兩顆亦在我處。觀瀾因此竊認宋先生為知己。夫宋每日函件甚多，內有總統府機密函件，亦有報告函件、求職函件、匿名函件等等。我隨宋先生雖為日無多，然宋知我審慎寡言，故以私人函件全部信托於愚。

在廣州時期幾件小故事

在那一段時期，竟有一人每日寄函一二件與宋，控告虎標永安堂之少東胡好。予念胡好先生向來熱心公益，而其尊人胡文虎先生伉儷當時又曾捐給廣州兒童新村卅萬元之鉅，故認投信之人乃狂且之徒，來函皆置不理。不料此人見計不售，最後竟將穢物附入信內，怪哉怪哉！特附記於此。

我在廣州替宋氏辦事，只做過一件好事：某次黨政軍聯合會議通過，將在潮汕附近所逮捕蛋婦九名，一律槍斃，因有共諜嫌疑也。公事到了我手，我細加查究，得知死犯九名俱屬無知女流，僅圖小利，被人利用，遂援筆簽陳意見，改擬無期徒刑，九人得免一死，功德屬於宋氏也。

民卅六年全國運動會在上海舉行，粵省體育界人士推我為廣東選手總領隊，我乃興奮似孩提，穿運動衣，與男女選手一同練習，不料尚未起步，我即摔在地上，眾健兒捧腹大笑。當時著名選手有葉觀雄、楊渭濱、吳年、劉帝炳、余鐵軍、葉北華等。因所選健兒過多，經費不夠，我當時與教育廳長姚寶猷進見宋氏，我說：「主席！出席全運會的經費不夠了。」宋問：

「差多少？」我答：「二萬元。」宋說：「照付。」宋辦事爽快，決無拖泥帶水，且能絕對信任其部下。我等退出後。姚寶猷曾云：「想不到這樣乾脆，我們應該要求四萬元。」我說：「不能不能，我們替公家做事，上下都要推誠相與。」按：姚寶猷為人率直可親，已在廣州被共黨槍斃矣！

既不穿軍裝也不用衛隊

居有間，宋氏奉令繼張發奎為「國民政府主席駐廣州行轅主任」，厥後改為綏靖主任。宋初猶豫不決，一日我與宋氏暨朱秀峯三人坐在省主席官舍游泳池旁談及此事，宋說：「我非軍人，怎當主任？」我說：「主席之言差矣，晚清平定髮亂的曾胡左李，都是文人，北洋政府時代徐樹錚曾為吾輩一律保薦軍職。團長以上他曾都要用文人。現今美國國防部內皆以文人統馭武將呢。」宋以為然，遂以黃鎮球將軍為其幕僚長，深慶得人。然宋從來不穿軍裝，出入亦不用衛隊。灡按：省主席官舍即前汪精衛夫人陳璧君住宅，高牆之上，特設瞭望塔數座。室內有先烈朱執信所書聯語，書法挺拔。官舍房屋雖無多，但寬敞無比，陳設亦佳。後面有花園及游泳池。有一次宋氏在花園手指鄰屋一所，謂觀灡曰：「此即黃琪翔住宅。」我說：「黃琪翔係鐵軍將領，儀表英偉，然在國府成立之初，已表示左傾，與共黨同路，何以仍被派往德國為軍事團長？」話剛出口，宋氏適有客至，匆匆出見，對此一問話，乃亦不及置答矣。

省府迎賓館有人滿之患

觀瀾當時在廣州住在東園，且任東園管理處監督。東園實即省府迎賓館。宋先生常在此處招待省市議員。嗣後戡亂軍事失利，中央大員違難來穗，皆住東園，如戴季陶、于右任、王寵惠、馬超俊等，因房間太少，來人太多，以至要員如鄧文儀等亦皆住在門房。戴季陶氏即於此時服安眠藥逾量而逝世！是誠國家忠貞之士，觀瀾等揮淚代辦其後事。彼情彼景，至今思及，猶有餘痛！觀瀾所居洋樓一幢，當時完全讓與閻錫山，閻公當時倉皇南來，憂心忡忡，足不出戶，不久遷出東園，就任行政院長。最近在臺逝世之王寵惠院長，寓居東園時，與我甚談得來，王氏煙癮極大，每星期我送呂宋煙一盒，聊表敬意。李代總統時亦常借東園開茶話會。吾國元首自孫中山先生起，迄今共得十三人，汪精衛係國民政府第一任主席，故亦計算在內，惟馮國璋與李宗仁皆僅代理而已。其中最缺威儀者，須推李宗仁。張作霖比他更矮小，但亦比他神氣得多。

蔣先生引退宋立即掛冠

宋氏那時在廣州治事甚勤，其日常工作自以處理軍務為最重要。其次則屬經濟事項，宋乃竭力整頓「廣東實業公司」，發展省營事業。改組廣東省銀行，同時又開闢黃埔港。宋當時對於處理金圓券兌換事宜，力主審慎，故粵人所受損失不大。並特別注意招商局業務，在使粵省米煤供應，不致中斷，軍旅餉糈，不虞匱乏也。民卅六年十一月香港總督葛洪量爵士赴穗訪問。繼之，宋偕夫人亦來港作官式訪問，實為談判中港經濟協定，中樞並特派鄭彥棻、余英傑、邵曾華等佐理之。所談香港轉口問題以及僑滙等等，實與雙方有利。

最後半年宋氏在穗埋頭工作，甚少說話，足見其心緒繁悶已極。民卅七年十月徐蚌會戰，翌年一月廿一日蔣先生被逼下野，從此軍民失卻重心，全國有僟然不可終日之勢。宋氏一聞蔣先生引退，立即掛冠而去，並舉薦薛岳繼任粵省主席，余漢謀繼任綏靖主任。宋離去廣州時，我與陳納德將軍、蔣夢麟先生等至機場送行，與宋相對黯然，我須留辦交代事宜，旋即違難來港，孑然一身。噫嘻！天難諶，命靡常！

宋一生從政分四個時期

宋氏是海南島文昌縣人，文昌雖處僻壤，歷來產生人才不少。宋有弟兄姊妹共九人，父耀如公畢業於美國南卡洛林那大學，民十六歿於上海。總括宋氏一生從政經驗，約可劃分為四時期。

（一）廣州國民政府時代，宋任財長，表現得最為出色，惟因中山先生主張容共，當時大員咸感進退維谷。

（二）南京國民政府初期，宋掌財衡，努力創設，惟不肯犧牲自己主張，寧願辭職引退。

（三）宋任首揆之後，漸覺政局嚴重，深信惟有絕對服從蔣先生之領導，全國始有來蘇之希望。

（四）至宋主持粵省黨政軍時期，蔣宋之間，益如水乳之交融。宋為南方重鎮，鄰省胥受其指揮，宋之目的，在欲穩定全國之經濟，以支持軍旅之事。但在大廈將傾之際，亦唯徒喚奈何！

對宋的性格作一個速寫

最後將宋氏之性格，作一速寫，以結束本文：

（一）宋氏全家是基督教徒，此於宋之品性，頗有良好影響。宋又在美留學，故其生活習慣，中西合璧，有時殊不合時宜，正與觀瀾相同。觀瀾初回國時，不敢用抽水馬桶，行路之際不敢透氣，懼為毒菌所侵也。而讀者今日閱此，必認為大笑話也。

（二）宋賦性耿介，尤不善肆應，彼或有造於人，亦不騰諸口舌，他人或施攻擊於彼，彼亦泰然處之，渠信「公道自在人心也」。

（三）宋實際並無什麼架子，你儘可叫他「梯維」，譬如戴季陶先生來訪，宋必下階迎接，親自扶持。辦公時間，宋似認真，然在辦公時間以外，吾等與宋傾談，殊無拘束，可進忠告，可糾其韋失。

（四）宋對部下甚寬，其哲學為「疑人不用，用人不疑」。

（五）宋頭腦清晰，心腸甚軟，卻有特殊脾氣，例如英文稿皆宋自擬，每以全神貫注，任何人不得擾亂其文思。此時縱有要事入見，宋埋首屬稿，必立即揮手命退出。

（六）宋任財長時，偶因財政事項與蔣先生力爭，此固大員應有之氣節。然宋自任行政院長後，即伈伈俔俔，服從命令，尤以主粵一段時期為最。在穗最後一年，每日如坐針氈，體重由一百九十九磅減至一百七十磅。

宋氏現居紐約九十四街，屋為三房一廳，其長女次女已出閣，三女現在馬尼拉，故宋伉儷不無寂寞之感，每日以電視自娛，偶看電影，或與朱秀峯、徐維明、榮鴻三等作撲克之戲。據聞近年宋之體重只有一百五十磅，夫心廣而後體胖，今宋心緒不寧，可想而知，竊按宋在國際上飲譽仍隆，丁茲多難之秋，宋應惓惓許國，為蔣總統分勞，為國人服務，此乃觀瀾「公爾忘私」之言也。

血歷史89　PC0654

新銳文創 INDEPENDENT & UNIQUE

北洋政壇見聞錄

原　　著　薛觀瀾
主　　編　蔡登山
責任編輯　洪仕翰
圖文排版　楊家齊
封面設計　王嵩賀

出版策劃　新銳文創
發 行 人　宋政坤
法律顧問　毛國樑　律師
製作發行　秀威資訊科技股份有限公司
114 台北市內湖區瑞光路76巷65號1樓
電話：+886-2-2796-3638　傳真：+886-2-2796-1377
服務信箱：service@showwe.com.tw
http://www.showwe.com.tw
郵政劃撥　19563868　戶名：秀威資訊科技股份有限公司
展售門市　國家書店【松江門市】
104 台北市中山區松江路209號1樓
電話：+886-2-2518-0207　傳真：+886-2-2518-0778
網路訂購　秀威網路書店：http://www.bodbooks.com.tw
國家網路書店：http://www.govbooks.com.tw

出版日期　2017年8月　BOD一版
定　　價　450元

國家圖書館出版品預行編目

北洋政壇見聞錄 / 薛觀瀾原著 ; 蔡登山主編. --
一版. -- 臺北市 : 新銳文創, 2017.08
面 ;　公分. -- (血歷史 ; 89)
BOD版
ISBN 978-986-94864-6-0(平裝)

1. 民國史 2. 北洋政府 3. 傳記

628　　106011532

讀者回函卡

感謝您購買本書，為提升服務品質，請填妥以下資料，將讀者回函卡直接寄回或傳真本公司，收到您的寶貴意見後，我們會收藏記錄及檢討，謝謝！如您需要了解本公司最新出版書目、購書優惠或企劃活動，歡迎您上網查詢或下載相關資料：http:// www.showwe.com.tw

您購買的書名：＿＿＿＿＿＿＿＿＿＿＿＿＿＿＿＿

出生日期：＿＿＿＿年＿＿＿＿月＿＿＿＿日

學歷：□高中（含）以下　□大專　□研究所（含）以上

職業：□製造業　□金融業　□資訊業　□軍警　□傳播業　□自由業

□服務業　□公務員　□教職　□學生　□家管　□其它＿＿＿

購書地點：□網路書店　□實體書店　□書展　□郵購　□贈閱　□其他

您從何得知本書的消息？

□網路書店　□實體書店　□網路搜尋　□電子報　□書訊　□雜誌

□傳播媒體　□親友推薦　□網站推薦　□部落格　□其他＿＿＿＿

您對本書的評價：（請填代號　1.非常滿意　2.滿意　3.尚可　4.再改進）

封面設計＿＿　版面編排＿＿　內容＿＿　文／譯筆＿＿　價格＿＿

讀完書後您覺得：

□很有收穫　□有收穫　□收穫不多　□沒收穫

對我們的建議：＿＿＿＿＿＿＿＿＿＿＿＿＿＿＿＿

＿＿＿＿＿＿＿＿＿＿＿＿＿＿＿＿＿＿＿＿＿＿

＿＿＿＿＿＿＿＿＿＿＿＿＿＿＿＿＿＿＿＿＿＿

＿＿＿＿＿＿＿＿＿＿＿＿＿＿＿＿＿＿＿＿＿＿

請貼
郵票

11466
台北市內湖區瑞光路 76 巷 65 號 1 樓
秀威資訊科技股份有限公司 收
BOD 數位出版事業部

（請沿線對折寄回，謝謝！）

姓　　名：＿＿＿＿＿＿＿＿＿＿　年齡：＿＿＿＿　性別：□女　□男

郵遞區號：□□□□□

地　　址：＿＿＿＿＿＿＿＿＿＿＿＿＿＿＿＿＿＿＿＿＿＿＿＿＿＿

聯絡電話：(日)＿＿＿＿＿＿＿＿＿＿＿＿(夜)＿＿＿＿＿＿＿＿＿＿＿＿

E-mail：＿＿＿＿＿＿＿＿＿＿＿＿＿＿＿＿＿＿＿＿＿＿＿＿＿＿